MÉXICO

CIVILIZACIONES

Y CULTURAS

LUIS LEAL

University of Illinois

HOUGHTON MIFFLIN COMPANY · BOSTON

New York   Atlanta   Geneva, Illinois   Dallas   Palo Alto

A mi esposa Gladys y mis hijos

Antonio y Luis Alonso

Library of Congress Catalog Card Number 3–32161

ISBN 0–395–12744–0

PREFACIO

Este libro ha sido escrito con el objeto de dar a conocer la cultura de México, país representativo de la América Latina. Creemos firmemente que el estudio de la cultura de México también ayudará a comprender a otros países hispanoamericanos, cuyo desarrollo es semejante.

Este libro no es un estudio exhaustivo de la cultura mexicana, sino más bien una introducción a los principales y más significativos hechos culturales que dan carácter a la nación mexicana. No sólo hablamos de la historia, sino también de las artes, las letras y las costumbres. También se incluye, al fin de cada capítulo, alguna anécdota, alguna poesía, alguna canción relacionada al tema. En esta segunda edición añadimos un capítulo sobre los chicanos, con el objeto de despertar el interés del lector en sus problemas.

Para hacer más fácil la lectura del texto hemos anotado al pie de la página las palabras no muy comunes (de una frecuencia menor de 9.8 en *A Graded Spanish Word Book* de Buchanan) y las construcciones que presentan alguna dificultad.

El capítulo sobre los chicanos fue preparado con la ayuda de mi esposa Gladys, por lo cual le expresamos nuestro agradecimiento. También queremos dar las gracias al señor John T. Riordan por su interés en esta nueva edición. Y no nos olvidamos de los profesores que con tanta perseverancia han utilizado este libro en sus clases. Deseamos que conste nuestro agradecimiento.

L.L.

ÍNDICE DE MATERIAS

Capítulo

Índice de materias

Capítulo

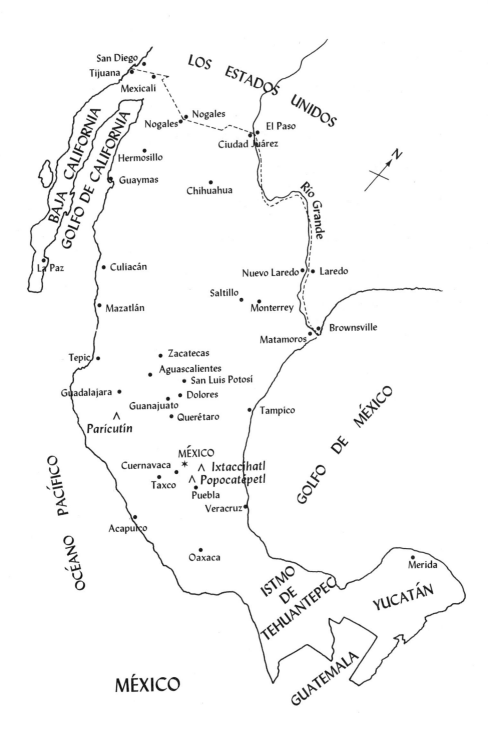

San Diego
Tijuana
Mexicali

LOS ESTADOS UNIDOS

Nogales
Nogales

El Paso
Ciudad Juárez

BAJA CALIFORNIA

GOLFO DE CALIFORNIA

Hermosillo

Guaymas

Chihuahua

Río Grande

N

La Paz

Culiacán

Nuevo Laredo • Laredo

Saltillo

Mazatlán

Monterrey

Brownsville
Matamoros

Tepic

Zacatecas

Aguascalientes
San Luis Potosí

Guadalajara

Dolores

Tampico

Guanajuato
Querétaro

GOLFO DE MÉXICO

∧
Parícutin

MÉXICO

Cuernavaca
✳
∧ Ixtaccíhatl
∧ Popocatépetl

Taxco

Puebla

Veracruz

OCÉANO PACÍFICO

Acapulco

Oaxaca

Merida

ISTMO DE TEHUANTEPEC

YUCATÁN

GUATEMALA

MÉXICO

1

EL PAÍS

⊂₽ México se encuentra en la encrucijada [1] de las rutas y las culturas del mundo. Al norte, sus fronteras limitan con los Estados Unidos y la cultura anglosajona, tan diferente de la mexicana; al sur, con Guatemala y los otros países hispanoamericanos, de cultura semejante. Al este, el Golfo de México le comunica con las Antillas 5 y, más allá, con Europa. Hacia el oeste, el Océano Pacífico le abre las puertas hacia el lejano oriente, con su antiquísima cultura.

Geográficamente, los Estados Unidos Mexicanos — nombre oficial de la República — forman parte de la América del Norte. Es clásica la comparación que se hace de la forma del país con un 10 «cuerno de la abundancia,» [2] dibujado de izquierda a derecha. Del noroeste del cuerno se desprende [3] una larga lengua de tierra, la península de la Baja California; la punta del cuerno la forma [4] otra península, la de Yucatán. Su angosta cintura en el sur constituye el Istmo de Tehuantepec. En estas líneas encierra el país su territorio, 15 que asciende a 761,601 millas cuadradas.

[1] **encrucijada** crossroads
[2] **cuerno de la abundancia** horn of plenty

[3] **desprenderse (de)** to come out (of), issue (from)
[4] **la punta del cuerno la forma** the point of the horn is formed by

Las Sierras

El territorio mexicano es esencialmente elevado y montañoso. Con excepción de la península de Yucatán y las llanuras costeras, el resto del país se encuentra cruzado por una serie de montañas que se extienden en todas direcciones. A poca distancia de las playas
5 empieza a ascender el terreno, formando fértiles valles que sucesivamente adquieren mayor elevación. Las sierras de México son una continuación del sistema montañoso de los Estados Unidos. Estas montañas se internan en el país y lo cruzan con los nombres de Sierra Madre Oriental, paralela al Golfo de México, y Sierra Madre
10 Occidental, paralela al Océano Pacífico. Las dos cordilleras se unen en el Istmo de Tehuantepec, formando así la famosa Altiplanicie Mexicana, serie de altas mesetas divididas entre sí [1] por sistemas montañosos transversales. La ciudad de México, capital de la República, se encuentra situada en el Valle de México, meseta que
15 alcanza una altura de 8,000 pies sobre el nivel del mar.

Los volcanes

La naturaleza mexicana es exuberante y bella, debido principalmente a la extensa red de montañas. Los grandes picos, siempre cubiertos de nieve, le dan una belleza difícil de igualar. Entre ellos, se deben mencionar, por su extraordinaria majestad y hermosura, el
20 Popocatépetl (el famoso Popo), el Iztaccíhuatl, el Ajusco, el Pico de Orizaba o Citlaltépetl, el Nevado de Toluca, el Cofre de Perote y el Volcán de Colima. De estos grandes picos, tres de ellos rodean a la ciudad de México: al oriente se destacan [2] el Popocatépetl (que en azteca significa *montaña que humea* [3]), y el Iztaccíhuatl (la *mujer*
25 *blanca* de los aztecas), cuyas encumbradas [4] y majestuosas cimas, siempre cubiertas de nieve, dan una nota de insuperable belleza al Valle de México. Por el sur se levanta el Ajusco, adusta [5] montaña que parece ser de granito. El Popo tiene una altitud de 17,887 pies, y el Iztaccíhuatl de 16,883. La montaña más alta del territorio
30 mexicano, sin embargo, es el Pico de Orizaba en el Estado de Vera-

[1] **entre sí** one from the other
[2] **destacarse** to stand out
[3] **humear** to smoke; **montaña que humea** smoky mountain
[4] **encumbrado, –a** high, lofty
[5] **adusto, –a** stern

cruz, de 18,320 pies de altura y comparable en belleza y majestad a los volcanes del Valle de México; los indígenas le dan el nombre de Citlaltépetl (montaña de la estrella) y creen que las cenizas del cuerpo del dios Quetzalcóatl se encuentran allí.

Uno de los volcanes más interesantes y todavía una gran atrac- 5 ción para los turistas, lo mismo que para los hombres de ciencia, es el Paricutín. Este volcán nació de repente en 1943 en un campo de labor en el Estado de Michoacán. Estuvo en erupción hasta 1952.

Ríos y lagos

El complicado sistema montañoso prohibe que México tenga grandes y caudalosos ² ríos. Todos ellos son rápidos y de poca 10 extensión. En la vertiente ³ del Golfo los más importantes son el Río Bravo del Norte, el Pánuco, el Papaloapan, el Coatzacoalcos, el Grijalva y el Usumacinta; en la vertiente del Pacífico el Yaqui, el San Pedro, el Lerma o Santiago y el Balsas. El río Lerma nace en la meseta de Toluca y desemboca ⁴ en el lago de Chapala, del cual 15 nace el río Santiago, que desemboca en el Pacífico. Este lago de Chapala, en el Estado de Jalisco, es el más importante de México y es uno de los balnearios ⁵ más populares entre los mexicanos. En cuanto a belleza, sin embargo, el lago de Pátzcuaro se lleva la palma.⁶ Este lago, en el Estado de Michoacán, es famoso por su isla de 20 Janitzio, con su enorme estatua de Morelos, y por sus pescadores indígenas con sus redes que parecen mariposas. Los lagos del Valle de México, famosos en la antigüedad, han sido disecados. Sólo queda Xochimilco, ⁷ que con sus chinampas ⁸ y sus canales, es famoso en el mundo entero. 25

---

¹ **campo de labor** cultivated field; farm
² **caudaloso** of great volume, carrying much water
³ **vertiente** watershed; slope
⁴ **desembocar** to flow into
⁵ **balneario** bathing resort
⁶ **llevarse la palma** carry off the honors; be the best
⁷ se pronuncia **Sochimilco**
⁸ **chinampa** floating garden

El clima

Debido a las diversas alturas, el clima de México es muy variado, pasando desde el ardiente en las llanuras costeras y Yucatán hasta el glacial en las cimas de los altos picos. En las primeras estribaciones [1] de las montañas, lo mismo que en los lugares bajos de las
5 mesetas interiores, esto es, entre los 500 y los 1500 metros de altitud, el clima es templado, el aire benigno y las noches frescas y agradables. En lo alto, arriba de los mil metros de elevación, la temperatura es suave, a veces fría. Las lluvias tienen lugar de mayo a julio y la sequía [2] de septiembre a marzo. En la ciudad
10 de México la temperatura media en diciembre, el mes más frío, es de 53 grados Fahrenheit y en mayo, el mes más caliente, de 65 grados. En el Valle de México el aire es transparente y el cielo hermoso durante todo el año.

La riqueza del suelo

Siempre se ha supuesto que la riqueza del suelo mexicano es
15 enorme; esto es debido a que [3] México es uno de los primeros productores de plata en el mundo. Sin embargo, la riqueza del suelo mexicano ha ido a parar al extranjero,[4] sin beneficiar al pueblo. Esto explica, en parte, el hecho de que México sea un país pobre, a pesar de su enorme producción de minerales. Los terrenos metalí-
20 feros ocupan cuatro quintas partes de la superficie total. Los estados mineros más ricos son Zacatecas, Guanajuato e Hidalgo. Los metales que se han explotado en mayor abundancia son la plata, el oro, el hierro y el cobre. Además, México ocupa uno de los principales puestos entre los países productores de petróleo.
25 Dícese que la flora mexicana supera a la de todos los países del mundo en cuanto a la variedad de especies. En las tierras calientes, sobre todo, la vegetación es espléndida; los productos tropicales — café, cacao, plátano,[5] piña [6] y caña de azúcar — se dan [7] en abundancia. El Estado de Yucatán produce casi el cincuenta por

[1] **estribación** (*pl.* estribaciones) spur (of mountain)
[2] **sequía** dry season; drought
[3] **debido a que** due to the fact that
[4] **ha ... extranjero** has ended up abroad
[5] **plátano** banana
[6] **piña** pineapple
[7] **darse** to be produced

ciento de la producción mundial del henequén.[1] Entre las plantas de utilidad comercial que México produce pueden mencionarse el algodón, el guayule,[2] el chicle y la jalapa.

Regiones

Los Estados Unidos Mexicanos están divididos en veintinueve Estados, dos territorios y el Distrito Federal. Las regiones, o sea [3] grupos de estados, no forman comarcas tan bien definidas como en España. Sin embargo, existen ciertas diferencias regionales entre el Norte, el Centro y el Sur. El Norte, en donde el elemento indígena es menor que en las otras dos regiones, fué colonizado con posterioridad. Esta zona la forman [4] los siguientes estados, cuyas capitales llevan el mismo nombre, con algunas excepciones que damos en paréntesis: Baja California Norte (Mexicali),[5] Sonora (Hermosillo), Chihuahua, Coahuila (Saltillo), Nuevo León (Monterrey), Tamaulipas (Ciudad Victoria), Sinaloa (Culiacán), Nayarit (Tepic), Durango, Zacatecas y San Luis Potosí. Los estados del Centro, casi todos ellos en la altiplanicie mexicana, son los siguientes: Aguascalientes, Guanajuato, Hidalgo (Pachuca), Jalisco (Guadalajara), México (Toluca), Michoacán (Morelia), Morelos (Cuernavaca), Puebla, Querétaro y Tlaxcala. Los estados del Sur se encuentran a lo largo de las costas del Pacífico y del Golfo; los del Pacífico-Sur son: Colima, Chiapas (Tuxtla Gutiérrez), Guerrero (Chilpancingo o Ciudad Bravos) y Oaxaca. Los del Golfo son: Campeche, Tabasco (Villahermosa), Veracruz (Jalapa) y Yucatán (Mérida). Los territorios son Quintana Roo, capital Ciudad Chetumel o Payo Obispo, y la Baja California, Distrito Sur (capital la Paz). El Distrito Federal, donde se encuentra la Ciudad de México, está dividido en las siguientes delegaciones [6]: Azcapotzalco, Villa Gustavo Madero, Ixtacalco, Villa Obregón, Coyoacán, Ixtapalapa, La Magdalena Contreras, Tlalpan, Xochimilco, Tláhuac y Milpa Alta.

[1] **casi el cincuenta . . . henequén** almost fifty per cent of the total world production of sisal hemp
[2] **guayule** a rubber producing shrub
[3] **o sea** that is to say
[4] **la forman** is formed by
[5] Declared a State December 21, 1951
[6] **delegación** suburb with political representation

LA LEYENDA DE LOS VOLCANES

Popocatépetl era un valiente guerrero, enamorado de Iztaccíhuatl, la hija del rey. Mas éste le dice que quien quiera pretender a su hija ha de saber conquistarla, demostrando su valor. Popocatépetl, para mostrar al rey que es digno de la mano de su hija, se
5 va a la guerra, jurando volver victorioso.

Un día, el rey oye decir a su hija que si Popocatépetl no vuelve se quitará la vida. El rey, arrepentido de haber mandado a Popocatépetl a una muerte segura, y temiendo que su hija cumpla su promesa de matarse, envía a dos mensajeros en busca del valiente
10 guerrero.

Los mensajeros traen la noticia que Popocatépetl ha muerto en una batalla. Al saberlo Iztaccíhuatl, se cubre con el manto blanco de las desposadas [1] y desaparece para siempre.

Popocatépetl, sin embargo, no había muerto. Había sido, es
15 verdad, herido; mas pronto recobra la salud. Al volver y no encontrar a su amada Iztaccíhuatl, decide buscarla. Recorre pueblos, bosques y valles, mas todo es en vano. Por fin un día unos indios le dicen que han visto una forma de mujer recostada [2] en lo alto de la montaña. Popocatépetl escala [3] la montaña y allí encuentra a su
20 bien amada Iztaccíhuatl, para siempre dormida. Desesperado, apartándose un poco, hinca la rodilla,[4] alza la frente [5] y así queda en perpetua vela [6] de su amada. Las blancas nieves cubren eternamente sus cuerpos petrificados.

Para discutir

A. *Cuestionario*

1. ¿En qué continente se encuentra México ? 2. ¿Cuántas penínsulas tiene ? ¿Cuáles son ? 3. ¿Cómo se llama su angosta cintura ? 4. ¿Cuántas millas cuadradas tiene el territorio mexicano ?

---

[1] **manto blanco de las desposadas** white bridal veil
[2] **recostado, –a** reclining
[3] **escalar** to climb
[4] **hincar la rodilla** to kneel down
[5] **alzar la frente** to look up
[6] **vela** vigil, watch

5. ¿Cuáles son sus dos sierras principales? 6. ¿Qué quiere decir «Altiplanicie mexicana»? 7. ¿Qué altitud alcanza el Valle de México? 8. ¿Qué volcanes rodean a la ciudad de México? 9. ¿Cuál es la montaña más alta del territorio? 10. ¿Qué es el Paricutín? 11. ¿Por qué no tiene México grandes ríos? 12. ¿Cáal es su lago más importante? ¿El más hermoso? ¿El más famoso? 13. ¿Cómo es el clima mexicano? 14. ¿Cuándo tienen lugar las lluvias? ¿La sequía? 15. ¿Qué temperatura tiene la ciudad de México? 16. ¿Qué metales produce México? 17. ¿Cómo es la flora mexicana? 18. ¿En cuántos estados está dividido el país? 19. ¿Existen diferencias entre las regiones? 20. ¿En qué regiones predomina el elemento indígena?

B. *Temas para conversar o para la composición*

1. Los límites de México. 2. La forma del país. 3. La configuración del terreno. 4. Los volcanes. 5. Los ríos principales. 6. El clima. 7. Los productos principales. 8. Las regiones. 9. Los estados. 10. La leyenda de los volcanes.

2

EL PUEBLO

❧ Debido al error de Colón — el creer que había llegado a la India oriental — los habitantes de América fueron designados con el nombre de *indios*. Los españoles conquistadores de México, en su mayoría oriundos[1] de Castilla, Extremadura y Andalucía, se mez-
5 claron con los indios. Esta unión formó la base de la nacionalidad mexicana. Los hijos de los conquistadores y las indias fueron llamados mestizos; los hijos de padres españoles nacidos en México, criollos. Para aliviar la carga del indio, sobre todo en las minas, se importaron negros de África y de otras regiones de América. El
10 elemento racial negro fué absorbido por el indio y el español y casi desapareció.

Hoy en día[2] la población indígena, cuya densidad es mayor en los estados de Oaxaca, Yucatán, Michoacán, México e Hidalgo, se calcula en tres millones. México, a partir de 1920, ha hecho todo
15 lo posible por integrar este contingente indígena a la vida nacional. El grupo mestizo, que es el predominante, puede dividirse en dos sub-grupos: en uno de ellos, el más numeroso, predomina la sangre india; en el otro, la española.

---

[1] **oriundo** native; **oriundo de** native of, from

[2] **Hoy en día** Nowadays, At the present moment

Población

La población de México, según la estimación oficial del 30 de junio de 1970, asciende a un poco más de 49 millones de habitantes. La densidad es, por lo tanto, de 62 habitantes por milla cuadrada, en comparación con unos 56 en los Estados Unidos y 166 en España. La mayor parte de la población de México habita en centros agrí- 5 colas y mineros. De la población económicamente activa, el 51 por ciento se dedica a la agricultura. De la población total, apenas unos quinientos mil son extranjeros, lo que indica que México es un pueblo casi no tocado por la inmigración; la mayoría de estos extranjeros son españoles. La emigración es mayor que la inmigra- 10 ción. La mayor parte de los mexicanos que dejan el país pasan a los Estados Unidos, en donde viven más de cinco millones de ellos. A pesar de esta emigración, la población total del país ha ido aumentando rápidamente.

Lenguas

México es un pueblo de lengua castellana. Cuando se habla del 15 *mexicano* como término lingüístico, no se entiende el español hablado en México, sino la lengua de los antiguos mexicanos, o sea el náhuatl.

Caracterízase el español hablado en México por el yeísmo — la pronunciación de la *ll* como *y* — y por el seseo, es decir, la pro- 20 nunciación de la *z*, y la *c* ante *i* y *e*, como *s;* mas hay que hacer notar [1] que esta *s* no se pronuncia como la *s* castellana; se pronuncia, como en el inglés, apoyando la punta de la lengua contra los incisivos inferiores,[2] y es, además, de timbre agudo [3] y peculiarmente larga en su duración. A esto hay que agregar ciertas diferencias en 25 la entonación, debido, en parte, a la influencia de las lenguas nativas.

Lo que más distingue al español que se habla en México es el gran número de voces de origen indígena, sobre todo nombres de plantas, animales y productos nativos del país. Algunas de estas 30 palabras — *chocolate, cacao, aguacate,*[4] *jícara,*[5] *coyote, chicle, tomate,*

---

[1] **hacer notar** to point out
[2] **incisivos inferiores** lower front teeth
[3] **agudo** high-pitched
[4] **aguacate** avocado, alligator pear
[5] **jícara** small bowl made out of a gourd; chocolate cup

chile — han pasado a casi todas las lenguas europeas; otras son comunes en los países de habla española, como por ejemplo los aztequismos *hule*,[1] *petaca*,[2] *cacahuate*,[3] *petate*,[4] *tamal, tiza*,[5] etc. Al mismo tiempo, muchas palabras de las Antillas han sustituído a las
5 palabras aztecas, debido a que los conquistadores ya las habían aprendido en las Islas antes de ir a México. Entre ellas, mencionaremos las palabras *tabaco, maíz, maguey, canoa* y *cu*,[6] que sustituyeron a las palabras aztecas *picietl, taole, metl, acal* y *teocalli*.[7] A pesar de lo anterior, puede decirse que el español hablado en
10 México es de buena cepa,[8] acendrado [9] y melodioso. La pronunciación española ha sido suavizada, modulada y adaptada al medio ambiente [10] mexicano.

En cuanto a las lenguas indígenas, existe en México un grupo numeroso (tal vez un millón) de personas que no hablan español;
15 al mismo tiempo, existe otro grupo bilingüe más numeroso que el anterior (aproximadamente un millón y medio). Los dos grupos más importantes de estas lenguas indígenas son el náhuatl o azteca y sus dialectos y el maya y sus dialectos. El primero predomina en los estados del centro de México y el segundo en la
20 península de Yucatán. Además, se habla el mixteca en Oaxaca y parte de Guerrero, el zapoteca en Oaxaca, el otomí en ciertas regiones del centro de la República, el totonaca en la región central de Veracruz y parte de Puebla y el tarasco en Michoacán. Existen, además, innumerables lenguas de menor importancia.

La religión

25 Los frailes de las órdenes religiosas, que comenzaron a llegar a la Nueva España poco después de la conquista, enseñaron la religión católica a la población autóctona. Entre estos frailes se destacan, entre otros, Fr. Toribio de Benavente (Motolinía), Fr. Andrés de Olmos, Fr. Bernardino de Sahagún, Fr. Alonso de la Veracruz, Fr.

---

[1] **hule** rubber
[2] **petaca** tobacco pouch; cigar case; (*Mex.*) trunk
[3] **cacahuate** peanut
[4] **petate** straw mat
[5] **tiza** chalk
[6] **cu** temple

[7] **picietl, taole, metl, acal y teocalli** Aztec words meaning tobacco, corn, century plant, canoe and temple
[8] **cepa** stock, origin
[9] **acendrado** pure
[10] **medio ambiente** environment

Pedro de Gante y Fr. Jerónimo de Mendieta. Desde entonces, el pueblo mexicano ha sido, y nunca ha dejado de ser, católico. Al proclamarse independiente, México declaró la religión católica como la religión oficial. No fué sino hasta [1] 1857 cuando se hizo la separación de la Iglesia y el Estado. La educación, sin embargo, 5 siguió siendo católica casi hasta nuestros días. El artículo 27 de la Constitución de 1917 establece la libertad de cultos y la educación laica.[2] El número de personas que profesan otras religiones es en México, sin embargo, casi insignificante.

Desde la época de la Independencia, la Virgen de Guadalupe ha 10 sido la patrona de México. En el santuario sobre el cerro del Tepeyac, en las afueras [3] de la Capital, se celebra su fiesta anual el doce de diciembre.

Carácter

Difícil generalizar sobre el carácter del mexicano. Sin embargo, contamos con observaciones hechas tanto por extranjeros como [4] 15 por mexicanos sobre este tema. Casi todos los que tratan el asunto están de acuerdo en que el mexicano es ceremonioso, cortés, amistoso y amable; también podría decirse que es comunicativo, respetuoso con sus tradiciones y altamente patriota.

La cortesía del mexicano es tradicional. Ya para fines [5] del siglo 20 dieciséis comenzaban a notarse las diferencias entre los españoles peninsulares y los nacidos en la Nueva España. El doctor Cárdenas, escritor de ese siglo, nos dice que el criollo habla con lenguaje tan pulido,[6] cortesano y curioso, y con tantos preámbulos, delicadeza y estilo retórico, que parece que ha sido criado toda su vida en la 25 corte, y en compañía de gente muy discreta. Un viajero alemán, Schmidt, ha observado, y nos parece que acierta, que el pueblo mexicano, en toda clase social, es extraordinariamente amistoso.[7] Tal vez estas dos características, la amistad y la cortesía, sean las predominantes en el carácter del mexicano. 30

[1] **No fué sino hasta** It was not until
[2] **laico, −a** lay
[3] **afueras** outskirts
[4] **tanto . . . como** both . . . and
[5] **para fines de** toward the end of
[6] **pulido** refined
[7] **amistoso** friendly

LA VIRGEN DE GUADALUPE

Era el sábado nueve de diciembre de 1531. Muy de mañana,[1] un indio llamado Juan Diego iba por el camino de Tlatelolco para oír misa en la iglesia franciscana. Al pasar por la falda del cerro del Tepeyac, oyó una dulce voz que le decía:

5   — Hijo mío, Juan Diego, ¿ adónde vas ?

— Voy a misa a la iglesia de Tlatelolco.

— Ve al obispo de México y dile que yo soy María Madre de Dios, y que deseo un templo en este sitio.

El obispo no quiso creer a Juan Diego. Éste, muy triste y des-
10 consolado,[2] volvía a su casa, cuando otra vez, en el mismo lugar, ve a la Virgen. Otra vez le ordena que vaya a ver al obispo. El obispo le pide a Juan Diego que le lleve una prueba o señal de la Virgen.

Juan Diego volvió al Tepeyac el 12 de diciembre y pidió a la Virgen una señal para el obispo. La Virgen le dice:

15   — Juan Diego, hijo mío, sube al cerro y corta unas rosas y llévalas al obispo.

Juan Diego, aunque sabía que no había rosas en el cerro, pues era invierno, obedeció. ¡ Cuál no sería su sorpresa [3] al encontrar en la cumbre del cerro unas hermosas rosas ! Las llevó al obispo y, al
20 dejarlas caer al suelo, se vió pintada en su tilma [4] la imagen de la Virgen. El milagro se difundió [5] inmediatamente, y desde entonces se adora en México a la Virgen de Guadalupe.

Para discutir

A. *Cuestionario*

1. ¿ Por qué se dió el nombre de *indios* a los habitantes de América ? 2. ¿ Qué es un mestizo ? 3. ¿ Qué es un criollo ? 4. ¿ Por qué se importaron negros de África ? 5. ¿ Cuál grupo racial es el

---

[1] **Muy de mañana** Very early in the morning
[2] **desconsolado** disheartened
[3] **¡ Cuál ... sorpresa ...** Imagine his surprise ... ! (How surprised he must have been !)
[4] **tilma** (*Mex.*) cloak fastened by a knot
[5] **se difundió** became well known

predominante? 6. ¿Cuántos habitantes tenía el país en 1953? 7. ¿Cuál era su densidad? 8. ¿De qué nacionalidad es la mayoría de los extranjeros que viven en México? 9. ¿Qué palabras son de origen azteca? 10. ¿Qué palabras son de origen antillano? 11. Además del castellano ¿qué otras lenguas se hablan en México? 12. ¿Qué religión predomina en México? 13. ¿Cómo es el carácter del mexicano? 14. ¿Quién fue Juan Diego? 15. ¿Quién es la patrona de México?

B. *Temas para conversar o para la composición*

1. Las razas que formaron la nacionalidad mexicana. 2. La población de México. 3. El español en México. 4. Las lenguas nativas. 5. Las palabras de origen azteca en el inglés de los Estados Unidos. 6. La religión en México. 7. El carácter del mexicano. 8. La Virgen de Guadalupe.

3

LA HERENCIA

Orígenes

El origen de los habitantes primitivos de México no ha sido determinado con precisión, y tal vez nunca lo sea. Las teorías de más peso consideran a los habitantes de América como originarios de otros continentes. Una de estas teorías, sostenida por el norte-
5 americano Ales Hrdlicka y el mexicano Pablo Martínez del Río, insiste en la procedencia única [1] del hombre americano, esto es, del Asia y a través del Estrecho de Behring, tal vez unos 20,000 años antes de J.C.

En México las culturas nómadas perduran hasta unos 4,000 años
10 antes de J.C., época en que aparece la agricultura, basada en el cultivo del maíz, el frijol y la calabaza.[2] Estas primeras culturas se llaman « arcaicas » y alcanzan su más alto nivel en La Venta [3] entre los olmecas (estados de Veracruz, Tabasco y Chiapas). A ellos se deben las famosas cabezas gigantescas de rostros infantili-
15 zados.[4] Según parece, los olmecas emigraron al Valle de México, dando origen al segundo horizonte cultural, el teotihuacano, que se

---

[1] **procedencia única** sole origin, one and only origin
[2] **el frijol . . . calabaza** bean(s) and squash
[3] **La Venta** ancient city in the State of Tabasco, center of the Olmec culture
[4] **infantilizado** baby-like

caracteriza por el aspecto ritual de la vida y la influencia de la religión.

Teotihuacán

Una de las atracciones turísticas en la ciudad de México es un viaje a Teotihuacán, unas cuantas millas al norte de la ciudad. Allí se encuentran las grandes pirámides del Sol y de la Luna. 5 Teotihuacán significa « lugar donde los muertos se convierten en dioses, » y la ciudad era el centro cultural y religioso de los toltecas. Las ruinas ocupan una área de más de seis kilómetros cuadrados, y entre sus edificios se distinguen, además de las pirámides, el templo de Quetzalcóatl y el templo de la agricultura. La pirámide del Sol es 10 uno de los monumentos antiguos más grandiosos de América. Aunque de menor altura que la pirámide de Cheops en Egipto, la excede en superficie y volumen. La pirámide misma está compuesta de cinco cuerpos cortados en talud [1] y separados por terrazas. Las escalinatas [2] que tiene al poniente [3] conducían al 15 adoratorio [4] que existía en la parte superior y que ha desaparecido por completo. La pirámide de la Luna, más pequeña que la del Sol, se encuentra situada al fin de una amplia calzada [5] — la Calzada de los Muertos — que une a los dos monumentos y servía para dividir la ciudad en dos partes. La calzada, que pasa por el 20 lado occidental de la pirámide del Sol, termina en la plaza donde está el templo de Quetzalcóatl, la famosa Ciudadela, cuadrángulo de 400 metros por lado, rodeado de once pequeñas pirámides. El edificio principal dedicado a Quetzalcóatl es de magnífica ornamentación de serpientes emplumadas, en relieve, y salientes en 25 forma de cabezas de serpiente y otros monstruos.

Los Toltecas

El término *tolteca* significa artífice,[6] y se le daba a las gentes civilizadas, para distinguirlas de los bárbaros o *chichimecas*. Dase el nombre de *tolteca* a varias culturas que florecieron en el Valle de México. Los más antiguos toltecas son los de Teotihuacán, diestros 30

---

[1] **cinco ... talud** five sloping sections
[2] **escalinata** flight of stairs
[3] **poniente** west
[4] **adoratorio = teocalli** temple of idols
[5] **calzada** wide avenue
[6] **artífice** craftsman, artisan

agricultores que cultivaban el maíz, el frijol, la calabaza, el chile, el algodón y el maguey. Los hombres usaban taparrabos,[1] túnicas y una especie de poncho; las mujeres llevaban huipil [2] y enagua enredada; [3] ambos calzaban sandalias de henequén. Los guerreros
5 hacían uso de lanzas y macanas.[4] Sus casas eran de piedra y mezcla, conocían el baño a vapor (llamado *temascal*), hacían uso del calendario y tenían sus días de mercado cada mes, que constaba de veinte días.

Tula

La decadencia de los toltecas de Teotihuacán coincide con las
10 invasiones de nuevas tribus que vienen del norte. Un grupo de tribus de dialectos afines,[5] los nahoas, penetraron en el Valle de Anáhuac y se asimilaron los restos de las antiguas culturas. De allí nació una nueva cultura neotolteca, cuya sede [6] fué primero Tula (en el Estado de Hidalgo) y después Cholula en el Estado de
15 Puebla. Este reinado neotolteca, establecido durante el siglo VIII de nuestra era, perduró hasta el siglo XII.

Los toltecas de Tula adoraban a Quetzalcóatl, dios del viento y héroe cultural, a quien se le atribuye la invención de la industria y de las artes, lo mismo que el descubrimiento del cacao y del pulque.[7]
20 En su honor construyeron los toltecas innumerables templos y pirámides, muchos de ellos todavía en existencia hoy.

Tetzcatlipoca

Los toltecas de Tula tenían una aritmética basada en el número veinte, y la aplicaban al cómputo del tiempo. Su calendario religioso o *tonalámatl* estaba basado en los movimientos de la luna, y
25 los sacerdotes que lo usaban rendían culto [8] al dios Tetzcatlipoca, el enemigo de Quetzalcóatl. Tetzcatlipoca logró vencer y desterrar a Quetzalcóatl. El conflicto entre estos dos dioses, que simboliza el conflicto entre los dos grupos de sacerdotes, fué la causa de la decadencia tolteca.

[1] **taparrabo** loin cloth
[2] **huipil** blouse with short sleeves worn by Indian women
[3] **enagua enredada** sarong
[4] **macana** club, cudgel
[5] **afín** (*pl.* **afines**) related

[6] **sede** seat, see
[7] **pulque** pulque (fermented juice of the maguey)
[8] **rendir culto** to pay homage to, worship

Los Mayas

Los mayas del antiguo Imperio desarrollaron su cultura en una zona que se extiende desde Tabasco hasta Centro América. Sus orígenes se pierden en la antigüedad. Las ruinas que nos han quedado denotan que los mayas alcanzaron una elevada cultura, tanto en las artes como en las ciencias. Muy temprano, tal vez 5 1,000 años antes de J.C., ya registraban los movimientos de los astros y hacían uso del calendario. Por razones que hasta hoy no han sido bien elucidadas, los antiguos mayas viéronse obligados a abandonar sus grandes centros de cultura y a emigrar hacia el norte de la península de Yucatán, donde se desarrolló el nuevo Imperio 10 maya. Allí fundaron varias ciudades o centros religiosos, entre otros Chichén Itzá y Uxmal.

Los mayas del nuevo Imperio dejaron multitud de pirámides, templos y palacios construídos de piedra y adornados con admirables esculturas. Los templos, construídos sobre bases piramidales, 15 se caracterizan por el uso del « arco falso, » formado por la aproximación gradual de los muros.

La escritura de los mayas fué primero ideográfica y más tarde de tipo fonético. La lengua maya cuenta con un léxico bastante rico (más de 30,000 vocablos), es muy expresiva y su vigor lo demuestra 20 el hecho de haber perdurado hasta el presente. Después de la conquista se escribieron en lengua maya, con caracteres latinos,[1] las tradiciones históricas y religiosas del pueblo, en libros como el *Pópol Vuh*[2] y el *Chilam Balam.*

Uno de los templos mayas estaba dedicado a la astronomía; allí se 25 hacían observaciones de los astros, de cuyos movimientos tenían conocimientos exactos y extensos. Sus métodos matemáticos eran bastante avanzados para su tiempo; a principios de la era cristiana, y mucho antes de que las ideas fueran conocidas en Europa, inventaron el uso del cero y tenían conocimiento del principio de 30 posición de los números. El calendario maya era de 365 días, divididos en 18 meses de 20 días, a los que agregaban los cinco restantes. Debido a influencia tolteca los mayas del nuevo Imperio también adoraban a Quetzalcóatl, aunque bajo el nombre de Kukulcán, nombre que también significa « serpiente emplumada. » 35

[1] **caracteres latinos** Latin alphabet [2] se pronuncia **Vuj**

A principios del siglo XV las epidemias y las guerras civiles obligaron a los mayas a abandonar las ciudades de Chichén Itzá, Mayapán y Uxmal. La decadencia del Imperio prevalecía cuando los españoles llegaron a la península de Yucatán.

Culturas secundarias

5 Entre las culturas de menor importancia hay que mencionar la zapoteca de Monte Albán, estudiada por el eminente antropólogo mexicano don Alfonso Caso, y la tarasca de Michoacán. Caracterízase la primera por su alta calidad artística, tanto en la cerámica como en las joyas y los edificios. Los tarascos de Michoacán eran, y 10 todavía son, grandes artistas en el arte plumario [1] y en la pintura de lacas. Además, conocieron el cobre, del cual forjaban adornos, máscaras y otros objetos de arte.

LA LEYENDA DE QUETZALCÓATL

Según las antiguas historias, durante la tercera edad del mundo llegó del oriente al Nuevo Mundo un hombre de aspecto grave, 15 blanco, barbado y vestido de una túnica larga. Este hombre se llamó Quetzalcóatl, que significa, literalmente, serpiente emplumada, y alegóricamente, varón sapientísimo. Quetzalcóatl vivió primero en Tula y después en Cholula.

Quetzalcóatl era justo, santo y bueno; enseñó a los toltecas, por 20 obras y palabras, el camino de la virtud. Les dió leyes y buena doctrina, y los enseñó a cultivar la tierra.

Quetzalcóatl, el dios del bien, fué vencido por Tetzcatlipoca, el dios del mal. Quetzalcóatl se volvió, en una balsa [2] de serpientes, hacia la misma parte de donde había venido. Al despedirse dijo 25 que, en los tiempos venideros, volvería, y que entonces su doctrina sería aceptada.

Cuando los españoles llegaron a las costas de México, los aztecas creyeron que Cortés era Quetzalcóatl, que volvía como había prometido.

[1] **arte plumario** feather work (the use of feathers instead of colors to paint pictures)   [2] **balsa** raft

LA CREACIÓN DEL HOMBRE

Según el *Pópol Vuh*, los dioses primero crearon el cielo y la tierra y los animales. Pero éstos no podían hablar a sus creadores.

— No es esto lo que deseamos — pensaron—. Estos seres son incapaces [1] de decir nuestros nombres, de invocarnos.

Y los dioses decidieron crear nuevos seres. Primero usaron 5 tierra. Estos nuevos seres hablaban pero no sentían ni entendían nada y fueron destruidos. Los dioses dijeron:

— Haremos muñecos de madera [2] que hablen y nos entiendan.

Pero los muñecos no tenían alma ni memoria ni corazón ni pensamiento y fueron destruidos por un diluvio.[3] Algunos se 10 subieron a los árboles y se salvaron. De ellos descienden los monos.[4]

Una vez más, los dioses se reunieron para crear al hombre. Esta vez lo hicieron de maíz. Estos hombres podían oír y hablar. Su vista y conocimiento no tenían límites; eran perfectos, como 15 dioses.

Los creadores decidieron que era necesario establecer alguna diferencia entre los hombres y los dioses. Huracán exhaló un vaho [5] que empañó [6] la vista de los hombres y desde entonces sólo pueden ver lo que está cerca. 20

Para discutir

A. *Cuestionario*

1. ¿Cuál es el origen de los habitantes de América? 2. ¿Qué teoría sostienen Martínez del Río y Ales Hrdlicka? 3. ¿En qué época aparece la agricultura en México? 4. ¿Qué plantas se cultivaban? 5. ¿Quiénes fueron los olmecas? 6. ¿Qué caracteriza al horizonte cultural teotihuacano? 7. ¿Cuáles son los monumentos más importantes de Teotihuacán? 8. ¿Cómo es la pirámide del

---

[1] **incapaz** incapable, unable
[2] **muñecos de madera** wooden puppets
[3] **diluvio** flood
[4] **mono** monkey
[5] **exhaló un vaho** breathed forth a mist (or vapor)
[6] **empañar** to blur, dim

Sol? 9. ¿Cómo es el templo de Quetzalcóatl? 10. ¿Qué quiere decir « tolteca » ? 11. ¿Qué cultura existió en Tula? 12. ¿Dónde vivían los mayas antes de ir a Yucatán? 13. ¿Cómo es la arquitectura maya? 14. ¿Cómo es la lengua maya? 15. ¿Qué conocimientos tenían los mayas? 16. ¿Por qué abandonaron los mayas las ciudades de Chichén Itzá y Uxmal? 17. ¿Qué culturas ha estudiado Alfonso Caso? 18. ¿Dónde viven los tarascos?

B. *Temas para conversar o para la composición*

1. Los orígenes de los habitantes de América. 2. Las culturas arcaicas de México. 3. Los toltecas. 4. Teotihuacán. 5. Tula. 6. Los dioses toltecas. 7. Los mayas. 8. Las culturas secundarias. 9. La leyenda de Quetzalcóatl. 10. La creación del hombre.

Escena rural

Popo y su bien amada Ixtaccíhuatl

Pirámide del Sol, Teotihuacán.

*« El Castillo, » pirámide
maya en Chichén Itzá,
dedicada a Kukulcán.*

Arte maya. Jugador de pelota.
Chincultic, Chiapas.

Serpiente emplumada,
templo de Quetzalcóatl,
Teotihuacán.

« *El Caracol,* » *observatorio astronómico de los mayas.*

Cultura colimense (Estado de Colima).

*Cultura mixteca. Representación,
en oro, del dios del fuego, Ueueteotl.
De Coixtlahuaca, Oaxaca.*

*Cultura mixteca. Joya de oro.
Monte Albán, Oaxaca.*

Un guerrero, cultura de Jalisco.

4

EL IMPERIO AZTECA

⊂⊒ Al desmoronarse [1] la organización social de los toltecas de Tula, irrumpieron [2] dentro del Valle de México varios grupos de naciones semi-bárbaras, entre las que se encontraban las siete famosas tribus nahuatlacas (que significa « los que hablan claro el náhuatl »), tribus que venían de Chicomoztoc, lugar mítico donde 5 había siete cuevas. Dos de estas tribus eran los acolhuas y los aztecas.

Texcoco

Los acolhuas se preciaban de ser descendientes directos de los antiguos toltecas y de ser los únicos que hablaban el náhuatl con corrección. La cultura acolhua o texcocana alcanzó su más alto 10 nivel en Texcoco, bajo los reinados de Ixtlilxóchitl, su hijo Netzahualcóyotl y su nieto Netzahualpilli. Tezozómoc, rey de los tepanecas (otra de las siete tribus), dió muerte [3] al rey Ixtlilxóchitl y persiguió a su hijo Netzahualcóyotl. Éste se alió con los aztecas

[1] **desmoronarse** to crumble down, fall gradually apart
[2] **irrumpir** to make a violent invasion or raid
[3] **dar muerte** to kill, slay

23

y pudo así derrotar [1] a los tepanecas y recobrar el trono de Texcoco. La ciudad, bajo la sabia administración de Netzahualcóyotl, poeta y filósofo, era un modelo de orden, de prosperidad y de progreso. Allí florecieron las artes y las letras. La historia de este rey y de
5 su época nos la pinta el cronista texcocano Alva Ixtlilxóchitl en términos que nos hacen admirar el esplendor y alto grado de cultura de la corte del rey poeta.

Los aztecas

La última de las siete tribus nahuatlacas en llegar al Valle de México fué la de los aztecas, así llamados por haber salido de Aztlán,
10 el lugar de las garzas.[2] Después de una larga peregrinación llegaron los aztecas al cerro de Chapultepec (el « cerro del chapulín » [3]) el año 1325 de nuestra era, y fundaron, en un islote, la ciudad de México. Debido a su naturaleza guerrera y agresiva pronto lograron dominar la vida política y económica del Valle. El rey Ixcóatl
15 (1427–1440), con la ayuda de los reyes de Texcoco y Tlacopan, pudo conquistar a los poderosos tepanecas, destruyendo la ciudad de Atzcapotzalco en 1428. Su sucesor, Moctezuma I (1440–1469), conquistó las tribus que habitaban lo que hoy es Puebla, Veracruz, Morelos y Guerrero. El hijo de Moctezuma, Axayácatl (1469–
20 1482), incorporó el reinado de Tlatelolco al imperio azteca. Durante esta época las artes religiosas florecieron en la Gran Tenochtitlán, nombre de la ciudad de México. Fué entonces cuando se labró el famoso calendario azteca, hasta hoy admirado. El siguiente rey, Tizoc (1482–1486), construyó los grandes templos dedicados a
25 Huitzilopochtli y a Tlaloc, templos que causaron la admiración de los conquistadores. El primero de ellos, llamado el templo mayor, fué terminado durante el reinado de Ahuizotl (1486–1502), rey famoso por su crueldad.

Moctezuma

Tocóle en suerte [4] a Moctezuma II, sucesor de Ahuizotl, pre-
30 senciar la conquista y destrucción del gran imperio azteca. Mocte-zuma era a la vez sacerdote y rey, y los nobles y el pueblo le trataban

---

[1] **derrotar** to defeat
[2] **garza** heron
[3] **chapulín** (*Mex.*) grasshopper

[4] **Tocarle a uno en suerte** To fall to one's lot

casi como a un dios. Bernal Díaz del Castillo, el soldado cronista, nos dice que cuando daba audiencia los que le visitaban « se habían de quitar las mantas [1] ricas y ponerse otras de poca valía . . . Y habían de entrar descalzos y los ojos bajos puestos en tierra,[2] y no mirarle a la cara, y con tres reverencias que le hacían primero que [3] 5 a él llegasen, le decían: ‹ Señor, mi señor, gran señor.› » Sigue el cronista describiendo el gran esplendor de la corte de Moctezuma, y nos hace admirar sus palacios, su jardín zoológico y los varios modos que tenía de divertirse. El gran rey era, a la vez, melancólico y triste, y creía que Quetzalcóatl había de venir a destruir su imperio. 10

Huitzilopochtli

Ya el erudito investigador mexicano don Alfonso Caso ha hecho notar que la vida del pueblo azteca giraba totalmente en torno a la religión, a la cual se supeditaban todos los actos del individuo.[4] El más importante de los dioses aztecas era Huitzilopochtli, hijo de la diosa Coatlicue. Huitzilopochtli había guiado a los aztecas en su 15 peregrinación en busca de la tierra prometida. En su mitología, Huitzilopochtli simbolizaba al sol. Este astro, que muere todas las noches y nace todas las mañanas, tiene que combatir con las estrellas y la luna; para que pueda triunfar tiene que ser alimentado con la sangre del hombre. El pueblo azteca, siendo el elegido del Sol, tiene 20 que proporcionarle su alimento. Por lo tanto, para los aztecas las guerras y los sacrificios humanos eran una forma de culto y una actividad necesaria. Sin las víctimas humanas el sol dejaría de alumbrar.

Artes y ciencias

Bernal Díaz, exagerando, compara a los pintores mexicanos con 25 Apeles y Miguel Ángel. Aunque el juicio crítico del notable soldado no sea del todo justificado, sí hay que creerle [5] que entre los aztecas había grandes plateros y orfebres,[6] lo mismo que artistas que trabajaban con plumas.

[1] **manta** cape
[2] **los ojos . . . tierra** looking down
[3] **primero que** = antes de que
[4] **a la cual . . . individuo** to which all the acts of the individual were subordinated

[5] **sí hay que creerle** we must believe him
[6] **plateros y orfebres** silversmiths and goldsmiths

En las ciencias, los aztecas hicieron grandes progresos, notablemente en la astronomía, la aritmética y la botánica. El sistema numérico era vigesimal, es decir, contaban por veintenas, teniendo símbolos para representar los múltiplos de esta cantidad. Sus
5 conocimientos botánicos eran extensos, como lo indica el gran número de plantas cuyas propiedades les eran familiares. La medicina era herbolaria,[1] y sus curanderos [2] tenían conocimiento de las propiedades curativas de miles de plantas.

En conclusión, podemos decir que la cultura de los aztecas, ha-
10 biendo asimilado y hecho uso de las culturas que le precedieron, alcanzó el más alto grado de cultura alguna en el continente americano antes de la conquista. Su influencia se deja sentir [3] en el México de hoy, y es imposible hacer un estudio de esta nación sin tenerla en cuenta.

EL ÁGUILA Y LA SERPIENTE

15 Los aztecas, después de peregrinar muchos años en busca de la tierra prometida, llegaron por fin, guiados por su dios Huitzilopochtli, al Valle de Anáhuac.

Un día uno de los aztecas se paseaba por las orillas del lago de Texcoco, y accidentalmente cayó al agua y se sumergió. En el
20 fondo del lago oyó una voz que le decía:

— Éste es el lugar que les tengo prometido. Busquen una águila devorando a una serpiente sobre un tunal [4] y allí funden su ciudad.

El azteca volvió a la superficie del lago como por milagro. Corrió en busca de los sacerdotes y les contó lo que le había sucedido.

25 Los sacerdotes pronto se pusieron a buscar el signo que les había revelado su dios. Por fin, en un islote del lago, vieron una hermosa águila devorando a una serpiente sobre un tunal.

Los sacerdotes fundaron allí mismo [5] su ciudad y le dieron el nombre de Tenochtitlán, que significa « tunal sobre piedra. » Este
30 tunal estaba precisamente donde hoy se encuentra el zócalo,[6] centro de la ciudad de México y de la vida mexicana.

[1] **herbolario, –a** based on herbs, making use of herbs
[2] **curandero** medicine man
[3] **se deja sentir** is felt
[4] **tunal** opuntia (cactus plant which yields prickly pears)
[5] **allí mismo** right there
[6] **zócalo** main public square

MOCTEZUMA Y CORTÉS

En el centro de la ciudad de México, donde se cruzan las calles de Pino Suárez y República del Salvador, hay una enorme inscripción que indica el lugar donde Moctezuma recibió a Cortés el 8 de noviembre de 1519. Fray Bernardino de Sahagún, en el capítulo dieciséis del Libro XII de su *Historia general de las cosas* 5 *de la Nueva España* (1569), habla del encuentro entre Cortés y Moctezuma:

Llegando Moctezuma a los españoles al lugar que llaman Huitzitlan, luego allí el mismo Moctezuma puso un collar de oro y de piedras [1] al capitán don Hernando Cortés y le dijo: 10
— ¡Oh, señor nuestro! Seais bien venido, habéis llegado a vuestra tierra y a vuestro pueblo y a vuestra casa México. Habéis venido a sentaros en vuestro trono y en vuestra silla, el cual yo en vuestro nombre he poseído algunos días. ... Días ha [2] que yo esperaba esto; días ha que mi corazón está mirando aquellas 15 partes por donde habéis venido... Esto es por cierto lo que nos dejaron dicho los reyes que pasaron,[3] que habías de volver [4] a reinar en estos reinos... Seais muy bien venido, descansad ahora, aquí está vuestra casa y vuestros palacios, tomadlos y descansad en ellos. 20

Para discutir

A. *Cuestionario*

1. ¿De dónde venían las siete tribus nahuatlaca? 2. ¿Cuáles eran dos de estas tribus? 3. ¿Dónde se establecieron los acolhuas? 4. ¿Quién fue Netzahualcóyotl? 5. ¿Qué cronista escribe sobre este rey? 6. ¿De dónde venían los aztecas? 7. ¿En qué año fundaron la ciudad de México? 8. ¿Cómo la llamaron? 9. ¿Quiénes fueron algunos de sus reyes? 10. ¿Quién fue Moctezuma II? 11. ¿Cómo se llamaba el dios principal de los

---

[1] **collar ... piedras** a necklace made of gold and precious stones
[2] **Días ha [hace días]** for some days
[3] **que pasaron** *here* **que murieron**
[4] *Moctezuma cree que habla con Quetzalcóatl*

aztecas? 12. ¿Qué ciencias conocían los aztecas? 13. ¿Qué artes practicaban? 14. ¿Por qué es importante el estudio de los aztecas? 15. Según la leyenda ¿qué sucedió a uno de los aztecas que paseaba por las orillas del lago de Texcoco? 16. ¿Qué oyó en el fondo del lago? 17. ¿Dónde encontraron los sacerdotes el águila y la serpiente?

B. *Temas para conversar o para la composición*

1. El rey Netzahualcóyotl. 2. La fundación de México. 3. Los reyes aztecas. 4. Moctezuma. 5. La religión de los aztecas. 6. Las artes y las ciencias aztecas. 7. La leyenda del águila y la serpiente. 8. El encuentro de Cortés y Moctezuma.

5

LA CONQUISTA

⊂϶ Tocó a México en suerte ser descubierto y conquistado por los españoles. Habiéndose establecido una colonia española en las Antillas desde el descubrimiento, nada más lógico que seguir explorando el Nuevo Mundo. Las expediciones partían, por lo general, de Cuba, nuevo centro de exploración español en América. 5 De allí, con rumbo hacia México, salieron las expediciones de Francisco Hernández de Córdoba (1517), Juan de Grijalva (1518) y Hernán Cortés (1519).

Hernán Cortés

Cortés había sido designado por el gobernador de Cuba, Diego Velázquez, como capitán de una expedición cuyo objeto sería 10 rescatar ¹ oro de los indios de tierra firme y propagar la religión católica. Cortés, desobedeciendo las órdenes que se le habían dado, decidió — por su cuenta — emprender la conquista de México, de que ya tenía noticias. A fines de abril de 1519 la armada de Cortés, compuesta de diez carabelas,² llegó al islote de San Juan de Ulúa. 15

¹ **rescatar** to barter, exchange   ² **carabela** caravel, small sailing vessel

29

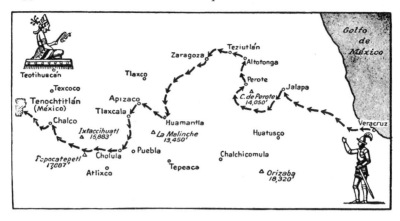

Acompañaban a Cortés cuatrocientos soldados y diecinueve marineros y artesanos.[1] Además, traía Cortés consigo diecinueve caballos (los primeros que se conocieron en México), diez cañones, cuatro falconetes[2] y varios perros de presa.[3]

5 A pesar del reducido número de soldados que le acompañaban, Cortés logró conquistar el opulento imperio de Moctezuma en dos años. Esto fué debido a que los españoles contaban con el uso del caballo, con el cual les era posible atacar a los mexicanos con facilidad; al mismo tiempo, el uso de las armas de fuego — desconocidas en el Nuevo Mundo — causó un efecto poderosísimo en el ánimo de los guerreros mexicanos. También hay que tener en cuenta que el soldado español del siglo XVI era el mejor de Europa. Muchos de los soldados de Cortés habían estado en Italia, en donde habían adquirido experiencia en el arte de la guerra. Y a pesar de 15 todas estas ventajas, podría afirmarse que sin la ayuda de los tlaxcaltecas y otras tribus enemigas de los mexicanos que se unieron a Cortés, la conquista de México hubiera sido empresa casi imposible para el Conquistador y su puñado[4] de soldados. Lo que más ayudó a Cortés fué los alimentos provistos por estos aliados 20 indígenas: maíz, guajolotes,[5] tortillas,[6] frutas, etc.

Bernal Díaz del Castillo afirma que Cortés era de buena estatura,

[1] **artesano** craftsman; mechanic
[2] **falconete** small cannon
[3] **perro de presa** bulldog
[4] **puñado** handful; a few

[5] **guajolote** (*Mex.*) turkey
[3] **tortilla** Mexican bread, made of corn and in the shape of a pancake

cuerpo bien proporcionado, no muy alegre, aunque afable con todos. « Era latino,[1] y oí decir que era bachiller en leyes, y cuando hablaba con letrados y hombres latinos, respondía a lo que le decían en latín. Era algo poeta, hacía coplas en metro y en prosa [2]; en lo que plati- caba [3] lo hacía muy apacible y con muy buena retórica, y rezaba por 5 las mañanas y oía misa con devoción. »

La Malinche

Cortés, antes de llegar a las costas de México, se detuvo en la isla de Cozumel, frente a Yucatán, en donde se le unió Jerónimo de Aguilar, español que había vivido varios años entre los mayas y hablaba la lengua perfectamente. Una vez en México, uno de los 10 caciques [4] indios regaló a Cortés varias esclavas, entre las cuales se encontraba la Malinche, bella joven azteca que hablaba maya tam- bién. Doña Marina, nombre que los españoles dieron a la Malinche, y Jerónimo de Aguilar sirvieron de intérpretes a Cortés. Cuando éste quería hablar con los mexicanos, daba el mensaje a Jerónimo de 15 Aguilar; éste le hablaba en maya a Doña Marina, y ella comuni- caba el mensaje en azteca a los mexicanos. Mas pronto Doña Marina aprendió el español y fué una gran ayuda para Cortés. Como los indios siempre veían a la Malinche con Cortés, también dieron este nombre al conquistador. 20

Cuauhtémoc

Moctezuma recibió a los españoles con grandes honores. Sin embargo, Cortés le puso preso.[5] Los mexicanos se ofendieron y de una pedrada [6] dieron muerte a Moctezuma. Guiados por el vale- roso Cuauhtémoc, el último emperador azteca, lograron echar fuera de la ciudad a los españoles. Esto ocurrió en junio de 1520 y se le da 25 el nombre de la Noche Triste, pues se dice que Cortés lloró al ver destruído su ejército. Mas, reorganizando a sus soldados y con la ayuda de varios barcos construídos en los lagos de México, logró conquistar la Gran Tenochtitlán en agosto de 1521. Los mexicanos pelearon hasta que se vieron casi muertos de hambre. 30

[1] **latino** Latinist
[2] **hacía ... prosa** he wrote prose and poetry
[3] **platicar** to converse, talk, chat
[4] **cacique** chief, chieftain
[5] **poner preso** to imprison
[6] **pedrada** blow with a stone

Cuauhtémoc, cuyo nombre significa « águila que cae,» simboliza
el fin de una era. Los mexicanos le consideran como el creador de
la nacionalidad mexicana y todavía es símbolo de inspiración. Su
prisión pone punto final [1] a las culturas prehispánicas. Los con-
5 quistadores traen consigo su cultura: religión, organización social,
lengua, sistema jurídico, artes y ciencias, agricultura, animales
domésticos, industria, comercio, indumentaria,[2] diversiones, costumbres en general. Los conquistadores transmitieron esta cultura
a los indígenas con bastante éxito. Mas no debemos pensar que la
10 cultura hispana permaneció en México sin modificación alguna. El
trasplante la obligaba a modificarse para poder adaptarse al nuevo
ambiente. La fusión de elementos hispanos y elementos nativos dió
origen a lo mexicano.

La Nueva España

Los territorios que conquistaba España en el Nuevo Mundo eran
15 gobernados, al principio, desde Santo Domingo, donde Diego
Colón, hijo del Descubridor, ejercía funciones de virrey. Muerto
don Diego [3] en 1526, España dividió el Nuevo Mundo en virreinatos
independientes entre sí. El de México, uno de los más importantes,
se llamó la Nueva España. Cortés, en una de sus famosas *Cartas de*
20 *Relación*, escrita al rey Carlos V el 30 de octubre de 1520, dice:
« Por lo que yo he visto y comprendido acerca de la similitud que
toda esta tierra tiene a España, así en la fertilidad como en la
grandeza [4] y fríos que en ella hace, me pareció que el más conve-
niente nombre para esta dicha tierra era llamarse la Nueva España
25 del mar Océano; y así, en nombre de vuestra majestad se le puso
este nombre. Humildemente suplico a vuestra alteza lo tenga por
bien [5] y mande que se nombre así.» Y así se llamó hasta principios
del siglo XIX.

Fray Pedro de Gante

La conquista física de México fué llevada a cabo por Cortés y sus
30 capitanes; la conquista espiritual de los indígenas, por los mi-

---

[1] **poner punto final** to end, bring to
a close
[2] **indumentaria** wearing apparel
[3] **Muerto don Diego** Don Diego
having died

[4] **así . . . grandeza** in its fertility as
well as in its greatness
[5] **tener por bien** to approve

sioneros. Entre ellos, le corresponde el primer lugar a Fray Pedro de Gante, quien, a pesar de su ilustre abolengo [1] (era pariente de Carlos V), se dedicó con humildad a la educación de la raza vencida, huyendo de los honores y dignidades que se le ofrecían. Llegó Fray Pedro el 13 de agosto de 1523 a la Veracruz, y ese mismo año fundó 5 en Texcoco la primera escuela de cultura europea que hubo en América. Más tarde, también fundó en la ciudad de México el famoso Colegio de San José de Belén de los Naturales, colegio en donde los misioneros enseñaban a los niños (todos hijos de indios) la pintura, la poesía, la música, el canto y la danza. No se desa- 10 tendía, por supuesto, la enseñanza de los oficios hispanos: zapatería, carpintería, sastrería, etc. Si los encomenderos [2] degradaban a los indígenas en los obrajes [3] y en las minas, Fray Pedro y sus compañeros trataban de elevarlos, por medio de la enseñanza, al plano de hombres libres. 15

Las Casas

Fray Bartolomé de las Casas, Obispo de Chiapas, dedicó gran parte de su vida y casi todas sus energías a la defensa del indio contra los desmanes [4] del conquistador y el encomendero. Si los indios tienen derecho a ser cristianos — decía las Casas — también lo tienen para ser libres. Este derecho del indígena fué reclamado 20 por las Casas ante el Consejo de Indias y ante el mismo Rey, y no descansó hasta que no vió [5] promulgadas las Nuevas Leyes (1542), leyes que ponían fin a los « derechos » de los conquistadores y los encomenderos.

LA NOCHE TRISTE

Es la noche del 30 de junio de 1520. Los mexicanos, bajo el 25 mando del joven Cuauhtémoc, han decidido tomar las armas contra los hombres blancos y barbados. El rey Moctezuma, a consecuencia de una pedrada que le han dado sus súbditos, acaba de morir. Cortés y sus capitanes, aconsejados por el astrólogo Botello,

---

[1] **abolengo** ancestry, lineage
[2] **encomendero** owner of an **encomienda,** an estate assigned or granted by the Spanish king
[3] **obraje** forced labor
[4] **desmán** (*pl.* **desmanes**) abuse
[5] **hasta que no vió** until he saw

deciden abandonar la ciudad esa noche. Después de separar un quinto [1] para el Rey, Cortés reparte el tesoro de Moctezuma entre todos sus soldados.

La oscuridad es profunda y llueve a torrentes. La comitiva [2] de
5 Cortés sale en silencio y se dirige hacia los puentes en las calzadas. De pronto, una mujer india da la voz de alarma. ¡ Han sido descubiertos !

La lucha comienza en medio de la lluvia y de las tinieblas. Los soldados, cargados de oro, se hunden en las zanjas.[3] Uno de los ca-
10 pitanes de Cortés, Pedro de Alvarado, salva su vida dando un tremendo salto sobre su lanza.

Cortés y unos cuantos de sus soldados y capitanes logran por fin salir de la ciudad. Van con rumbo a Tacuba. En lo que es hoy el barrio de Popotla, Cortés se sienta a descansar bajo un enorme
15 ahuehuete.[4] Viendo su ejército destrozado y el tesoro de Moctezuma perdido, « se le saltan las lágrimas de los ojos, » [5] según el decir de Bernal Díaz del Castillo, allí presente.

¿ Qué fué de Cortés ? [6] ¿ Qué de sus capitanes y soldados ? Lo único que hoy subsiste es el viejo ahuehuete que les vió llorar.

[1] **quinto** fifth
[2] **comitiva** retinue, followers
[3] **zanja** ditch
[4] **ahuehuete** Mexican cypress

[5] **se le saltan ... ojos** tears burst forth from his eyes.
[6] **¿ Qué fué de Cortés ?** What became of Cortes ?

Para discutir

A. *Cuestionario*

1. ¿ De dónde partían las expediciones españolas en el Nuevo Mundo ? 2. Antes de Cortés ¿ quién exploró las costas de México ? 3. Al encomendarle Diego Velázquez la expedición ¿ qué hizo Cortés ? 4. ¿ Cuántos soldados llevaba Cortés ? 5. ¿ Qué otra cosa llevaba ? 6. ¿ Cuánto tiempo duró la conquista de México ? 7. ¿ Cómo fue posible conquistar a México en tan corto tiempo ? 8. Según Bernal Díaz ¿ cómo era Cortés ? 9. ¿ Quién era la Malinche ? 10. ¿ Qué lenguas hablaba la Malinche ? 11. ¿ Qué

hizo Cortés con Moctezuma ? 12. ¿ Quién fue el último emperador azteca ? 13. ¿ Qué significa Cuauhtémoc ? 14. ¿ Qué traen consigo los conquistadores ? 15. ¿ Por qué dio Cortés el nombre de Nueva España a México ? 16. ¿ Qué hizo Fr. Pedro de Gante ? 17. ¿ Por qué recordamos a Las Casas ? 18. ¿ Qué quiere decir « La noche triste » ?

B. *Temas para conversar o para la composición*

1. Hernán Cortés. 2. La conquista de México. 3. Los intérpretes de Cortés. 4. Cuauhtémoc. 5. Fray Pedro de Gante. 6. Las Casas. 7. La noche triste.

6

LA NUEVA ESPAÑA

Gobierno

El método usado por España para gobernar sus posesiones de ultramar [1] era bastante complicado. En 1503 se estableció en Sevilla la Casa de Contratación, en general dedicada a los asuntos económicos relativos a las colonias. Años más tarde (1524) se formó el

5 Consejo de Indias, encargado de los asuntos que no fueran económicos. El gobierno de las colonias estaba en manos de las Audiencias, compuestas por oidores. [2]

Como es de esperarse, Cortés gobernó la Nueva España durante los primeros años de vida. Su gobierno personal se ve interrum-

10 pido de 1524 a 1526, años de la trágica expedición de Cortés a las Hibueras (Centro América), expedición que se recuerda porque en el camino el Conquistador, mal aconsejado, mandó ahorcar a Cuauhtémoc. En 1526 Cortés recibió el título de Adelantado [3] de la Nueva España. En 1528, debido a la ausencia de Cortés, que pasó

15 a España, se organizó la primera Audiencia, tribunal de justicia y

---

[1] **de ultramar** from across the sea, overseas
[2] **oidor** judge; member of an Audiencia
[3] **Adelantado** Governor (of a province)

administración al frente de la cual puso el Rey al cruel Nuño de Guzmán, de funesta memoria.

Para poder tener representación directa, el Consejo de Indias recomendó al Rey que nombrara un virrey. Las Audiencias, sin embargo, siguieron funcionando en la capacidad de consejeras del 5 virrey. Los conflictos entre el virrey y la audiencia eran frecuentes; por lo común, la audiencia favorecía a los encomenderos contra los virreyes. Además del virrey y de la audiencia, el gobierno español nombraba visitadores [1] generales, con facultades superiores; el visitador podía destituir [2] tanto al virrey como a los oidores, y tenía 10 facultades para imponer la pena de muerte. Uno de estos visitadores, Alonso de Muñoz (llegó a México en 1567), impuso un régimen de terror persiguiendo a los herederos de Cortés y a sus amigos. Otro de ellos, Pedro Moya de Contreras, estableció la Inquisición en México, asumiendo el título de inquisidor general. 15 A pesar de su severidad contra los malos gobernantes, Moya de Contreras demostró simpatía hacia los indios.

Zumárraga

Fray Juan de Zumárraga, primer obispo de México, fundó el Colegio de Santa Cruz de Tlatelolco, el primero de cultura superior que hubo en América. Este colegio, especie de escuela normal donde 20 se instruía a los indígenas, fué inaugurado en 1536, con el apoyo de don Antonio de Mendoza. Allí se enseñaba religión, escritura, lectura, latín, retórica, medicina indígena, música y filosofía. Entre sus primeros rectores [3] encontramos al benemérito fray Bernardino de Sahagún, una de las grandes figuras de la historia de México. 25

El problema de los misioneros en cuanto a la educación de los niños, durante los primeros años después de la conquista, se concretaba esencialmente a la enseñanza de los indígenas. Pronto surgió, sin embargo, el problema de la enseñanza de los niños mestizos. Al principio, como eran pocos, se les despreciaba. Mas, 30 como el número fué aumentando, hubo de fundarse una escuela especial para ellos. Zumárraga fué quien, en 1547, fundó la Escuela para Mestizos o de San Juan de Letrán, y el Colegio de Nuestra Señora de la Caridad para las niñas mestizas.

[1] **visitador** inspector
[2] **destituir** to dismiss from office
[3] **rector** college or university president

Zumárraga contribuyó grandemente al adelanto de la cultura en
la Nueva España ordenando la primera imprenta que existió en
América. Por su conducto,[1] Juan Cromberger, impresor [2] sevillano,
mandó una imprenta a México en 1537, bajo la dirección del im-
5 presor Juan Pablos. El primer libro publicado en México (1537)
fué la *Escala Espiritual* de San Juan Clímaco, traducida del latín
por fray Juan de la Magdalena. Además, Zumárraga ordenó gran
cantidad de libros y fundó la primera biblioteca de América.

Vasco de Quiroga

Si la primera Audiencia fué un tribunal de hombres desalmados,[3]
10 la segunda, que gobernó a la Nueva España de 1531 a 1535, estaba
compuesta de hombres verdaderamente cultos, entre ellos su presidente, don Sebastián Ramírez de Fuenleal, y su compañero y principal colaborador, Vasco de Quiroga. Ramírez de Fuenleal se dedicó
a la redención de los indios y a la promoción de su bienestar. « Él
15 inauguró — nos dice don Justo Sierra — la casi nunca interrumpida
era de paz en que se formó lentamente la nacionalidad mexicana. »
Vasco de Quiroga, de feliz memoria, fundó en 1532 el Hospital de
Santa Fe, lugar donde se recogía a todos los niños abandonados.
Junto al Hospital de Santa Fe más tarde fué construída la escuela
20 de San Nicolás.
La obra principal de Vasco de Quiroga, sin embargo, fué la que
desarrolló en Michoacán entre los indios tarascos. En Pátzcuaro
fundó el colegio de San Nicolás Obispo, en donde los indios apren-
dieron las artes y los oficios que todavía practican, y el Hospital de
25 Santa Fe; él mismo redactó las *Ordenanzas* para el gobierno de estos
hospitales; sus ideas sociales fueron inspiradas en las ideas de la
Utopía de Thomas More. El santo varón tenía la firme convicción
de que los indígenas representaban el estado primitivo de la perfección del hombre, perfección desaparecida entre las gentes civilizadas.
30 Para poner en práctica sus ideas estableció un sistema de trabajo
cooperativo, y dejó a los indios que se administraran a sí mismos,[4]
guiados por las reglas humanas y virtuosas de sus ordenanzas. Los

---

[1] **Por su conducto** Through his
mediation
[2] **impresor** printer

[3] **desalmado** soulless, inhuman
[4] **dejó . . . mismos** allowed the Indians to govern themselves

tarascos de Michoacán, hasta hoy en día, veneran la memoria de este insigne maestro.

Don Antonio de Mendoza

El México colonial es el México de los virreyes. De 1535, año en que llega el primero, hasta 1821, año de la Independencia, gobernaron a la Nueva España 62 virreyes. De la mayoría, hombres por 5 lo general mediocres, ni los nombres recordamos. Entre los pocos que se distinguieron hay que mencionar al primero, don Antonio de Mendoza, quien gobernó de 1535 a 1550, año en que pasó al Perú. « Buena parte de su labor — nos dice don Justo Sierra — se empleó en suplantar a los aventureros gigantescos, como Cortés y Alvarado, 10 y poner en su lugar [1] la acción normal y directa de la autoridad regia que él representaba. . . . La colonia salió casi organizada de manos del primer virrey. » A lo que hay que añadir que fué durante el gobierno del virrey Mendoza cuando se pidió al rey Carlos V que fundara una universidad en la Nueva España. 15

La Universidad

Don Luis de Velasco, primero de este nombre y segundo virrey de la Nueva España, gobernó de 1550 a 1564. Él recibió la Cédula Real [2] de fundación de la Universidad, expedida [3] por Carlos V el 21 de septiembre de 1551. La solemne inauguración de la Universidad de México tuvo lugar el 25 de enero de 1553, y los estudios se ini- 20 ciaron el 3 de junio del mismo año, solemnizados con un discurso en latín pronunciado por el eminente humanista don Francisco Cervantes de Salazar. Se comenzó a enseñar teología, escritura, cánones, leyes, artes, retórica y gramática; en 1582 se añadió la cátedra [4] de medicina, y un poco más tarde la de lenguas indígenas. 25 La Universidad confería los títulos de Bachiller, Maestro y Doctor.

Cervantes de Salazar, discípulo de Luis Vives, escribió tres diálogos en latín para el uso de los estudiantes de la Universidad. Nos interesan porque en ellos dejó el autor una pintura del México de a mediados del siglo XVI. Los diálogos los imprimió Juan Pablos en 30 México en 1554, en latín, y fueron traducidos y publicados por el

---

[1] **en su lugar** in their stead   [3] **expedir** to issue (officially)
[2] **Cédula Real** Letter patent   [4] **cátedra** chair, professorship

benemérito bibliógrafo mexicano don Joaquín García Icazbalceta, en 1875, bajo el título *México en 1554.* El diálogo primero está dedicado a la Universidad; los interlocutores son Mesa y Gutiérrez. Gutiérrez pregunta:

5   ¿ Qué edificio es ése con tantas y tan grandes ventanas arriba y abajo, que por un lado da a la plaza, y por el frente a la calle pública, en el cual entran jóvenes, ya de dos en dos,[1] ya como si fueran acompañando a un maestro por honrarle, y llevan capas largas y bonetes cuadrados[2] metidos hasta las orejas ?[3]

10   *Mesa:* Es la Universidad, donde se educa la juventud . . .

Gutiérrez: En tierra donde la codicia impera, ¿ queda acaso lugar para la sabiduría ?

Mesa: Venció la que vale y puede más.[4] . . .

Gutiérrez: . . . Pero dime lo que importa más, y que realmente

15 ennoblece a una Universidad, ¿ qué tales[5] profesores tiene ?

Mesa: Excelentes. . . . Son empeñosos,[6] y versadísimos en todas ciencias. Y hasta te diré, nada vulgares, y como hay pocos en España. . . . Allá arriba están las demás cátedras.[7] La que se ve a la derecha está destinada a la lección de sagrada Teología, y en ella,

20 de dos a tres, el Maestro Cervantes enseña Retórica, . . .

Gutiérrez: Este Cervantes, si no me engaño, es el que también fué catedrático[8] de Retórica en la Universidad de Osuna.

Mesa: El mismo. . . .

Gutiérrez: ¿ A quién van a oír tantos frailes agustinos que juntos

25 con algunos clérigos entran a la cátedra de Teología ?

Mesa: A Fray Alonso de la Veracruz, el más eminente Maestro en Artes y en Teología que haya en esta tierra, y catedrático de esta divina y sagrada facultad; sujeto[9] de mucha y variada erudición, en quien compite la más alta virtud con la más exquisita y admirable

30 doctrina. . . .

Gutiérrez: ¿ Cuántos doctores y maestros hay ?

---

[1] **de dos en dos** by twos, in pairs
[2] **bonete cuadrado** college cap
[3] **metidos hasta las orejas** down to their ears
[4] **Venció . . . más** She who is worth more and has more power (*i.e.,* **la sabiduría**) conquered
[5] **qué tales** what sort of
[6] **empeñoso** persistent, eager
[7] **cátedra** (*here*) classroom assigned to a professor
[8] **catedrático** professor
[9] **sujeto** person, individual; fellow

Mesa: Entre los que se han graduado en México, y los que alcanzaron el título en otras partes, pero que ahora son de esta Universidad, hay tantos, que apenas serán más en Salamanca. . . .

Novohispanismo [1]

La hispanización de México quedó concluída para fines del siglo XVI. Mas no hay que creer, como a menudo se afirma, que 5 México era un fiel retrato de la metrópoli. « En sólo el primer siglo de la colonia — nos dice el erudito Alfonso Reyes —, consta ya por varios testimonios la elaboración de una sensibilidad nueva y un modo de ser novohispano distinto de los peninsulares, efecto de ambiente natural y social sobre los estratos de las tres clases mexi- 10 canas: criollos, mestizos e indios. »

(CRIOLLISMO)

Viene de España por el mar salobre [2]
a nuestro mexicano domicilio
un hombre tosco, sin algún auxilio,
de salud falto y de dinero pobre.

Y luego que caudal y ánimo cobre,
le aplican en su bárbaro concilio
otros como él, de César y Virgilio
las dos coronas de laurel y robre.[3]

Y el otro, que agujetas [4] y alfileres
vendía por las calles, ya es Conde
en calidad, y en cantidad un Fúcar [5];
y abomina después el lugar donde
adquirió estimación, gusto y haberes,
y tiraba la jábega [6] en Sanlúcar.

Soneto anónimo (Siglo XVI)

---

[1] **Novohispanismo** attachment to New Spain (Mexico)
[2] **salobre** briny, salty
[3] **robre** = **roble**
[4] **agujeta** lace or strap with metal tips

[5] **Fúcar** Fugger, name of wealthy 16th-century German merchants
[6] **tirar la jábega** to cast the dragnet; **tiraba la jábega** *i.e.*, was a fisherman

En 1591 el doctor Juan Cárdenas, nacido en Sevilla y criado en México, publicó un curioso libro titulado *Problemas y secretos maravillosos de las Indias.* En el capítulo dos del Libro III compara el modo de hablar de los criollos y los peninsulares. Dice:
5 "Por dar muestra y testimonio cierto de que todos los nacidos en Indias sean a una de agudo, trascendido y delicado ingenio,[1] quiero que comparemos a uno de los de acá con otro recién venido de España... y júntense éstos que tengan plática y conversación el uno con el otro; oiremos al español nacido en las
10 Indias hablar tan pulido, cortesano y curioso, y con tantos preámbulos, delicadeza y estilo retórico, no enseñado ni artificial, sino natural, que parece [que] ha sido criado toda su vida en corte y en compañía de gente muy bien hablada y discreta. Al contrario verán al chapetón,[2] que no hay palo con corteza que
15 más bronco y torpe sea;[3] pues ver el medio de proceder en todo del uno tan diferente del otro, uno tan torpe y otro tan vivo, que no hay hombre por ignorante que sea, que no eche de ver [4] cuál sea gachupín [5] y cual nacido en Indias."

Para discutir

A. Cuestionario

1. ¿ Qué diferencia existía entre la Casa de Contratación y el Consejo de Indias ? 2. ¿ Por qué se vio interrumpido el gobierno de Cortés ? 3. ¿ Qué clase de tribunal era la audiencia ? 4. Además del virrey y de la audiencia ¿ qué otros funcionarios tenía España en sus colonias ? 5. ¿ Cuál fue el primer colegio de educación superior que hubo en el Nuevo Mundo ? 6. ¿ Qué materias se enseñaban allí ? 7. ¿ Qué problema educativo surgió pocos años después de la conquista ? 8. ¿ Cómo contribuyó Zumárraga al adelanto de la cultura en México ? 9. ¿ Cuál fue el primer libro publicado en el Nuevo Mundo ? 10. ¿ Cuáles fueron las con-

---

[1] **sean ... ingenio** are as a group of keen, perceptive, and subtle mental powers

[3] **que ... sea** rougher and duller than the bark of any tree
[4] **echar de ver** to notice

tribuciones más importantes de Vasco de Quiroga ? 11. ¿Cuál
fue la labor de don Antonio de Mendoza ? 12. ¿En qué año se
fundó la Universidad de México ?   13. ¿Qué quiere decir
"criollismo" ?

B. *Temas para conversar o para la composición*

1. El gobierno de España en sus colonias. 2. El primer obispo
de México. 3. La imprenta en México en los primeros años de la
colonia. 4. La obra de Vasco de Quiroga. 5. Los virreyes de
México. 6. La Universidad de México. 7. Los diálogos de
Cervantes de Salazar. 8. Novohispanismo. 9. Criollismo.

7

LITERATURA COLONIAL

La literatura colonial mexicana, aunque es una literatura de imitación, no es, como con frecuencia se dice, una fiel copia de la literatura española. Ya desde el siglo XVI se notan ciertas características que la distinguen y le dan un sello propio.[1] La mayor
5 parte de los escritores que describen el Nuevo Mundo, ya sea en prosa o en verso,[2] tratan de dar a sus obras cierto colorido, cierto aire exótico que no encontramos en la literatura española de la época; sobre todo, hallamos en estas obras largas enumeraciones de los productos nativos, muchos de ellos con nombres indígenas. El
10 interés primordial de los escritores es dar a conocer[3] al mundo las maravillas de las Indias, del Nuevo Mundo.

Hernán Cortés

La literatura española llega a México con los conquistadores. Hernán Cortés mismo es algo poeta y buen prosista. En sus *Cartas de relación* (1519–1536), escritas al Emperador Carlos V, Cortés nos

---

[1] **un sello propio** a character of its own

[2] **ya sea ... verso** be it in prose or verse

[3] **dar a conocer** to make known

dejó una reseña [1] precisa de la conquista, lo mismo que interesantísimas descripciones de la ciudad de México. Nos dice que la ciudad era tan grande como Sevilla y Córdoba, y que sus calles eran « muy anchas y muy derechas . . . la mitad [es] de tierra, y por la otra mitad es agua, por la cual andan con sus canoas.» Nos dice que la 5 ciudad tenía muchas plazas, una de ellas « tan grande como dos veces la ciudad de Salamanca, toda cercada de portales alrededor, donde hay cotidianamente [2] arriba de sesenta mil almas comprando y vendiendo.» Sigue después una enumeración de todos los productos que se venden en las plazas, y en las calles de la ciudad: 10 « Hay calle donde venden toda clase de aves . . . Hay casas como de boticarios,[3] donde se venden las medicinas hechas. Hay casas como de barberos, donde lavan y rapan [4] las cabezas. Hay casas donde dan de comer y beber por precio . . . Venden miel de abejas y cera . . . y miel de una planta que llaman maguey. . . . Venden 15 mucha loza,[5] jarros y ollas [6] de barro pintadas. Venden maíz en grano y en pan. Venden pasteles de aves y empanadas de pescado.[7] Cada género de mercancía se vende en su calle, y en esto tienen mucho orden.» Y así sigue Cortés describiendo todo lo que ve, en estilo ameno y pintoresco. 20

Bernal Díaz

Bernal Díaz del Castillo, el recio soldado de Medina del Campo — donde nació por los años del descubrimiento de América —, pasó a las Indias en 1514 y a la Nueva España con Cortés. Habiendo sido testigo ocular [8] de la conquista y teniendo una memoria prodigiosa, su *Historia verdadera de la conquista de la Nueva España* 25 — terminada en 1568 pero no publicada sino hasta 1632 — es una valiosísima fuente de información para la historia de los primeros años de la Nueva España. Bernal Díaz es un primitivo, interesado en el detalle insignificante, en la anécdota pintoresca; algunas veces pierde la perspectiva, pero es esto precisamente lo que le da valor 30

[1] **reseña** account; description, narration
[2] **cotidianamente** daily
[3] **boticario** pharmacist, druggist
[4] **rapar** to shave off; crop (hair)
[5] **loza** crockery; earthenware; chinaware
[6] **jarros y ollas** pots and kettles; **olla de barro** earthenware
[7] **pasteles . . . pescado** chicken (or turkey) pies and fish cakes
[8] **testigo ocular** eye witness

a la obra como documento humano.   La visión que Bernal Díaz
nos dejó de la conquista de México es la más viva y la más pintoresca, a pesar de su lenguaje rudo y desaliñado.[1]   He aquí un ejemplo
de ello:

5   « En aquella sazón [2] vinieron a la calzada muchos mexicanos, y
nos herían a los de a caballo y a todos nosotros, y aun a Sandoval le
dieron una buena pedrada en la cara.   Y como venían tantos escuadrones y yo y otros veinte soldados les hacíamos cara,[3] Sandoval
nos mandó que poco a poco nos retiráramos, porque no les matasen
10 los caballos; y porque no nos retirábamos, nos dijo con furia:
‹ ¿ Queréis que por amor de vosotros nos maten a mí y a todos estos
caballeros ?   Por amor de mí, hermano Bernal Díaz, que os retiréis; › [4] y entonces le tornaron a herir a él y a su caballo.   En aquella
sazón, poco a poco, haciendo cara y no vueltas las espaldas,[5] nos
15 íbamos retirando, pero los mexicanos nos seguían pensando que
aquella noche nos habían de llevar a sacrificar.   Ya que estábamos
cerca de nuestros aposentos, habiendo pasado ya una gran zanja
donde había mucha agua y donde no nos podían alcanzar las flechas
y varas [6] y piedras . . . tornó a sonar el tambor [7] muy doloroso, y
20 otras muchas cornetas y otras como trompetas, y todo el sonido de
ellos espantable,[8] y mirábamos al alto cu donde los tocaban, y vimos
que llevaban por fuerza las gradas arriba [9] a nuestros compañeros
para sacrificarlos. . . . Y miren los curiosos lectores que esto leyeren [10]
qué lástima teníamos de ellos, y decíamos entre nosotros: ‹ ¡ Oh,
25 gracias a Dios que no me llevaron a mí hoy a sacrificar ! › Y también
tengan atención que no estábamos lejos de ellos, y no podíamos
ayudar a nuestros compañeros, y antes rogábamos a Dios que nos
guardase de tan cruelísima muerte.   Pues en aquel instante que
hacían aquellos sacrificios, vinieron de repente sobre nosotros
30 grandes escuadrones de guerreros, y nos decían: ‹ Mira que de esta
manera habéis de morir todos, que nuestros dioses nos lo han prometido muchas veces. › . . . Pero dejemos de hablar más en contar
lástimas y volvamos a nuestra historia. »

[1] **desaliñado** untidy; disorderly
[2] **En aquella sazón** At that time
[3] **hacer cara** to face, resist, oppose
[4] **que os retiréis** = (ordeno, digo, etc.) **que os retiréis** (I command you) to withdraw
[5] **y . . . espaldas** and not turning our backs to them
[6] **vara** rod; spear
[7] **tambor** drum
[8] **espantable** frightful, terrifying
[9] **las gradas arriba** up the steps
[10] **leyeren** *fut. subj. of* **leer**

Sahagún

Fray Bernardino de Sahagún (*ca.* 1500–1590) nació en la villa de Sahagún (León), estudió en la Universidad de Salamanca y pasó a las Indias en 1529; dedicó casi todo el resto de su vida al estudio de las antigüedades mexicanas, y no en balde, como puede verse por su monumental *Historia general de las cosas de la Nueva España,* en 5 doce libros, el más completo tratado de la vida espiritual y cultural de los aztecas. La *Historia general* fué concluída, pero no publicada, en 1569. Es imposible estudiar la vida de los aztecas sin recurrir a ella; su valor etnográfico y lingüístico es inapreciable. Causa admiración el método empleado por Sahagún para recoger y verificar 10 los materiales, lo mismo que el sistema empleado en su organización a tres columnas: azteca, castellano y escolios.[1] Los tres primeros libros tratan de la religión de los aztecas; el libro cuarto de la astrología, y el quinto de las supersticiones; el sexto libro trata de la filosofía moral; el séptimo de las fiestas religiosas asociadas al sol 15 y la luna; el libro octavo trata de los reyes aztecas, y el noveno y el décimo de las costumbres; el libro undécimo trata de la flora y la fauna aztecas y el último es una diminuta historia de la conquista, desde el punto de vista de los indios. Todos los doce libros fueron primero escritos en náhuatl por los discípulos de Sahagún, y 20 después traducidos al castellano; es, por lo tanto, el más auténtico documento acerca de la historia cultural de los aztecas. Pero también encontramos allí las más antiguas leyendas, como por ejemplo la relativa a la creación del sol y la luna, que se halla en el séptimo libro: 25

« Decían que antes que hubiese día en el mundo, que se juntaron los dioses en aquel lugar que se llama Teotihuacán; dijeron los unos a los otros dioses: — ¿ Quién tendrá cargo de alumbrar al mundo ? A estas palabras respondió un dios que se llamaba Tecuciztécatl y dijo: — Yo tomo cargo de alumbrar al mundo. Luego otra vez 30 hablaron los dioses y dijeron: — ¿ Quién será otro más ?[2] Al instante se miraron los unos a los otros, y ninguno de ellos osaba ofrecerse a aquel oficio. Uno de los dioses, a quien nadie tomaba en cuenta,[3] pues nunca hablaba, estaba allí oyendo lo que decían los otros dioses. Los otros le hablaron y le dijeron: — Sé tú el que 35

---

[1] **escolio** gloss, commentary
[2] **¿ Quién ... más ?** Who else ?
[3] **a ... cuenta** to whom no one paid any attention

alumbres. Él de buena voluntad obedeció a lo que le mandaron. Luego los dos comenzaron a hacer penitencia cuatro días. . . . A cada uno se le edificó una torre como monte; están ambos cerca del pueblo de San Juan Teotihuacán.[1] . . . Cuando terminó la peni-
5 tencia, se reunieron los dioses frente a un gran fuego. Luego llamaron a los dos dioses y los pusieron delante del fuego. Luego hablaron y dijeron a Tecuciztécatl: — Tecuciztécatl, entra tú en el fuego. Pero como el fuego era grande, sintió mucho calor, tuvo miedo y no osó echarse en él. Los dioses luego hablaron al otro dios,
10 que se llamaba Nanauatzin, y dijéronle: — Nanauatzin, prueba tú. Nanauatzin, cerrando los ojos se echó en el fuego. Tecuciztécatl, al ver esto, también se echó en el fuego. . . . Después que ambos se habían quemado, los dioses se sentaron a esperar a que saliera el sol. . . . Y cuando salió el sol, salió muy colorado, y nadie lo podía
15 mirar, pues echaba rayos en gran manera. Y después salió la luna. Y dicen los que cuentan fábulas que tenían igual luz con que alumbraban. Los dioses habláronse otra vez y dijeron: — ¡ Oh, dioses ! ¿ cómo será esto ? ¿ Será bien que igualmente alumbren ? Y los dioses dieron sentencia, y fué de esta manera: uno de ellos fué
20 corriendo, y dió con un conejo [2] en la cara a Tecuciztécatl, que era la luna, y oscurecióle la cara, y quedó como ahora está. »

El teatro

El primer teatro que aparece en la Nueva España es el de los misioneros, quienes se valían de representaciones teatrales para mejor enseñar la fe cristiana a los indígenas. El dramaturgo más
25 famoso del siglo XVI es Fernán González de Eslava (nació en España), autor de los *Coloquios espirituales y sacramentales* (1610), en los cuales se imita el modo de hablar de los criollos. Una de las piezas teatrales más humorísticas de Eslava es el « Entremés del ahorcado, » en el cual se critica a dos criollos jactanciosos.[3]

Ruiz de Alarcón

30 No obsta el que don Juan Ruiz de Alarcón y Mendoza haya escrito y representado su obra teatral en España para que se le

[1] The creation of the pyramids of the Sun and the Moon at Teotihuacán
[2] **conejo** rabbit (To the Aztecs the Man in the Moon had the shape of a rabbit.)
[3] **jactancioso** boastful

considere como perteneciente a la literatura mexicana. Habiendo nacido en la Nueva España y vivido sus primeros veinte años allí, pasa en 1600 a Salamanca para hacer sus estudios. Vuelve a México en 1608, y la Universidad le otorga [1] el título de licenciado en derecho civil. Mas no permanece en su patria. Para 1615 ya le 5 encontramos de nuevo en Madrid, donde ha de permanecer hasta su muerte, ocurrida en 1639. Hízose famoso en la Corte compitiendo, en el arte de hacer comedias, nada menos que con [2] Lope de Vega y Tirso de Molina.

Le toca a Ruiz de Alarcón en honor [3] haber sido el creador de la 10 comedia de carácter y de haber tenido influencia en el teatro francés a través de Corneille, imitador de *La Verdad Sospechosa*, la obra maestra del mexicano, en la cual presenta a un joven, Don García, cuyo único defecto es no decir nunca la verdad. Debido a este feo vicio, Don García tiene que casarse con Lucrecia, a quien no ama, y 15 abandonar a Jacinta, de quien está enamorado. La comedia termina con estas palabras:

> Y aquí verás cuán [4] dañosa
> Es la mentira; y verá
> El senado [5] que en la boca
> Del que mentir acostumbra,
> Es la verdad sospechosa.

Además de esta comedia, leemos con gusto otras obras de Ruiz de Alarcón, como por ejemplo *Las paredes oyen* y *El examen de maridos*. « Con la obra de Alarcón — nos dice Alfonso Reyes —, México por 20 primera vez toma la palabra [6] ante el mundo y deja de recibir solamente para comenzar ya a devolver. Es el primer mexicano universal, el primero que se sale de las fronteras, el primero que rompe las aduanas [7] de la colonia para derramar sus acarreos [8] en la gran corriente de la poesía europea. » 25

---

[1] **otorgar** to bestow upon; confer upon
[2] **nada menos que con** with no less than
[3] **Le . . . honor** Ruiz de Alarcón has the honor of
[4] **cuán** how
[5] **senado** (*here*) public
[6] **tomar la palabra** to have the floor
[7] **aduana** customhouse
[8] **acarreos** hauls; goods

Sor Juana

Sor Juana Inés de la Cruz (1648–1695), la Décima Musa, representa el más alto nivel a que llegó la literatura colonial mexicana. Ella y Ruiz de Alarcón son las dos glorias del México virreinal. El genio de la monja jerónima [1] se manifiesta temprano. A los
5 tres años aprende a leer; a los cinco ya escribe y a los ocho compone versos; la gramática y el latín los aprende en veinte lecciones. Su avidez de saber la lleva al extremo de cortarse el pelo hasta no aprender lo que se le dificulta. El virrey Mancera pone a prueba [2] su saber haciéndola discutir con los doctores de la Universidad. Sor
10 Juana los asombra dando ingeniosas respuestas a cuantas preguntas le hacían,[3] ya fueran [4] sobre teología, filosofía, matemáticas o humanidades.

A los dieciséis años, después de haber servido de dama de la virreina,[5] Sor Juana se hace monja. El resto de su vida lo pasa en el
15 claustro, dedicada a los estudios. Amante de los libros, llegó a poseer [6] una biblioteca de más de cuatro mil volúmenes. Murió a la temprana edad de cuarenta y siete años, durante la plaga que hubo en México en 1695.

En sus obras poéticas encontramos loas, villancicos, redondillas,
20 décimas, liras, silvas, romances y sonetos.[7] « Las características de Sor Juana en la poesía lírica — nos dice Alfonso Reyes — son la abundancia y la variedad, no menos que el cabal dominio técnico en todas las formas y los géneros.» También ensayó el teatro, escribiendo dos comedias calderonianas,[8] *Los empeños de una casa* y *Amor*
25 *es más laberinto.* Su prosa, de lo mejor de la época, puede ser estudiada en su *Respuesta a Sor Filotea de la Cruz*, carta en la cual contesta a la crítica que le hizo el Obispo, bajo el seudónimo de «Sor Filotea.» Sor Juana no se escapó del gongorismo [9] que prevalecía en el mundo literario de la época, escribiendo un *Primero*
30 *Sueño* a imitación del Góngora español.

La Décima Musa bien puede considerarse como el más resplandeciente ingenio mexicano anterior a la Independencia. Su obra sigue intrigando tanto a los eruditos como a los amantes de las letras. Y con razón, pues es la poesía de Sor Juana la esencia de la literatura colonial mexicana. Entre sus más famosos versos se encuentran 5 aquellas « Redondillas » dirigidas a los hombres necios:

> Hombres necios que acusáis
> a la mujer sin razón,
> sin ver que sois la ocasión
> de lo mismo que culpáis.
> Si con ansia sin igual
> solicitáis su desdén
> ¿ por qué queréis que obren bien
> si las incitáis al mal ? [1]

> Dan vuestras amantes penas
> a sus libertades alas,[2]
> y después de hacerlas malas
> las queréis hallar muy buenas.

> Pues ¿ para qué os espantáis
> de la culpa que tenéis ? [3]
> Queredlas cual las hacéis
> o hacedlas cual las buscáis.

Sigüenza y Góngora

Don Carlos de Sigüenza y Góngora — sobrino de don Luis de Góngora — nació en la ciudad de México en 1645 y asistió al Colegio

---

[1] **incitar al mal** to instigate to do evil
[2] **dar alas** to encourage; **Dan . . . alas** Your lovesickness (*lit.*, loving sorrows) encourages them to act unbecomingly
[3] **¿ para . . . tenéis ?** why be astonished, when you are to blame ?

jesuíta de Tepotzotlán. Era especialmente docto en física, astronomía, matemáticas, lenguas, historia y antigüedades de los indios; escribía poesía y se dedicaba a coleccionar manuscritos y documentos relativos a la historia de los antiguos mexicanos. Carlos II
5 le nombró Cosmógrafo real, y además desempeñaba el puesto de catedrático en astrología y matemáticas en la Universidad de México, puesto que ganó por oposición en 1672.

Aunque la mayor parte de su obra se ha perdido, nos quedan ejemplos de su poesía — culterana,[1] afectada — en la *Primavera*
10 *Indiana* (1668), poema sobre la milagrosa aparición de la Virgen de Guadalupe, y de su prosa — más llana y tersa — en los *Infortunios de Alonso Ramírez* (1690), biografía novelada,[2] cuyo protagonista da una vuelta al mundo.[3] Este anticipo de la novela picaresca mexicana es la historia de Alonso Ramírez, joven puertorriqueño que
15 pasa a la Nueva España en busca de un pariente. De allí pasa a las Islas Filipinas, en donde le capturan unos piratas ingleses, quienes le llevan hasta las costas del Brasil. En una pequeña embarcación, con algunos compañeros llega a las costas de Yucatán. De allí, después de sufrir grandes penalidades,[4] por fin pasa a México, dando
20 así la vuelta al mundo.

Sigüenza y Góngora, el mejor representante de la cultura hispanoamericana de su época, murió el 22 de agosto de 1700, legando su cuerpo — en el espíritu de un sabio moderno — a la ciencia.

EL INCENDIO DEL CABILDO[5]

Según relata el historiador Andrés Cavo, al anochecer del día 8 de
25 junio de 1692 se incendiaron [6] las casas del Cabildo de la ciudad de México, lugar donde se guardaban los documentos relativos a la historia del país.

La Audiencia, el Corregidor y los alcaldes corrieron a juntar gente para apagar el incendio; pero sus diligencias fueron inútiles, y el
30 fuego continuó toda la noche.

En esto se trabajaba cuando la voz de que se quemaban las casas

---

[1] **culterano, -a** inflated in style
[2] **novelada** in the form of a novel
[3] **dar una vuelta al mundo** to go around the world
[4] **penalidad** hardship
[5] **Cabildo** Town Hall
[6] **incendiarse** to catch fire

del Cabildo llegó a oídos de don Carlos de Sigüenza y Góngora. Este literato, honra de México, excitado del amor de las letras y de la patria, considerando que en un momento iban a ser consumidos por las llamas los monumentos más preciosos de la historia antigua y moderna de los mexicanos que se conservaban en aquel archivo, 5 con sus amigos y alguna gente moza acudió a la plaza. Viendo que por las piezas bajas no era posible subir al archivo, pues el fuego las había ocupado, puestas escaleras y forzadas las ventanas, penetraron él y sus amigos en aquellas piezas. Aunque el fuego se propagaba por ellas, en medio de las llamas, tomando de aquí y de 10 allá los códices y demás libros, los lanzaron a la plaza, continuando en esta tarea hasta no dejar ni uno de los libros que no habían sido consumidos por el fuego.

Las letras mexicanas deben al celo de Sigüenza y Góngora el que se conserven importantísimos documentos relativos a la antigua 15 historia de los mexicanos, lo mismo que a la época colonial.

¡ Qué digna acción la de este sabio mexicano, al ponerse a salvar libros del fuego, en vez de dedicarse a quemarlos, como no pocos han hecho !

UNA CARTA DE SOR JUANA

. . . Digo que no había cumplido los tres años de mi edad[1] 20 cuando enviando mi madre a una hermana mía, mayor que yo, a que se enseñase a leer en una que llaman *amigas*,[2] me llevó a mí tras ella el cariño y la travesura;[3] y viendo que le daban lección, me encendí yo de manera en el deseo[4] de saber leer, que engañando, a mi parecer, a la maestra, le dije *que mi madre ordenaba* 25 *que me diese lección*. Ella no lo creyó, porque no era creíble; pero, por complacer al donaire,[5] me la dio. Proseguí yo en ir y ella prosiguió en enseñarme, ya no de burlas,[6] porque la desengañó la experiencia;[7] y supe leer en tan breve tiempo, que ya sabía cuando lo supo mi madre . . . 30

---

[1] **cumplir (tres años) de edad** to be (three years) old
[2] **amiga** elementary school
[3] **travesura** mischief
[4] **me encendí . . . deseo** I felt an intense desire

[5] **por complacer el donaire** to humor my bright idea
[6] **de burlas** in jest
[7] **la desengañó la experiencia** she knew better after the experience

Acuérdome que en esos tiempos ... me abstenía de comer
queso,[1] porque oí decir que hacía rudos, y podía conmigo más el
deseo de saber que el de comer, siendo éste tan poderoso en los
niños. Teniendo yo después como seis o siete años, y sabiendo ya
5 leer y escribir, con todas las otras habilidades de labores y costura [2] que deprenden [3] las mujeres, oí decir que había Universidad
y Escuelas en que se estudiaban las ciencias, en México; y apenas
lo oí cuando empecé a matar a mi madre con instantes e impor-
tunos ruegos [4] sobre que, mudándome,[5] me enviase a México, en
10 casa de unos deudos [6] que tenía, para estudiar y cursar.[7] la Universidad; ella no lo quiso hacer, e hizo muy bien, pero yo des-
piqué [8] el deseo en leer muchos libros varios que tenía mi abuelo,
sin que bastasen castigos ni represiones a estorbarlo[9]; de manera
que, cuando vine a México, seadmiraban, no tanto del ingenio,
15 cuanto de la memoria y noticias que tenía en edad que parecía
que apenas había tenido tiempo para aprender a hablar.

Empecé a deprender gramática [latina], en que creo no llegaron
a veinte las lecciones que tomé; y era tan intenso mi cuidado, que
siendo así que en las mujeres — y más en tan florida juventud —
20 es tan apreciable el adorno natural del cabello, yo me cortaba de
él cuatro o seis dedos, midiendo hasta dónde llegaba antes, e
imponiéndome ley de que si cuando volviese a crecer hasta allí
no sabía tal o tal cosa, que me había propuesto deprender en
tanto crecía me lo había de volver a cortar en pena de la rudeza ...
25 que no me parecía que estuviese vestida de cabellos cabeza que
estaba tan desnuda de noticias.

Para discutir

A. *Cuestionario*

1. ¿Qué diferencia existe entre la literatura colonial mexicana

----

[1] **queso** cheese
[2] **labores y costura** needlework and
sewing
[3] **deprender** = **aprender**
[4] **ruego** request

[5] **mudándome** changing (my dress)
[6] **deudos** relatives
[7] **cursar** take courses
[8] **despicar** get even
[9] **estorbar** to hinder

y la literatura española de la misma época ? 2. ¿ Qué son las *Cartas de relación?* 3. ¿ Por qué escribió Bernal Díaz su *Historia verdadera?* 4. ¿ Cómo es su obra ? 5. ¿ Qué clase de obra es la *Historia general* de Sahagún ? 6. ¿ Cómo es el teatro en la Nueva España ? 7. ¿ Quién es el más famoso dramaturgo de la Nueva España en el siglo XVI ? 8. ¿ A qué literatura pertenece Ruiz de Alarcón ? ¿ Por qué ? 9. ¿ Por qué es importante la obra de Ruiz de Alarcón ? 10. ¿ Qué género literario se cultivó más en la Nueva España ? 11. ¿ Podría usted nombrar algunos poetas novohispanos ? 12. ¿ Quién es la Décima Musa ? 13. Cuente usted algo sobre la vida de Sor Juana. 14. ¿ Cómo es el estilo de Sor Juana ? 15. ¿ Está usted de acuerdo con lo que dice Sor Juana en sus « Redondillas » sobre los hombres necios ?

B. *Temas para conversar o para la composición*

1. Bernal Díaz del Castillo. 2. Sahagún. 3. El teatro novohispano. 4. Juan Ruiz de Alarcón. 5. Sor Juana. 6. La poesía novohispana. 7. Los « hombres necios que acusáis ».

8

ARQUITECTURA COLONIAL

⊂≑ México posee mayor número de monumentos coloniales que
ningún otro país del continente americano. Durante la época que
va [1] de la conquista a la independencia se construyeron cerca de
doce mil iglesias, además de los conventos, palacios, casas seño-
5 riales,[2] acueductos y fuentes públicas.

Los primeros monumentos que se levantaron fueron construídos
sobre las ruinas de templos y edificios indígenas, y con frecuencia
usando los mismos materiales. El estilo que predomina en la
arquitectura de las iglesias y conventos franciscanos, agustinos y
10 dominicos de la primera época es el gótico. Su apariencia es me-
dieval — sólidos muros y altos contrafuertes [3] — y su doble función
de monumento religioso y fortaleza militar se percibe en sus torres
almenadas.[4] Los mejores ejemplos de este estilo son las iglesias y
conventos de Cuernavaca, Cholula (iglesia de San Francisco),
15 Tlaxcala, Huejotzingo y Tepeaca en el Estado de Puebla, San
Agustín de Acolman cerca de México y Tepoztlán en el Estado de
Morelos.

---

[1] **que va** which elapsed
[2] **señoriales** manorial

[3] **contrafuerte** buttress
[4] **almenadas** with battlements

56

Monumentos platerescos

Durante el Renacimiento aparece en España un nuevo estilo en la arquitectura, el plateresco, estilo de transición entre el gótico y el herreriano,[1] y así llamado porque la ornamentación, de exquisita finura, hace pensar en las joyas labradas por los plateros; las formas son una mezcla de las líneas góticas y las clásicas, predominando las 5 rectas horizontales. Habiendo pasado a la Nueva España, este estilo, algo modificado en la ornamentación debido a la imaginación indígena, fué el que se adoptó para la construcción de varios palacios, entre ellos el que es hoy Palacio Nacional. Construído por Cortés sobre las ruinas de las antiguas casas de Moctezuma, fué 10 casi destruído en el siglo XVII y vuelto a construir, con sus dos pisos y sus tres puertas que dan al zócalo. En 1927 se le añadió un nuevo piso de tezontle[2] y las dos torres laterales. Diego Rivera decoró los muros de una de las escalinatas con frescos que representan la historia de México. También se deben al pincel[3] de 15 Rivera los frescos del Palacio de Cortés en Cuernavaca, otro monumento del siglo XVI. Mas la joya arquitectónica en estilo plateresco no es un palacio sino una catedral: la de Morelia en el Estado de Michoacán. Su tardía fecha (1640-1744) indica que el estilo plateresco (y lo mismo puede decirse de los otros estilos) 20 perduraba en la colonia cuando ya había pasado de moda[4] en España. La armoniosa estructura de la catedral de Morelia, con sus dos espléndidas torres, la coloca entre las más hermosas catedrales de México.

Monumentos herrerianos

Dase el nombre de *herreriano* al estilo clásico y severo de El 25 Escorial, monumento construído por Juan de Herrera por orden del rey Felipe II. El mejor ejemplo del estilo herreriano en la Nueva España es la catedral de México, el más imponente de los monumentos coloniales. Dióse principio[5] a su construcción en

[1] **herreriano** High Renaissance
[2] **tezontle** porous building stone
[3] **pincel** artist's brush
[4] **pasar de moda** to go out of style; be out of style
[5] **dar principio** to begin; **Dióse . . . construcción** Its construction was begun

1573, siguiendo los planos del arquitecto Alonso Pérez de Castañeda;
su construcción, que duró casi cien años, se terminó bajo la dirección de Pedro de Arrieta en 1667. Durante el siglo XVIII se le
añadió el Sagrario, de estilo ultrabarroco. El segundo gran monu-
5 mento de estilo herreriano es la catedral de Puebla, muy parecida a
la de México. No así la catedral de Guadalajara, en donde predomina el estilo granadino, algo diferente del herreriano; su interior
es muy parecido al de la catedral de Granada; allí puede con-
templarse un cuadro legítimo de Murillo, la «Asunción de la
10 Virgen.»

Monumentos barrocos

En el siglo XVII se adopta el estilo barroco, tanto en la literatura
— Sor Juana, Sigüenza y Góngora — como en la arquitectura. En
la ciudad de México existe un gran número de monumentos en este
estilo, entre ellos las iglesias de Santo Domingo, de La Profesa
15 (Avenida Madero e Isabel la Católica) y de San Juan de Dios,
cerca de la Alameda; el Colegio de San Ildefonso, hoy Escuela
Nacional Preparatoria; el edificio de Las Vizcaínas, uno de los
mejores ejemplos del estilo barroco; el Monte de Piedad, edificio
que era la residencia de los virreyes; el famoso Palacio de Itur-
20 bide en la Avenida Madero, y el edificio del Banco Nacional de
México. Todos estos palacios y otros que no nos es posible mencionar hicieron al Barón de Humboldt, a principios del siglo XIX,
dar a la ciudad de México el nombre de « la ciudad de los Palacios.»
Entre los monumentos barrocos fuera de la Capital hay que
25 mencionar la iglesia de Santa Mónica en Guadalajara y las catedrales de Zacatecas, Monterrey y Chihuahua.

Monumentos ultrabarrocos

En el siglo XVIII el barroco avanza en México hacia formas
desconocidas en España; el resultado fué el ultrabarroco mexicano
(algunas veces también llamado churrigueresco), el primer estilo
30 autóctono que aparece en la colonia; la divergencia se nota más en la
ornamentación que en las líneas estructurales. Las cuatro obras
maestras del ultrabarroco, verdaderas joyas arquitectónicas, son el

Sagrario de la catedral de México, construído por Lorenzo Rodrí-guez entre 1749 y 1769, el Colegio de los Jesuítas en Tepotzotlán, Estado de México, el convento de Santa Rosa en Querétaro y la iglesia de San Sebastián y Santa Prisca en Taxco, joya ultrabarroca construída por los arquitectos Diego Durán y Juan Caballero a 5 costa [1] del rico minero José de la Borda; su construcción duró siete años (1751–1758), con un costo de más de ocho millones de pesos. De gran valor artístico son también la Capilla del Pocito en la Villa de Guadalupe (Gustavo Madero), construída por Francisco An-tonio Guerrero y Torres entre 1779 y 1791, la iglesia del Carmen de 10 San Luis Potosí, la catedral de Saltillo, Coahuila, y la famosa iglesia de San Cayetano en las afueras de Guanajuato, construída por el rico minero Conde del Rul.

Monumentos talaverescos [2]

Como estilo local aparece en la región de Puebla el talaveresco, caracterizado por el uso del azulejo [3] para cubrir las fachadas de 15 los edificios. Los mejores ejemplos de este estilo son las varias casas en la ciudad de Puebla, entre ellas la Casa de alfeñique,[4] y en la ciudad de México la Casa de los azulejos (Sanborns) en la Avenida Madero.

Tolsá

A fines del siglo XVIII llega a la Nueva España la reacción 20 clásica. En 1785 Carlos III establece en México la Academia de San Carlos, de donde han de salir los nuevos arquitectos. El español don Manuel Tolsá fué nombrado su director en 1791 y se dedicó a enseñar el estilo neoclásico que prevalecía en España. Tolsá es el escultor de la famosa estatua ecuestre de Carlos IV, el 25 famoso « Caballito » que hoy se encuentra en donde se unen la Avenida Juárez y el Paseo de la Reforma. En la arquitectura las obras principales de Tolsá son la Escuela de Minería (1797–1813) y la iglesia de Nuestra Señora de Loreto (1809–1816).

Tresguerras

Francisco Eduardo Tresguerras (1745–1833) es el más grande arquitecto mexicano; su genio lo demuestra en sus variadas aptitudes, habiendo sido pintor, escultor, arquitecto, músico, poeta y literato. Nace en Celaya, Estado de Guanajuato, y a los quince
5 años hace su primer viaje a la ciudad de México, en donde estudia con el famoso Miguel Cabrera por un año. Vuelve al Bajío[1] y allí pasa el resto de su vida, embelleciendo la región con sus obras de arte.

Su primera obra de importancia fué la reconstrucción de la
10 iglesia de Santa Rosa de Viterbo en Querétaro, en donde se encuentra un excelente fresco salido de sus manos. La ciudad también le debe la reconstrucción de la iglesia de Santa Clara y la hermosa fuente llamada Neptuno. La ciudad de San Luis Potosí lo recuerda por el Teatro Alarcón, notable por su gran bóveda plana, y también
15 por una hermosa fuente o caja de agua. Su obra maestra, sin embargo, se encuentra en Celaya, su ciudad natal; es ella el templo de Nuestra Señora del Carmen, famoso por la perfección de su cúpula, considerada como una de las más hermosas del mundo. El Barón de Humboldt la elogió[2] con entusiasmo. A ella debe Tres-
20 guerras que se le reconozca como el Miguel Ángel de México. « La vida de Tresguerras — observa José Juan Tablada — está llena de rasgos que lo hacen admirable por su actividad, su energía, su carácter independiente y su gran temperamento de artista. Tresguerras fué pintor, escultor, músico, poeta, delicioso ironista a
25 veces y además . . . ¡ arquitecto de genio ! »

LOS SALTOS DEL CABALLITO DE TROYA

El « Caballito de Troya,» la famosa estatua ecuestre de Carlos IV, ha dado más saltos que un caballo de ajedrez.[3] El arquitecto y escultor Manuel Tolsá trabajó en su obra de 1795 a 1803, año en que fué colocada en la Plaza Principal, o sea el Zócalo.
30   Una vez que[4] México se hizo independiente, el rey español no

---

[1] **Bajío** region in central Mexico
[2] **elogiar** to praise
[3] **ajedrez** chess
[4] **Una vez que** after

podía estar en su caballito ocupando puesto tan prominente. Por lo tanto, el caballito da un tremendo salto de allí al patio de la Universidad.

En 1852 el caballito y su jinete, habiendo terminado sus estudios universitarios, dan otro salto, yendo a parar al Paseo de Bucareli. 5 Aparentemente, este salto no fué dado de tan buena gana como el anterior, a juzgar por [1] la siguiente composición poética popular:

Adiós querido Museo,
adiós, Universidad,
ya me voy para el Paseo
a llorar mi soledad,
pues desterrado me veo.

Se llegó el fatal momento
que mis estudios cesaran
y que de aquí me expulsaran
aunque sin pronunciamiento,[2]
a mí y a mi jumento [3]
nos desterraron, según veo,
se les cumplió su deseo
a todos mis enemigos;
adiós, todos mis amigos,
adiós, querido Museo.

Para discutir

A. Cuestionario

1. ¿Cuántas iglesias se construyeron en México durante la época colonial? 2. ¿Qué otra clase de edificios se construyeron? 3. ¿Qué estilo predomina en la arquitectura en el siglo XVI? 4. ¿Qué quiere decir « plateresco »? 5. Nombre usted algunos edificios platerescos. 6. Describa usted el Palacio Nacional. 7. Describa usted la Catedral de Morelia. 8. ¿Qué quiere decir « herreriano »? 9. ¿Qué edificios pertenecen a este estilo? 10. Describa usted la Catedral de México. 11. ¿Qué edificios

[1] **a juzgar por** judging by
[2] **pronunciamiento** uprising
[3] **jumento** ass; donkey (humorous for "horse")

pertenecen al estilo barroco? 12. Nombre usted tres o más edificios ultrabarrocos. 13. ¿Qué quiere decir « talaveresco »? 14. Nombre usted algunos edificios talaverescos. 15. ¿Qué arquitecto representa en México la reacción neo-clásica? 16. ¿Quién es el más grande arquitecto mexicano? 17. ¿Qué edificios construyó? 18. Además de ser arquitecto, ¿qué fue Tresguerras? 19. ¿Qué es el Caballito de Troya? 20. ¿Dónde se encuentra hoy?

B. *Temas para conversar o para la composición*

1. El desarrollo de la arquitectura en México. 2. Estilos predominantes en la arquitectura mexicana. 3. La influencia indígena en la arquitectura mexicana. 4. El uso de materiales en la arquitectura. 5. La reacción neo-clásica. 6. Tolsá y Tresguerras, semejanzas y diferencias. 7. Los saltos del Caballito.

9

PINTORES Y ESCULTORES COLONIALES

✑ Las artes plásticas mexicanas tienen un glorioso pasado. Desde los primeros años llegaron a la Nueva España pintores y escultores españoles, portugueses y de otras nacionalidades que practicaron y enseñaron las técnicas europeas; pronto se formaron escuelas, siendo las más importantes las de México y Puebla.   El 5 primer pintor que llega a México, aunque se disputa su autenticidad, es Rodrigo de Cifuentes.   Enseñó pintura en el colegio de San Francisco de México y se le atribuyen varios retratos de Cortés lo mismo que los cuadros *El bautizo* [1] *de Magiscatzin* y *Cortés orando* [2] *ante San Hipólito*, el primero en la iglesia de San Francisco de 10 Tlaxcala y el otro en la Academia de San Carlos.   En el siglo XVI también practicaban su arte los pintores Andrés de la Concha, de quien se conservan algunos cuadros en la iglesia de Yauhuitlán (Oaxaca), y Simón Pereyns, de mayor renombre que los anteriores. Del siglo XVI se conservan a la vez algunos frescos, como aquellos 15 de San Agustín de Acolman y de San Agustín de Epazoyucan (Estado de Hidalgo).   Los indios siguieron practicando su arte plumario, dedicando casi toda su energía a los temas religiosos.

[1] **bautizo** or **bautismo** baptism   [2] **orar** to pray

Para poder apreciar la pintura colonial es necesario visitar la
Pinoteca Virreinal de San Diego, frente a la Alameda, en donde
se conservan cuadros de los principales artistas de la época.

La escuela mexicana

Ya a principios del siglo XVII hay indicios de una escuela mexi-
5 cana, diferente de las españolas. Débese esta escuela al español
Baltasar de Echave el Viejo, que llega a México en 1590. Este
pintor tuvo mayor influencia sobre el desarrollo de la pintura
mexicana que ningún otro durante la época colonial. Sus mejores
obras se encuentran en la Academia de San Carlos, y entre ellas
10 sobresale su *Oración del huerto.*

Barrocos y ultrabarrocos

Los pintores del período barroco no llegan a la altura de los
arquitectos o literatos. En la catedral de México se encuentran
varias pinturas barrocas, como por ejemplo las de Cristóbal de
Villalpando (1649–1714) y las de Juan Correa (murió en 1739).
15 Este último tiene el honor de haber sido el maestro de dos grandes
pintores del siglo siguiente, Ibarra y Cabrera.

Lo mismo que la arquitectura, la pintura mexicana de la época
colonial obtiene su más alto grado de desarrollo durante el período
ultrabarroco. Entre los artistas de esta escuela descuellan José
20 María Ibarra (1688–1756), Fray Miguel de Herrera y Miguel
Cabrera. A Fray Miguel de Herrera se le recuerda por ser el pintor
de Sor Juana; Ibarra, discípulo de Correa, es el mejor pintor de su
época después de Cabrera. Sus mejores obras se encuentran en la
catedral de Puebla.

Cabrera

25 Miguel Cabrera (1695–1768), indio zapoteca oriundo de Oaxaca,
es el más grande y mejor conocido pintor de su época, y tal vez del
período colonial. Habiendo sido un infatigable trabajador, sus
obras se encuentran a través de la República, adornando las más
suntuosas iglesias. Este versátil artista — también fué escultor,
30 arquitecto y literato — revolucionó el arte en la Nueva España.

Los mejores ejemplos de su obra se conservan en la Academia de San Carlos, entre ellos la *Virgen del Apocalipsis* (1760), el *Retrato de un pintor mexicano, San Ignacio de Loyola* y la *Virgen de la Merced.* Los discípulos e imitadores de Cabrera forman legión.

La escultura

La escultura colonial no llega a la altura de la arquitectura o la 5 pintura. Antes de la conquista los indígenas estaban acostumbrados a trabajar la piedra y otros materiales duros. Después de la conquista, nunca se acostumbraron a tallar[1] la madera, material para ellos muy suave. Tal vez por esto, o por otras razones, la escultura colonial mexicana no cuenta con artistas de renombre. 10 Durante el siglo XVI Pedro Ruiz de Ahumada tal vez sea el mejor escultor que trabaja en México; su obra se encuentra en Tepotzotlán. En el siglo XVIII se distinguen los escultores José Antonio Villegas Cora y su sobrino José Zacarías Cora. Sus mejores obras se encuentran en las iglesias y catedral de Puebla. 15

EL CONDE DE LA CORTINA Y RODRIGO DE CIFUENTES

Cuenta el historiador Vito Alessio Robles que a don José Gómez de la Cortina, conde de la Cortina, erudito que escribía durante la primera mitad del siglo XIX, le gustaba inventar fábulas para burlarse de sus contemporáneos y gozar de la desesperación de los investigadores. 20

Una de sus principales burlas fué inventar a un pintor, Rodrigo de Cifuentes, quien, según el Conde, nació en Córdoba en 1493, pasó a la Nueva España en 1523, y pintó los retratos de Fray Martín de Valencia, doña Marina y Cortés, este último en 1538. El retrato de doña Marina y otros cuadros de Cifuentes, desgraciadamente, 25 fueron destruídos en el incendio de la casa de Cortés en 1562, salvándose solamente el que representa el bautismo de Magiscatzin, senador tlaxcalteca.

Durante el siglo XIX el historiador don José Fernando Ramírez probó de manera irrefutable que el pintor Cifuentes sólo existió en 30

---

[1] **tallar** *to* carve, cut (wood, stone, *etc.*); **talla** carving

la imaginación del conde literato. Sin embargo, el embuste [1] sigue
prosperando, y los anticuarios siguen descubriendo cuadros de
Cifuentes. Hasta se le atribuye el óleo de Cortés orando ante San
Hipólito, retrato en el cual Cortés lleva una armadura del siglo
5 XVIII.

¿ Existió Rodrigo de Cifuentes ? Si no existió no hay duda que
el invento del conde de la Cortina ha sido uno de los más acertados.[2]
Si él no hubiera inventado a Cifuentes, algún otro crítico lo hubiera
hecho, pues era necesario tener datos sobre la historia de la pintura
10 en México durante los primeros años de la conquista.

Para discutir

A. *Cuestionario*

1. ¿ En qué ciudades mexicanas se forman escuelas de pintores
en el siglo XVI ? 2. ¿ Quién es el primer pintor que llega a
México ? 3. ¿ Qué fundó Baltasar de Echave el Viejo ? 4. ¿ Quién
es el más grande pintor del período colonial ? 5. ¿ Por qué se dice
que la escultura colonial mexicana no llega a la altura de las otras
artes ? 6. Nombre usted algunos escultores coloniales. 7. ¿ Qué
cuenta el historiador Vito Alesio Robles ? 8. ¿ Existió Rodrigo
de Cifuentes ? 9. ¿ Qué le parecen a usted las burlas del Conde
de la Cortina ?

B. *Temas para conversar o para la composición*

1. Los pintores mexicanos del siglo XVI. 2. La escuela mexicana. 3. El barroco y el ultrabarroco en la pintura y en la
escultura. 4. Cabrera. 5. Causas por las cuales la escultura
colonial no llega a la altura de las otras artes. 6. Rodrigo de
Cifuentes y la creación de personajes ficticios.

---

[1] **embuste** fraud, lie

[2] **acertado** successful; befitting; happily devised

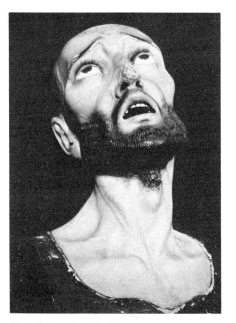

San Diego de Alcalá.
Talla en madera, época barroca.

Retrato de una dama,
por Baltasar de Echave, el Viejo.

Sor Juana Inés de la Cruz. Pintura de Miguel Cabrera.

Catedral de Puebla

Capilla del Rosario, Puebla.

Una de las puertas del Sagrario Metropolitano (Catedral de México), obra de Lorenzo Rodríguez.

Santuario de Ocotlán, Tlaxcala. Estilo ultrabarroco, siglo XVIII.

José María Morelos

Miguel Hidalgo

Fernández de Lizardi

Antonio López de Santa Anna

Carlota

Benito Juárez

Maximiliano

Palacio Nacional de Bellas Artes.

10

INDEPENDENCIA

◖ La primera rebelión en la Nueva España fué la de Martín Cortés, hijo del Conquistador, en 1566. Suárez de Peralta, cronista mexicano de a fines del siglo XVI, nos ha dejado un interesantísimo relato de este sangriento episodio, en el que perdieron la vida varias familias amigas de don Martín. La cruel supresión de esta rebelión 5 infundió el pánico y se logró establecer una paz octaviana[1] que había de durar tres siglos, excepto por levantamientos locales de indios, de poca importancia. Mas no todo era cordialidad y buena voluntad. Los criollos, los hijos de los españoles nacidos en México, resentidos por no tener los mismos derechos que tenían los españoles 10 peninsulares, comenzaron a conspirar y finalmente decidieron declararse independientes.

El movimiento de secesión fué provocado por la independencia de los Estados Unidos (1776), la revolución francesa (1789) y la invasión napoleónica en España (1807). Desde a mediados del 15 siglo XVIII se comenzó a leer en la Nueva España a los escritores franceses que proponían la soberanía del pueblo. Al saberse en México la abdicación de Carlos IV (1808) se desconoció la autoridad

[1] **paz octaviana** Pax Romana (long period of peace established by Gaius Julius Caesar Octavianus, Roman Emperor)

67

de Napoleón y se afirmó la fidelidad al Rey. Cuando estalló en
España la lucha contra la invasión francesa el virrey Iturrigaray
declaró la independencia provisional de México. El movimiento
fracasó,[1] pues los españoles derrocaron [2] a Iturrigaray y nombraron
5 una Junta Central. Los mexicanos, no conformes, comenzaron a
conspirar. Las principales conspiraciones fueron las de Querétaro y
Morelia.

Hidalgo

El cura don Miguel Hidalgo (1753–1811), padre de la Independencia mexicana, era uno de los principales conspiradores. Hidalgo
10 nació en Pénjamo, Estado de Guanajuato, y de allí pasó con su
familia a la hacienda de Corralejo, de la que su padre había sido
nombrado administrador. Él y sus hermanos van a estudiar a
Valladolid, al Colegio de San Nicolás; allí el joven Miguel estudia
filosofía y teología, y después es rector del mismo establecimiento.
15 En 1778 pasa a México, donde recibe las órdenes sagradas y el grado
de bachiller en teología. Sirve en el curato de Dolores (Guanajuato)
y allí comienza a leer a los escritores franceses; traducía el francés
con gran facilidad, cosa rara entre los curas de la época. Hidalgo
amaba a los indígenas, y pasaba el tiempo enseñándoles agricultura,
20 industrias y música, a la que él mismo era muy afecto.

Habiendo trabado amistad con don Ignacio Allende, que cons-
piraba en Querétaro con otros criollos y con el Corregidor Domínguez y su esposa doña Josefa Ortiz de Domínguez, Hidalgo participa
en la conspiración, y pronto logra dominar y convertirse en el jefe de
25 la insurrección. La revolución había de estallar en diciembre de
1810, pero habiendo sido descubierta la conspiración, se da orden
de prender a todos los comprometidos. Allende, por casualidad,
logra interceptar la orden, corre a Dolores y lo notifica a Hidalgo.
« Hidalgo — relata don Justo Sierra — no vaciló; reunió la gente
30 que pudo, le dió las armas que tenía, la entusiasmó con su palabra y
con su ejemplo en la mañana del 16 de septiembre, en el atrio [3] de la
parroquia, y salió rumbo a San Miguel de Allende; en el camino
tomó un cuadro de la Virgen de Guadalupe, la Madre de Dios de los

---

[1] **fracasar** to fail
[2] **derrocar** to dethrone, overthrow

[3] **atrio** court, patio in front of a
church

indígenas, lo declaró lábaro [1] de su estupenda empresa, y las multitudes rurales, abandonando sus arados y sus cabañas, lo siguieron como a un mesías; al grito de: ‹ ¡ Viva Nuestra Señora de Guadalupe y muera el mal gobierno ! › (mueran los gachupines,[2] como decían las turbas [3]), la conjuración de Querétaro se había tornado inmenso 5 levantamiento popular; era la insurrección.»

Morelos

Hidalgo, Allende y sus compañeros fueron fusilados [4] a mediados de 1811, antes de ver a México independiente. Pero la mecha [5] ya estaba prendida; al caer Hidalgo otros caudillos se levantan; entre ellos, el más importante es el cura don José María Morelos (1780– 10 1815).

Morelos había pasado su juventud recorriendo como arriero [6] las sierras del sur. Ya hombre, comienza a estudiar en el Colegio de San Nicolás, en donde conoce a Hidalgo. Al estallar la rebelión, Morelos inmediatamente se une a su maestro; se le comisiona para 15 que haga la guerra en las montañas del sur, y allá pelea heroicamente en compañía de los Galeana, los Bravo, Guerrero y el audaz Matamoros.

Al morir Hidalgo, Morelos asume el mando del ejército insurgente. Organiza en Chilpancingo un Congreso, que declara, el 6 de noviem- 20 bre de 1813, la independencia de México, adoptando la forma de gobierno constitucional. Morelos sigue peleando por la libertad de su patria hasta 1815, año en que es hecho prisionero y fusilado. Con su muerte, la causa insurgente sufre una gran pérdida. Sin embargo, la lucha no cesa. Vicente Guerrero sigue combatiendo en el sur. 25

Iturbide

Don Agustín de Iturbide (1783–1824), nacido en México, militaba en el ejército español. El virrey Apodaca le nombró Comandante del Sur y le encomendó la persecución de Guerrero. Sale de México el 16 de noviembre de 1820 y, en vez de perseguir a Guerrero, se pone

[1] **lábaro** labarum, symbolic standard or banner
[2] **gachupín** Spaniard who settles in Mexico
[3] **turba** mob, crowd
[4] **fusilar** to shoot
[5] **mecha** fuse; wick
[6] **arriero** muleteer

de acuerdo con él y deciden declarar la independencia. El 24 de febrero de 1821 Iturbide expide su Plan de Iguala, basado en las tres garantías: religión, unión e independencia, simbolizadas en la bandera mexicana: verde, blanco y colorado. El Plan de Iguala es
5 aceptado por Guerrero, e Iturbide hace su entrada triunfal en la ciudad de México el 27 de septiembre de 1821. Habiendo sido aceptado el Plan de Iguala por el último virrey, O'Donojú, la Nueva España pasa a la historia.[1]

Fray Servando

Una de las personalidades más pintorescas de la época de la
10 Independencia es Fray Servando Teresa de Mier (1773–1827). Nace en Monterrey, Nuevo León, y profesa [2] en el convento de dominicos de la ciudad de México a los dieciséis años. En 1794 predica un sermón en honor de la Virgen de Guadalupe y a consecuencia de él el arzobispo le excomunica, le pone en prisión y le
15 despoja de su grado de doctor y de sus libros; se le manda a España, en donde logra fugarse [3] tres veces, hasta que emigra a Francia (1801). Allí enseña español y traduce la *Atala* de Chateaubriand. Al año siguiente se seculariza en Roma. Vuelve a España, se le pone en prisión otra vez, escapa de nuevo; pelea contra los franceses,
20 le hacen prisionero y le llevan a Zaragoza, de donde vuelve a escaparse.

En 1811 pasa a Inglaterra y allí publica sus *Cartas de un americano* y su *Revolución de la Nueva España*. Conoce al guerrillero español Francisco Javier Mina, que se propone combatir al gobierno
25 español en México, y con él vuelve Fray Servando a su patria. Mas al desembarcar en Soto la Marina, cae en manos de los españoles y se le manda a México cargado de grillos [4] y en una mula, de la que se cae y se rompe un brazo. De México se le manda otra vez a España, pero logra escapar nuevamente, en La Habana, y
30 pasa a los Estados Unidos. Habiéndose declarado la Independencia, en 1822 decide volver a México; mas en San Juan de Ulúa, islote frente a Veracruz todavía en manos españolas, vuelve a ser hecho

---

[1] **pasar a la historia** to become history
[2] **profesar** to join (a religious institution)
[3] **fugarse** to escape, flee
[4] **grillos** fetters, shackles, chains

prisionero. Esta vez no le es necesario escapar. El Congreso Constituyente, del cual ha sido electo diputado por Nuevo León, le pone
en libertad.[1] Al tomar posesión de su puesto en el Congreso pronuncia un elocuente discurso y es objeto de una grandiosa ovación.
La mejor obra de Fray Servando son sus *Memorias*, consideradas 5
por el historiador Vito Alessio Robles como la mejor autobiografía
mexicana.

Fernández de Lizardi

Durante la invasión napoleónica, en la parte de España no
dominada por los franceses, se convocó a cortes.[2] Por primera vez
en la historia las provincias de ultramar enviaron representantes. 10
Las Cortes de Cádiz (así llamadas por haberse reunido en esa
ciudad) promulgaron la primera Constitución de España (1812),
decretando la libertad de imprenta y aboliendo la Inquisición.

Inmediatamente después de haberse promulgado ese documento
aparece en México un periódico, *El Pensador Mexicano*, publicado 15
por José Joaquín Fernández de Lizardi (1776–1827), en el cual se
criticaba al gobierno virreinal y se pintaban las terribles condiciones
de vida en que se encontraba el pueblo, todo ello en estilo franco,
sencillo y lleno de refranes y giros populares. Antes de aparecer
este periódico, Fernández de Lizardi era casi desconocido. Había 20
nacido en la ciudad de México y hecho algunos estudios en los
colegios de Tepotzotlán y San Ildefonso, sin llegar a obtener grado
alguno en la Universidad.

Don Luis G. Urbina observa con acierto que Fernández de
Lizardi es, literariamente hablando, el hijo de la Constitución de 25
Cádiz. Una vez que aparece *El Pensador Mexicano* — cuyo nombre
toma como seudónimo — su fama está asegurada. De allí en
adelante[3] su producción literaria es extraordinaria. Publica
folletos,[4] periódicos, versos, sátiras, dramas, cuentos y fábulas.
Además, crea un nuevo género: la novela. Todavía leemos con 30
gusto *El Periquillo Sarniento* y *La Quijotita y su Prima*, dos de sus
mejores obras en esta nueva forma literaria, que Lizardi ensaya con

---

[1] **poner en libertad** to set free
[2] **se convocó a cortes** a parliament
was called together

[3] **De allí en adelante** From that time
on
[4] **folleto** pamphlet, booklet

gran éxito. El *Periquillo*, considerado como la primera novela americana (1816), es una sátira, al estilo picaresco, de la sociedad de su tiempo. Por sus páginas desfila [1] el México de entonces, desde las más altas hasta las más bajas clases sociales; todos los
5 tipos mexicanos y todas las costumbres pasan ante nuestros ojos, todo ello en estilo sencillo y popular. Fernández de Lizardi es la figura literaria más importante de la época de la Independencia, y una de las más populares de la literatura mexicana.

EL BARRIGÓN [2]

(*Anécdota de Morelos*)

Durante la épica guerra de la Independencia, el señor Morelos
10 recibió una carta subscrita [3] por un amigo suyo residente en esta capital y concebida, poco más o menos, en estos términos:
« Sé, de buena fuente, que el Virrey ha pagado a un asesino para que lo mate a usted; no puedo darle más señas de ese hombre, sino que es muy barrigón . . . »
15   Estaba almorzando el héroe cuando recibió esa carta, leyóla atentamente, plegó sus espesas cejas, y en esos momentos se le presentó un individuo de abultado abdomen solicitando que lo admitiese a su lado para prestar sus servicios en pro de la causa nacional; sonriente el señor Morelos, hizo que el huésped se colocara
20 a su diestra, compartió con él su frugal almuerzo; salió, concluído éste, a recorrer el campamento; volvió a la hora de la cena; hizo llamar al forastero,[4] tornó a colocarlo a su derecha, y, levantados los manteles,[5] fuése a acostar, habiendo hecho colocar antes otra cama junto a la suya y ofreciósela al forastero; en seguida apagó
25 tranquilamente la luz, se volvió hacia el lado de la pared y echóse a roncar [6] con la tranquilidad del justo. Espantado ante tanta serenidad el asesino, que realmente iba a serlo, no se atrevió a perpetrar su crimen y, furtivamente, se fugó. . . . Al clarear el día,[7] incorporóse en su lecho el señor Morelos, volvió su vista al que cer-
30 cano estaba y, no viéndolo ocupado, preguntó a su asistente:

---

[1] **desfilar** to march in review
[2] **barrigón** big-bellied; big-bellied fellow
[3] **subscrita** signed

[4] **forastero** stranger
[5] **mantel** tablecloth
[6] **roncar** to snore
[7] **Al . . . día** At dawn

—¿ Qué es [1] del señor que anoche durmió aquí ?

— Señor — le contestó el soldado — dicen que esta madrugada, muy temprano, ensilló [2] su caballo, montó y se fue.

El Generalísimo pidió recado de escribir [3] y, con su letra gorda,[4] clara y firme, contestó a su amigo: 5

« Le doy mil gracias por su aviso; pero puedo asegurarle que a esta hora no hay en este compamento más barrigón que yo. »

Eduardo E. Zárate

EL ESCRIBANO CHANFAINA[5]

En su famosa novela, nos dice Fernández de Lizardi que cuando el Periquillo se encontraba en la cárcel, el escribano Chanfaina lo vio escribir, le gustó su letra, y le llevó a su casa para que le   10
sirviera de amanuense.[6] He aquí como describe Periquillo a su amo.[7]

Llamábase éste mi primer amo don Cosme Casalla, y los presos le llamaban el escribano Chanfaina, ya por la asonancia [8] de esta palabra con su apellido,[9] o ya por lo que sabía revolver.[10]   15

Era tal el atrevimiento de este hombre, que una ocasión le vi hacer una cosa que me dejó espantado . . . Fue el caso que una noche cayó un ladrón [11] conocido en manos de la justicia, y confesó todos sus delitos,[12] porque eran innegables. Una hermana del ladrón, no mal parecida,[13] fue a ver a mi amo y le pidió que   20
ayudara a su hermano; dijo que, aunque era pobre, le agradecería [14] este favor toda su vida, y se lo correspondería de la manera que pudiese.

Mi amo, que no tenía por dónde el diablo lo desechara,[15] al oír esta proposición, dijo: 25

— Vamos, chata,[16] no llores, aquí me tienes; pero . . .

---

[1] **¿Qué es de** What has happened to
[2] **ensillar** to saddle
[3] **recado de escribir** writing materials
[4] **letra gorda** large handwriting
[5] **escribano** court clerk, notary; **Chanfaina** a kind of stew
[6] **amanuense** secretary
[7] **amo** master

[8] **asonancia** assonance (*vowel rhyme*)
[9] **apellido** surname
[10] **revolver** to stir, mix things together
[11] **ladrón** thief
[12] **delito** crime
[13] **no mal parecida** not bad looking
[14] **agradecer** to be thankful for
[15] **desechar** to reject
[16] **chata** "honey"

Al cabo de [1] algunos días, fue entrando la misma joven toda despavorida,[2] y le dijo a mi amo:

— No esperaba yo esto, señor don Cosme; no pensaba que se había de burlar de una infeliz mujer. Si yo hice lo que hice, fue
5 por salvar a mi hermano. Pero ha sido sentenciado por ocho años al Morro de la Habana.

— ¿Qué dices, mujer? Eso es mentira.

— Qué mentira ni que diablos. Acabo de despedirme de él y mañana sale.

10　— Pues no te apures — dijo mi amo —, que primero me llevan los diablos que a tu hermano lo llevan a presidio.[3]

Diciendo esto, la muchacha se fue para la calle y mi amo para la cárcel, donde halló al criminal esposado [4] con otro. El escribano lo desunció [5] y unció en su lugar a un pobre indio que estaba en la
15 cárcel por borracho. Este pobre fue a sufrir ocho años al Morro de la Habana por el ladrón hermano de la bonita, que salió libre.

Para discutir

A. *Cuestionario*

1. ¿Cuál fue la primera rebelión en la Nueva España? 2. ¿Qué provocó el movimiento de secesión? 3. ¿Qué proponían los escritores franceses? 4. ¿Por qué fracasó el movimiento de Iturrigaray? 5. ¿Quién es el padre de la Independencia mexicana? 6. ¿Cómo trataba Hidalgo a los indígenas? 7. ¿Con quién conspira Hidalgo? 8. ¿En qué fecha estalló la revolución? 9. ¿Qué usa Hidalgo como bandera? 10. ¿Vio Hidalgo independiente a México? 11. ¿Qué otros caudillos se levantan en armas a la muerte de Hidalgo? 12. ¿Quién declara la Independencia de México? 13. ¿En qué año entra Iturbide en la ciudad de México? 14. ¿Qué garantías daba el Plan de Iguala? 15. ¿Quién es uno de los personajes más pintorescos de la época de la Independencia? 16. Cuente algunos de los episodios importantes en la vida de Fray Servando. 17. ¿Qué fueron las

---

[1] **Al cabo de** after
[2] **despavorida** terrified
[3] **presidio** penitenciary
[4] **esposado** chained, handcuffed
[5] **uncir** to yoke; **desuncir** to unyoke

Cortes de Cádiz ?   18. ¿ Quién es El Pensador Mexicano ?
19. ¿ Qué escribió ? 20. ¿ Ha leído usted el *Periquillo* de Lizardi ?
21. ¿ Por qué es popular Lizardi ? 22. ¿ Quién era « el barrigón » ?

B. *Temas para conversar o para la composición*

1. Causas que provocaron la independencia de México. 2. El carácter de Hidalgo. 3. Las contribuciones de Morelos a la causa de la independencia de México. 4. Los colores de la bandera mexicana. 5. Las aventuras de Fray Servando. 6. Las novelas de Lizardi. 7. El carácter de Morelos, segun la anécdota de Zárate.

11

DE LA INDEPENDENCIA
A LA REVOLUCIÓN

☞ El 21 de mayo de 1822 Iturbide se declara Emperador y asume el título de Agustín I. Mas el Imperio mexicano tiene corta vida; habiendo Iturbide disuelto el Congreso, el general Santa Anna, apoyado por Guadalupe Victoria, se declara en Veracruz en favor
5 de la República. Otros militares secundan el movimiento e Iturbide abdica en 1823; se le pone en prisión y luego se le destierra; el año siguiente vuelve a México y, habiendo caído en manos del gobierno, se le fusila.

Con Guadalupe Victoria, primer presidente de México, en 1824
10 se establece una República Federal. Victoria gobierna hasta 1829, año en que le sigue en el poder don Vicente Guerrero. Mientras tanto, los españoles intentan recuperar la rica colonia y desembarcan en Tampico. La victoria que Santa Anna obtiene sobre los invasores le convierte en héroe nacional.

Santa Anna

15 Después de los gobiernos de Anastasio Bustamante (1830–1832) y Gómez Pedraza (1832–33), Santa Anna sube al poder.[1] Sin

---

[1] **subir al poder** to assume authority; be elected to public office

embargo, debido a las muchas ocupaciones militares, no asume la presidencia sino hasta el año siguiente; mientras tanto gobierna el vicepresidente Gómez Farías.

Antonio López de Santa Anna (1797–1876) era sumamente [1] inepto, pero muy astuto y ambicioso; tenía gran prestigio entre los 5 soldados, quienes lo adoraban como a un ídolo. Su gobierno es un desastre. En 1836 México pierde a Texas, debido en parte a la ineptitud militar de Santa Anna. Sin embargo, vuelve al poder en 1841, 1843 y 1846. En este último año los Estados Unidos declaran la guerra a México; el general Scott invade la República y toma la 10 capital (1847). Hecho glorioso de esta guerra es la defensa de Chapultepec por los niños héroes, alumnos del Colegio Militar. México firma el tratado de Guadalupe Hidalgo (pueblito cerca de la ciudad de México) el 2 de febrero de 1848, cediendo a los Estados Unidos los estados de California y Nuevo México (hoy estados de 15 California, Nevada, Utah, casi todo Arizona y partes de Colorado y Nuevo México).

Santa Anna vuelve al poder una vez más, en 1853, año en que se declara « Dictador. » Por fin, en marzo de 1854 un grupo de liberales proclama el Plan de Ayutla, plan que se reduce a quitar del gobierno 20 a Santa Anna y prometer garantías al individuo y al comercio. Santa Anna, para hacerse de fondos, vende a los Estados Unidos, en junio de 1854, el territorio de la Mesilla (sur de Arizona y parte de Nuevo México), haciendo el trato con James Gadsden. Esta venta, en vez de ayudar a Santa Anna, es una de las causas de su 25 derrota [2]; habiendo triunfado la revolución, Santa Anna abandona el país (1855). Un gran período de la historia de México se cierra con la huída de Santa Anna, y otro se abre con la entrada de Juárez al escenario de la política mexicana.

Benito Juárez

El 21 de marzo de 1806 nace en el pueblito de San Pablo Guelatao 30 (Oaxaca) un niño de raza zapoteca, niño que había de llegar a ser presidente de la República y Benemérito de las Américas. Este niño, a los doce años, todavía no sabe leer ni escribir; pero a fuerza de [3] perseverancia y determinación logra graduarse de bachiller

---

[1] **sumamente** highly, exceedingly [3] **a fuerza de** by dint of
[2] **derrota** defeat; **derrotar** to defeat

(1832) y titularse de abogado (1833). Se le nombra diputado local, y poco después diputado federal y gobernador de Oaxaca (1847). Santa Anna le persigue (por sus ideas liberales) y le hace salir del país; viaja por Cuba, Nueva Orleans y Panamá; al triunfar el
5 Plan de Ayutla Juárez es nombrado Ministro de Justicia, y en 1857 Presidente de la Suprema Corte de Justicia y Vicepresidente de la República. En este mismo año el gobierno del Presidente Ignacio Comonfort promulga la nueva Constitución, documento liberal que desencadena [1] la guerra de tres años, sangrienta guerra religiosa.
10   Al huir el presidente Comonfort de la ciudad de México Juárez asume la presidencia, y de aquí en adelante se convierte en el representante del partido liberal en la lucha de ideas entre conservadores y liberales. Los conservadores intentan mantener el sistema colonial; los liberales, de acuerdo con las leyes de Reforma expedidas
15 por Juárez en Veracruz, piden la supresión de privilegios, la separación entre la Iglesia y el Estado, la libertad de cultos, la libertad de la palabra y de la imprenta y la desamortización [2] de los bienes estancados.[3] Los liberales logran triunfar y Juárez es electo presidente en 1861. Mientras tanto, se trama la intervención francesa.

Maximiliano y Carlota

20   Con el pretexto de recuperar el dinero que se le había proporcionado al general conservador Miguel Miramón, Napoleón III, Emperador de los franceses, invade a México en 1862. El general Ignacio Zaragoza logra derrotar al ejército de Napoleón en Puebla el 5 de mayo de ese año; esta épica batalla, que cubrió de gloria al
25 ejército mexicano, dió gran aliento al partido de Juárez. Sin embargo, las fuerzas francesas, superiores en número y en armamento, lograron conquistar la ciudad de México; Juárez inicia una verdadera odisea a través del país hasta la frontera con los Estados Unidos; pero nunca pierde la esperanza de triunfar.
30   Los conservadores mexicanos piden a Napoleón III un príncipe para que asuma el puesto de Emperador de México. Ofrecen la

---

[1] **desencadenar** to unleash, let loose
[2] **desamortización** disentailing (the act of breaking the entail of an estate, so that it may be sold or disposed of)

[3] **bienes estancados** fee tail estates (real estate that cannot be sold, but must be left to a descendant)

corona al Archiduque Maximiliano de Habsburgo, de la casa
reinante de Austria. Casado con Carlota, hija del Rey de Bélgica,
vivía tranquilamente en su castillo de Miramar. Aconsejado por
Carlota, Maximiliano acepta la terrible aventura que ha de costarle
la vida.   5

Maximiliano y Carlota hacen una entrada triunfal en la ciudad
de México el 11 de junio de 1864. Se les recibe con gran entusiasmo
y se instalan en el castillo de Chapultepec. Mas pronto se da cuenta
Maximiliano de que no todo el país le favorece. Juárez y los
liberales siguen combatiéndolo. Toca en suerte [1] que se declara la 10
guerra entre Francia y Alemania, y Napoleón III se ve obligado a
llamar a las tropas francesas que sostienen a Maximiliano. Carlota,
al saber aquello, pasa a París para pedir a Napoleón que no los
abandone; no habiendo logrado conseguir lo que deseaba, Carlota
enloquece y es llevada a Bruselas.   15

Maximiliano pretende abandonar el país; mas los conservadores
le convencen de que debe seguir luchando. Por fin, es hecho
prisionero en Querétaro, donde es fusilado con los generales mexicanos Miguel Miramón y Tomás Mejía el 19 de junio de 1867, en el
Cerro de las Campanas. El partido conservador estaba vencido y 20
los liberales quedaban triunfantes. Juárez es electo presidente en
1867 y gobierna hasta su muerte, acaecida [2] el 18 de julio de 1872.
Los países americanos, a iniciativa de Colombia, le declararon
Benemérito de las Américas.

Porfirio Díaz

Al morir Juárez, asume la presidencia Sebastián Lerdo de Tejada, 25
quien gobierna hasta 1877. En ese año se apodera de la presidencia Porfirio Díaz — joven general que había combatido a los franceses con Zaragoza en Puebla y a Maximiliano en Querétaro —
para no dejarla, excepto por un pequeño período, hasta 1911. Díaz
impuso una paz octaviana, durante la cual el país se enriqueció 30
materialmente. Sin embargo, la prosperidad sólo alcanzaba a las
capas superiores de la población. Poco a poco se fueron formando
nuevos grupos, entre ellos la clase media, consciente de sus derechos

[1] **tocar en suerte** to happen (by chance) [2] **acaecido, -a** *p.p. of* **acaecer** to occur, happen, come to pass

políticos. Esta clase media demandó las libertades políticas de
Juárez y Lerdo, libertades que don Porfirio había suprimido. Los
descontentos encuentran su defensor en don Francisco I. Madero;
el problema se resuelve en 1910 con la Revolución mexicana. Don
5 Porfirio, como Santa Anna, se ve obligado a salir del país. Con la
caída de Díaz la historia de México, que se había detenido, se pone
en marcha de nuevo.

MAXIMILIANO

Vino el hermoso príncipe. Rubio, ojiazul,[1] de frente
lisa — página en blanco que no enturbia un dolor.[2]
Luenga [3] y en dos partida la barba, fluvialmente [4]
desborda sobre el pecho su dorado esplendor.

La Cruz de Guadalupe,[5] de heráldica incipiente
brilla en los besamanos [6] y en las fiestas de honor.
Las damas al tedéum de Catedral. La gente
rica y boba corea [7]: viva el Emperador.

Pobre Max. Sólo queda de la ciega aventura
que llevan de la mano la muerte y la locura,
una canción burlesca,[8] cinco balas de plomo,

que motean [9] de humo la mañana estival [10];
y objetos empolvados en el Museo, como
viejas decoraciones de una pieza teatral.

Rafael López: *Cosas de México*

[1] **ojiazul = de ojos azules**
[2] **que . . . dolor** undisturbed by (a single) pain
[3] **luenga = larga**
[4] **fluvialmente** like a river
[5] **La Cruz de Guadalupe** decoration of the "Order of the Virgin of Guadalupe" created by Iturbide in 1822

[6] **besamanos** court day (*lit.*, hand-kissing)
[7] **La gente . . . corea** The rich and foolish people repeat in a chorus
[8] **una canción burlesca** *reference is made here to the song "Adiós a Mamá Carlota"*
[9] **motear** to speckle
[10] **estival** summer

ADIÓS A MAMÁ CARLOTA[1]

Alegre el marinero
con voz pausada [2] canta,
y el ancla ya levanta [3]
con extraño rumor.
La nave va en los mares
botando cual pelota; [4]
Adiós, Mamá Carlota,
Adiós, mi tierno amor.

Vicente Riva Palacio

¡COSI VA IL MONDO![5]

La ciudad de México, en 1866, deslumbraba con el lujo que desplegaron los servidores del Imperio. En aquel año, los hermanos Valleto, Guillermo, Julio y Ricardo, tenían un taller de fotografía [6] en la calle de Vergara.

Maximiliano tuvo noticias de la habilidad de nuestros com- 5 patriotas, y aunque él había traído de Viena a un fotógrafo, sin duda le cautivaron las obras de los Valleto, y con su ayudante mandó suplicar a dichos artistas que fueran a verlo al alcázar [7] de Chapultepec.

Julio Valleto acudió al llamado imperial, y en breves instantes le 10 hicieron pasar al gabinete [8] del Soberano.

— He visto magníficas fotografías hechas por ustedes — le dijo — y querría que me hicieran aquí un rerato.

— ¿ Aquí ? — dijo Julio.

— Sí, aquí, en Chapultepec.   15

— Pues, señor — dijo Julio — bien podríamos hacer aquí, o en donde usted guste, el retrato que desea; pero aquí no tendríamos las condiciones artísticas que tenemos en nuestro taller.

[1] *This song is a parody of a famous poem by Rodríguez Galván: "Adiós oh patria mía, Adiós tierra de amor"*
[2] **pausado, –a** slow
[3] **levantar el ancla** to weigh anchor
[4] **botando cual pelota** bouncing like a ball

[5] **¡ Cosi . . . mondo !** (*Italian*) So goes the world ! Such is life !
[6] **taller** workshop; **taller de fotografía** studio
[7] **alcázar** castle
[8] **gabinete** study, library

—Bueno—respondió Maximiliano—, hoy es jueves; iré el domingo al taller 'de ustedes, a las once de la mañana, si la fiebre intermitente no me ataca, porque estoy enfermo. Hoy me ha dado el ataque.[1]

5 —Pues estaremos preparados—respondió Julio—, y usted, si no puede ir, se dignará avisarnos.

—¡ Ah ! Temprano enviaré a un ayudante.

Se retiró Julio, y el domingo señalado recibió un atento aviso del Archiduque, diciéndole que no podía ir, porque le había dado con 10 mayor fuerza que nunca [2] la fiebre intermitente.

Y corrió un año,[3] en que se desarrolló el drama de Querétaro.[4] En 1867, en la misma fecha del mismo mes de agosto, se presentó don Benito Juárez en el taller de los hermanos Valleto, para hacer el magnífico retrato en que aparece vivo y hablando [5] el demócrata de 15 América.

— ¿ Cómo quiere usted, señor, que lo retratemos ? — preguntó Guillermo Valleto.

— Como ustedes quieran; yo estoy completamente a sus órdenes.

Hicieron la fotografía, y cuando ya se preparaba a marcharse el 20 señor Juárez, Guillermo le refirió que en esa misma fecha, en el año anterior, a la misma hora, Maximiliano quiso retratarse, y sin duda, si la enfermedad no lo hubiera impedido, habría estado para ello en el mismo salón, frente a la misma máquina y en la misma silla que Juárez había ocupado minutos antes.

25   El señor Juárez, tomando su sombrero y sin alterar su fisonomía, sólo contestó con su genial [6] laconismo:

—¡ Así es el mundo !

Juan de Dios Peza

---

[1] **Hoy . . . ataque** I have had an attack (of the fever) today
[2] **con . . . nunca** worse than ever, with greater force than ever
[3] **Y . . . un año** And a year went by

[4] **el drama de Querétaro** Maximilian's execution, which took place in Queretaro
[5] **vivo y hablando** lifelike
[6] **genial** characteristic

DÍAZ Y MADERO

El error del gran gobernante Porfirio Díaz consistió en preferir sistemáticamente el desarrollo de los factores económicos, en creer que la riqueza es el solo asiento de los gobiernos fuertes; y sobre todo, en pensar que el bienestar nacional exigía [1] la supresión de las prácticas democráticas; por eso, su gobierno, que 5 aconsejaba el lema [2] *poca política y mucha administración*, cayó vencido. El apostolado político de Francisco I. Madero preconizó [3] lo contrario, y éste es su principal acierto, su noble virtud para la Historia, en medio de los errores graves o leves [4] en que pudo incurrir, en que seguramente incurrió. Prosperidad 10 económica social, no industrial, no comercial, no capitalista, no circunscrita;[5] justicia, instrucción pública; tales deben ser los *desiderata* [6] de los mexicanos de buena voluntad.

Antonio Caso: *México* (1943)

Para discutir

A. Cuestionario

1. ¿Qué hace Iturbide en mayo de 1822? 2. ¿Por qué abdica? 3. ¿Cómo termina su vida? 4. ¿Quién fue el primer presidente de México? 5. ¿Quién le sigue en el poder? 6. ¿Cómo era Santa Anna? 7. ¿Qué acontecimiento histórico tuvo lugar en 1836? 8. ¿En 1847? 9. ¿Quién defendió Chapultepec contra las fuerzas del general Scott? 10. ¿En dónde se firmó el tratado de paz? 11. ¿Qué cedió México a los Estados Unidos? 12. ¿Qué es el Plan de Ayutla? 13. ¿Qué vendió Santa Anna a los Estados Unidos? 14. Cuente la vida de Benito Juárez. 15. ¿Quién era el representante del partido liberal? 16. ¿Qué cambios imponían las leyes de Reforma? 17. ¿Por qué invaden los franceses a México en 1862? 18. ¿Quién es nombrado Emperador de México por Napoleón III? 19. ¿Por qué retira Napoleón las fuerzas

---

[1] **exigir** to demand
[2] **lema** motto
[3] **preconizar** to proclaim
[4] **leve** slight
[5] **circunscrita** closed
[6] **desiderata** things needed

francesas del territorio mexicano ? 20. ¿Cómo termina la vida de Maximiliano ? 21. ¿La de Carlota ? 22. ¿En qué año muere Juárez ? 23. ¿Quién impuso una paz octaviana ? 24. ¿Cómo termina el gobierno de Don Porfirio ?

B. *Temas para conversar o para la composición*

1. Los primeros gobernantes del México independiente. 2. Los errores de Santa Anna. 3. México y los Estados Unidos en el siglo XIX. 4. La vida de Benito Juárez. 5. Maximiliano y Carlota. 6. El gobierno de Porfirio Díaz. 7. Causas de la revolución de 1910.

12

CLÁSICOS Y ROMÁNTICOS

Así como en la política encontramos conservadores y liberales, así también en la literatura los escritores se dividen en dos campos, los clásicos, de tendencias tradicionalistas, y los románticos, de tendencias revolucionarias. Las figuras más destacadas entre los clásicos son don José Joaquín Pesado (1801–1860), don Manuel Carpio (1791–1860), don Ignacio Ramírez (1818–1879) y don José María Roa Bárcena (1827–1908).

Pesado es poeta de hondo sentimiento religioso y a la vez innovador; su colección *Los aztecas* introduce el género indígena en la poesía mexicana. En sus « Cantos de Netzahualcóyotl » el poeta 10 evoca los tiempos prehispánicos:

> ¿ Dónde yace el guerrero poderoso
> Que los toltecas gobernó el primero ?
> ¿ Dónde Necax, adorador piadoso
> De las deidades, con amor sincero ?
> ¿ Dónde la reina Xiul, bella y amada ?
> ¿ Dó [1] el postrer rey de Tula desdichada ?
> En vano busco yo, caros amigos,
> Los restos de mis claros ascendientes; [2]

[1] Dó = Dónde

[2] **claros ascendientes** illustrious ancestors

De mi inútil afán me sois testigos:
A mis preguntas tristes y dolientes
Sólo me respondéis: nada sabemos,
Más que [1] en polvo también nos tornaremos.

Ignacio Ramírez, « El Nigromante, » es clásico en la poesía y liberal en la política; combatía, en prosa y en verso, la tradición española, la religión y la organización social y política. Su estilo es seco, sardónico e hiriente.[2] Roa Bárcena, en cambio, es conservador
5 tanto en la política como en sus obras literarias. Se le recuerda, como prosista, por sus *Novelas* (1870) y su cuento *Lanchitas* (1878), y como poeta por sus *Leyendas mexicanas* (1862), entre ellas las poesías « Xóchitl » y « La princesa Papantzin. » Esta princesa, hermana de Moctezuma, es tan discreta y hábil

Que a veces el monarca la consulta,
Y ella a regir el mexicano imperio
Con talento clarísimo le ayuda.

10 Su muerte, ocurrida un poco antes de la conquista, hace exclamar a Moctezuma:

— Sabiduría y caridad con ella
Desaparecen para siempre juntas,
Y su pérdida es para mi reino
De las calamidades la más dura.

Al día siguiente, la princesa Papantzin resucita, habiendo sido enviada a este mundo con el objeto de predecir la conquista de México:

— Los que allí ves llegar rubios varones
De noble faz en ademán guerrero,
Tras recio batallar, estas regiones
Conquistarán al filo del acero.[3]

15 Al oír estas palabras

Alzóse de su asiento Moctezuma
Torva [4] la faz y el ánimo afligido;
De nadie se despide, y se encamina
De su palacio a un apartado sitio

----

[1] **Más que** except that, only that
[2] **hiriente** wounding, hurting
[3] **al filo del acero** by the sword (*lit.*, by the edge of the sword)
[4] **Torvo, –a** stern, grim

Do en épocas de luto se recoge
De los negocios lejos y el bullicio,[1]
Presa de la tenaz melancolía
A que [2] siempre inclinóse desde niño.

En cuanto a la Princesa, he aquí su destino:

　　Papantzin, que vivió desde el suceso
　　En estas breves páginas descrito

　　　·　　·　　·　　·　　·

　　En las regiones del antiguo imperio,
　　Al tremolar [3] el pabellón de Cristo,
　　Fué la primera en recibir el baño
　　De las sagradas aguas del bautismo.

Los románticos

El primer escritor romántico es don Fernando Calderón (1809–1845), poeta, novelista y dramaturgo. En su poema « El soldado de la libertad » se nota la influencia de la « Canción del pirata » de Espronceda:　　　　　　　　　　　　　　　　　　　　　　5

　　« Entre hierros, con oprobios [4]
　　gocen otros de la paz;
　　yo no, que busco en la guerra
　　la muerte o la libertad. »

A Calderón le sigue Ignacio Rodríguez Galván (1816–1842), autor de la famosa *Profecía de Guatimoc*,[5] canto patriótico considerado como la obra maestra del romanticismo mexicano. La noble figura de Cuauhtémoc le arranca al poeta los siguientes apasionados versos:　　　　　　　　　　　　　　　　　　　10

　　— ¡ Oh varón inmortal ! ¡ Oh rey potente !
　　Guatimoc valeroso y desgraciado,
　　Si quebrantar las puertas del sepulcro
　　Te es dado acaso,[6] ¡ ven ! oye mi acento: [7]
　　Contemplar quiero tu guerrera frente,
　　Quiero escuchar tu voz . . .

[1] **bullicio** noise, uproar
[2] **A que = A la que**
[3] **tremolar** wave (as a flag)
[4] **oprobio** infamy; dishonor

[5] **Guatimoc = Cuauhtémoc**
[6] **Si . . . acaso** If by chance you could break open the doors of your tomb
[7] **acento** (*here*) voice

Don Guillermo Prieto (1818–1897) es el escritor más popular del siglo XIX. Su mejor prosa se encuentra en sus *Memorias de mis tiempos*, libro autobiográfico en el cual, en estilo llano, popular y muy mexicano, nos ha dejado una viva pintura del México del
5 siglo diecinueve. Su fama como poeta se debe a su *Romancero nacional* (1885), colección de romances cuyo tema central gira alrededor de los episodios de la guerra de Independencia. Su *Musa callejera* (1883) es una verdadera galería de retratos mexicanos y pinturas de costumbres populares. Como ejemplo de su humorismo
10 citamos, en parte, sus versos « Una vieja » :

Como rotura [1]
de nuestra media,
que nos humilla,
que nos molesta,
que hace una llaga [2]
donde se pega
con los botines [3]
en hora adversa,
así, queridos,
y no es comedia,
ni más ni menos,
es una vieja.

. . . . .

Si hay un chicuelo
que alegre juega,
va y le señala
su hora de escuela;
si pide dulces
le da magnesia,
y al verlo enfermo
casi se alegra,
por darle purgas
y, sin clemencia,
ponerle parches [4]
y darle friegas.[5]

[1] **rotura** tear, rip
[2] **llaga,** sore
[3] **botines** high shoes

[4] **parche** sticking plaster; medicated plaster
[5] **friega** rubbing

El teatro

En el teatro de la época también encontramos la tendencia clásica y la romántica. Entre los clásicos se distingue don Manuel Eduardo de Gorostiza (1789–1851), escritor que, como Ruiz de Alarcón, nació en México pero escribió en España y para el teatro español. A diferencia de Ruiz de Alarcón, Gorostiza pasó sus 5 últimos años en México. Su más celebrada obra es *Contigo pan y cebolla* (1833), aunque *Indulgencia para todos* está considerada como su mejor comedia.

Tanto Calderón como Rodríguez Galván ensayaron el teatro. El primero escribió dramas verdaderamente románticos — *El torneo* 10 (1839), *Herman o la vuelta del cruzado* (1842), *Ana Bolena* (1842) — y una graciosísima comedia, *A ninguna de las tres*. A Rodríguez Galván se le recuerda como dramaturgo por su drama *Muñoz, visitador de México* (1838), de asunto mexicano de la época colonial.

Altamirano

Don Ignacio Manuel Altamirano (1834–1893), indio de pura raza, 15 nace en Tixtla (Estado de Guerrero), de padres sumamente humildes. Como Juárez, a los catorce años todavía no habla el castellano. Mas su inteligencia es tan viva que en la escuela se distingue sobre sus condiscípulos.[1] Habiendo pasado al Instituto Literario de Toluca, estudia con don Ignacio Ramírez y bajo su amparo escribe 2c sus primeros versos y artículos. Tras algunos años de vida errante, pasa Altamirano a la ciudad de México y se inscribe en el Colegio de Letrán. De 1854 a 1867 participa activamente en la política, siempre militando en el partido liberal y de reforma.

En 1869 comienza a publicar la revista *El Renacimiento*, con el 25 objeto de alentar a los escritores jóvenes, sobre todo a los que escriben sobre temas y asuntos mexicanos. « Altamirano — nos dice Carlos González Peña — realiza una de las más extraordinarias carreras literarias que la historia de nuestras letras registra; es el maestro de dos generaciones ... su ocupación constante fué 30 escribir, leer, enseñar, conversar. » En 1889 se le nombra Cónsul General en España; de Barcelona pasa a París, y de allí a Italia en 1893; muere ese año en San Remo.

[1] **condiscípulo** schoolmate

Entre sus obras encontramos poesías, novelas, cuentos, artículos costumbristas y crítica literaria. Sus mejores novelas son *Clemencia* (1869) y *El Zarco* (1888); entre sus cuentos hallamos el inolvidable *La navidad en las montañas* (1870) y entre sus poesías sus *Rimas*
5 (1880). También nos dejó un volumen de artículos costumbristas intitulado *Paisajes y leyendas, tradiciones y costumbres de México* (1884). Altamirano fué el más grande escritor de su tiempo.

ANÉCDOTAS LITERARIAS

Cuando los norteamericanos bombardeaban el Convento de Churubusco, en 1847, en el asalto final, el poeta y dramaturgo don
10 Manuel Eduardo de Gorostiza, con los brazos cruzados después de agotar sus tiros, presenciaba el asalto de pie en una ventana abierta, pálido, impasible ante la lluvia de balas y metralla [1] de los asaltantes. Un soldado mexicano que lo vió dejó su puesto, corrió hacia él y le gritó:
15   — ¡ Mi coronel, quítese usted, lo van a matar !
— ¡ En todas partes está la muerte ! — dijo Gorostiza sin moverse.

Un día, en su cátedra de literatura, don Ignacio Ramírez dijo a un alumno que presumía de poeta, que improvisara un dístico [2] y lo
20 escribiera en el pizarrón.[3] El alumno púsose en pie, y después de largo rato escribió:

La luna sale vomitando estrellas
¡ Ay, ay, qué bellas son, ay, ay, qué bellas !

El Nigromante levantóse a su vez [4] y sin decir nada fué al pizarrón y escribió debajo del dístico:

El alumno promete opimo [5] fruto,
¡ Ay, ay, qué bruto es, ay, ay, qué bruto !

¹ **metralla** grapeshot
² **dístico** distich, couplet
³ **pizarrón** blackboard

⁴ **a su vez** in his turn
⁵ **opimo** rich, abundant

Don Ignacio Ramírez, don Guillermo Prieto, don Ignacio M. Altamirano y don José María del Castillo Velasco escribían en el *Monitor Republicano* sin que el viejo editor don Vicente García Torres les pagara, después de haber solicitado su colaboración remunerada. 5

Cierta vez vino a México un periodista español y García Torres les dijo que era necesario darle un banquete, al que concurrirían todos.

Dióse el banquete. Pero al acabar de comer y presentada la cuenta, García Torres la dividió en cinco partes y dijo al criado que 10 la pasara a los señores que fumaban de pie, un poco lejos. Altamirano, Prieto y Castillo Velasco pusiéronse furiosos, pero el Nigromante devolvió al criado la cuenta diciéndole:

— Dile al señor García Torres que la cuenta me la rebaje [1] de mi sueldo. 15

Rubén M. Campos: *El folklore literario en México*

Para discutir

A. *Cuestionario*

1. ¿Quiénes son los representantes de la poesía clásica? 2. ¿Quién es el primer escritor romántico? 3. ¿Quién es el escritor más popular del siglo XIX? 4. ¿Quién es el autor de *Contigo pan y cebolla?* 5. ¿Ha leído usted esta comedia? 6. ¿Quién escribió dramas románticos? 7. ¿Cómo contribuyó Altamirano al adelanto de la cultura en el siglo XIX? 8. ¿Qué novelas escribió Altamirano? 9. ¿Qué piensa usted de lo que hizo don Ignacio Ramírez con el alumno que presumía de poeta? 10. ¿Qué opinión tenía Altamirano de la política? 11. En el siglo XIX, ¿ganaban mucho los periodistas?

B. *Temas para conversar o para la composición*

1. Las dos tendencias literarias en el siglo XIX. 2. El teatro del siglo XIX. 3. La novela del siglo XIX. 4. La importancia de Altamirano en el desarrollo de la literatura mexicana. 5. Algunas anécdotas literarias.

---

[1] **rebajar** to deduct

13

LA CULTURA
EN EL SIGLO XIX

◎ Durante la época de la Independencia las energías de los prohombres [1] de México son encauzadas [2] hacia la renovación política y social del país. Para las artes y las ciencias los tiempos son menos propicios. Sin embargo, una vez establecida la República la 5 preocupación por estas actividades comienza a reaparecer. En 1831 se inaugura el Museo Nacional de Arqueología, Historia y Etnografía y en 1833 la Sociedad de Geografía y Estadística, que todavía existe.

Las artes

Las artes plásticas disminuyen en importancia; ya no hay 10 iglesias que construir o decorar. Caso excepcional es el del arquitecto Ceferino Gutiérrez, indio de pura raza, constructor de la magnífica iglesia de San Miguel de Allende, en estilo seudogótico, y de la cúpula dodecagonal de la iglesia de La Concepción.

El mejor escultor del siglo XIX es Miguel Noreña, autor de la 15 estatua a Cuauhtémoc (1889) en el Paseo de la Reforma, de una estatua sedente [3] de Benito Juárez en el Palacio Nacional, y de un

[1] **prohombre** great man ·
[2] **encauzar** to channel, direct
[3] **sedente** sitting, in a sitting position

excelente monumento al ingeniero Enrico Martínez. El escultor Gabriel Guerra, discípulo de Noreña, es el autor del « Tormento a Cuauhtémoc » en el monumento a este héroe que se encuentra en el Paseo de la Reforma.

La pintura

Siendo la demanda de las iglesias muy limitada, los pintores del 5 siglo XIX ensayan nuevos temas: retratos, cuadros históricos, escenas de costumbres y paisajes. El mejor pintor de retratos es José María Estrada, cuya obra fue recientemente descubierta por el pintor Roberto Montenegro. Para algunos ejemplos del arte de Estrada, véase el libro de Montenegro, *Pintura mexicana (1800–* 10 *1860).* En Bellas Artes hay una sala con sus pinturas.

Juan Cordero

El pintor Juan Cordero (1824–1884) es el precursor de la pintura mexicana moderna. Nació en Teziutlán, Estado de Puebla, y estudió en la Academia de San Carlos y luego en Italia, de donde volvió a México en 1853. Sus mejores obras son las decoraciones 15 de las cúpulas de las iglesias de San Fernando y de Santa Teresa. Además, nos dejó algunos retratos — entre ellos el de Santa Anna — y un autorretrato.

José María Velasco

La pintura del paisaje no aparece en México sino hasta mediados del siglo XIX. Uno de los primeros en ensayar este tema fue el 20 italiano Eugenio Laudesio, que vivió en México de 1855 a 1877. Con él estudió José María Velasco (1840–1912), el más grande paisajista de México. Velasco pintó más de 250 paisajes, la mayor parte de ellos del Valle de México. Parece que Velasco estaba enamorado de esa bella región. Sus mejores cuadros se encuentran 25 en el Museo de Arte Moderno.

La música

En el México colonial la música, así como las otras artes, es religiosa; se cultivaron las formas polifónicas; se enseñó el canto

gregoriano desde 1538, año en que llegó el primer maestro de
capilla,[1] el canónigo Juan Juárez. Al año siguiente llegó el primer
organista, Antonio Ramos. En el siglo XVII predomina la escuela
palestriniana. Antonio de Salazar fué maestro de capilla en la
5 catedral de México de 1685 a 1715.

La música profana aparece en el siglo XVIII. En 1711 se representa la primera ópera mexicana, la *Parténope* de Manuel Zumaya.
Entre otros compositores de óperas descuella [2] Melesio Morales
(1838–1909), autor de *Romeo y Julieta* (1863), *Ildegonda* (1866),
10 *Gino Corsini* (1877) y *Cleopatra* (1891), óperas que, como los
nombres lo indican, siguen la forma clásica italiana del género.

Durante la época de don Porfirio se distinguen, entre los artistas,
Ángela Peralta (1845–1883), el « Ruiseñor Mexicano, » de renombre
internacional, y entre los compositores de música semiclásica
15 Juventino Rosas, autor del famoso vals *Sobre las olas*, y Felipe
Villanueva (1863–1893), compositor del hermoso *Vals poético*.

La música popular, tanto en las ciudades como en el campo,
siempre ha sido muy rica en México. En el siglo XIX existían
infinidad de danzas y canciones de melodías y ritmos nativos, siendo
20 los más populares los sones, los jarabes, los huapangos y las zandungas.[3] Esta música popular ha florecido en el siglo XX.

La enseñanza

Con la Independencia, la enseñanza poco a poco comenzó a
libertarse de las tradiciones coloniales y a orientarse hacia las
ciencias y la filosofía positivista. En 1867 Juárez nombró al
25 matemático y filósofo Gabino Barreda (1818–1881) Director de la
Escuela Nacional Preparatoria y le comisionó para que reorganizara la educación secundaria de la República. Barreda reformó el
sistema educativo, dando gran énfasis a las ciencias; las humanidades quedaron en segundo plano.

Don Justo Sierra

30 El gran educador y maestro de la época de don Porfirio es don
Justo Sierra (1848–1912). Nace en Campeche, y el ejemplo de su

---

[1] **maestro de capilla** choirmaster
[2] **descollar** to stand out, excel
[3] **sones . . . zandungas** popular dances and tunes

padre — jurisconsulto y novelista — le inclina al estudio de las letras. Pasa a México, donde estudia con Altamirano; escribe poesía, cuentos, y sobre todo historia. Su obra maestra es *La evolución política del pueblo mexicano*, magistral estudio histórico y de interpretación. Enseñó don Justo Sierra historia en la Escuela 5 Nacional Preparatoria, y fué el primero en atacar el sistema educativo positivista de Barreda. En 1910 logró reorganizar la Universidad Nacional, que había sido desarticulada en 1833. Su obra educativa fué fructífera, y sus discípulos descollaron entre los mentores de la nueva generación.   10

García Icazbalceta

La erudición mexicana se enorgullece [1] de contar con un investigador de la talla [2] de don Joaquín García Icazbalceta (1825–1894), sabio que dedicó su vida al estudio de la cultura mexicana. García Icazbalceta es el investigador por excelencia. Apartado de la política, se enfrasca [3] en sus estudios, sobre todo aquellos de los 15 primeros años de la colonia. Su obra maestra es la monumental *Bibliografía mexicana del siglo XVI* (1886), « obra — según Menéndez y Pelayo — en su línea, de las más perfectas y excelentes que posee nación alguna.» García Icazbalceta, no contento con sus investigaciones, publicaba con su propia mano el resultado de sus 20 pesquisas.[4] Este sabio mexicano es una de las glorias de su país.

La poesía

A fines del siglo XIX existen dos tendencias en la poesía mexicana: la romántica retardada, con Manuel Acuña, y el modernismo, con Gutiérrez Nájera. Dos poemas de Manuel Acuña (1849–1873), el *Nocturno a Rosario* — bello canto de amor — y *Ante un* 25 *cadáver*, de vigorosa inspiración, tuvieron gran influencia en la formación de los jóvenes poetas de fines de siglo.

---

[1] **enorgullecerse** to be proud of
[2] **talla** stature
[3] **enfrascarse** to be deeply engaged
[4] **pesquisa** investigation, research

El modernismo

El modernismo en México se inicia con Manuel Gutiérrez Nájera (1859–1895), fino poeta que crea un nuevo estilo en las letras, resultado del amalgamiento del espíritu francés y la forma española. El estilo de Gutiérrez Nájera es elegante, delicado [1] y, sobre todo,
5 dotado de gracia y primor.[2] En prosa — que casi parece poesía — escribió cuentos y crónicas. Inolvidables son *Rip Rip* (inspirado en la leyenda de Washington Irving) y *La historia de un peso falso*, cuentos de lo mejor en el género. Entre sus más celebradas poesías se encuentran *La Serenata de Schubert, Mariposas, De blanco* y *La*
10 *Duquesa Job*. Esta última obra es un excelente ejemplo del estilo risueño del autor:

> En dulce charla de sobremesa [3]
> mientras devoro fresa tras fresa [4]
> y abajo ronca tu perro Bob,
> te haré el retrato de la duquesa
> que adora a veces el duque Job.

> • • • • •

> Mi duquesita, la que me adora,
> no tiene humos de [5] gran señora:
> es la griseta [6] de Paul de Kock.[7]
> No baila *Boston,*[8] y desconoce
> de las carreras [9] el alto goce,
> y los placeres del *five o'clock.*

> • • • • •

> Desde las puertas de la Sorpresa [10]
> hasta la esquina del Jockey Club,
> no hay española, yanqui o francesa
> ni más bonita, ni más traviesa [11]
> que la duquesa del duque Job.

> • • • • •

[1] **delicado** sensitive
[2] **primor** beauty; exquisiteness
[3] **charla de sobremesa** after-dinner talk
[4] **fresa** strawberry
[5] **tener humos de** to put on airs
[6] **griseta** (from the French "grisette") girl of the working-class given to gallantry
[7] *French novelist* (1794–1871)
[8] *A kind of slow waltz*
[9] **carreras** horse racing
[10] *Store in Mexico City*
[11] **traviesa** cute

Luis G. Urbina (1868–1934) y Amado Nervo (1870–1919) son los más altos representantes del modernismo en México. Nervo, el poeta místico, es uno de los más geniales escritores que haya producido la literatura mexicana. En prosa escribió hermosos cuentos, crónicas y ensayos. Su preocupación por los problemas trascenden- 5 tales da a su obra cierta universalidad que no encontramos en los otros poetas modernistas.

El modernismo, iniciado por Gutiérrez Nájera, tiene su fin también con un poeta mexicano. Enrique González Martínez (1871–1952) pone punto final a este movimiento literario. Su ya famoso 10 *Túercele el cuello al cisne* (1915) inicia la nueva escuela en la poesía española.

La novela y el cuento

La novela mexicana de la segunda mitad del siglo XIX sintetiza las corrientes europeas — romanticismo, costumbrismo, realismo, naturalismo — y las tendencias nacionalistas iniciadas por Fer- 15 nández de Lizardi. El resultado es una novela que, por primera vez, alcanza una excelente forma artística.

Entre los escritores que cultivan la novela folletinesca [1] se destaca Vicente Riva Palacio (1832–1896), autor que da preferencia a los temas coloniales. Se le recuerda con especialidad por sus *Cuentos* 20 *del general* (1896), colección de graciosos y castizos [2] relatos.

El mejor cuentista [3] de esta época es Ángel de Campo (1868–1908), autor que hace uso del costumbrismo para entretejer [4] excelentes cuadros que pintan la vida de la gente pobre de la ciudad de México. Su obra, no muy extensa, se publicó en tres volúmenes 25 bajo el seudónimo de *Micrós: Ocios y apuntes* (1890), *Cosas vistas* (1894) y *Cartones* (1897). Una honda ternura y una gran piedad son las características predominantes de este gran cuentista.

El realismo en la novela tiene varios representantes. El maestro de los escritores de esta escuela es Rafael Delgado, novelista de 30 gran habilidad descriptiva y de exquisita sensibilidad. Sus mejores novelas son *La Calandria* (1891), *Angelina* (1895) y *Los parientes*

---

[1] **folletinesco, –a** serialized (in news-papers)
[2] **castiza** pure, correct (language)
[3] **cuentista** short story writer
[4] **entretejer** to interweave

ricos (1903). *La Calandria* es una excelente pintura de las clases bajas, y *Los parientes ricos* una sátira de la clase media. Ambas
5 novelas se leen con gusto.

Los novelistas mexicanos de tendencias naturalistas no son tan numerosos como los que cultivan el realismo. Sobresale entre ellos, y con mucho, don Federico Gamboa (1864–1939), el autor de la famosa novela *Santa* (1903), la obra maestra del naturalismo mexi-
10 cano y el libro más popular de este insigne novelista.

BALADA DE LA LOCA[1] FORTUNA♦♦♦

Con el sol, el mar, el viento y la luna
voy a amasar una loca fortuna.

Con el sol haré monedas de oro
(al reverso, manchas; al anverso,[2] luz)
para jugarlas a cara o a cruz.[3]

Cerraré en botellas las aguas del mar,
con lindos marbetes[4] y expresivas notas,
y he de venderlas con un cuentagotas[5]
a todo el que quiera llorar.

Robador del viento, domaré[6] sus gritos,
y en las noches calladas y quietas,
para los amantes venderé suspiros,
y bellas canciones para los poetas.

En cuanto a la luna,
la guardo, por una
sabia precaución,
en la caja fuerte de mi corazón.

Con el sol, la luna, el viento y el mar
¡ Qué loca fortuna voy a improvisar !

Enrique González Martínez

---

[1] **loco, –a** enormous, excessive, abundant
[2] **anverso** obverse (side of coin)
[3] **a cara o a cruz** heads or tails

[4] **marbete** label
[5] **cuentagotas** dropper
[6] **domar** to tame

LA PALOMA

Durante el Imperio de Maximiliano se renovó la difusión del vals austríaco, al cual casi todos los compositores rindieron su tributo, particularmente Juventino Rosas, Ernesto Elorduy, Felipe Villanueva y Ricardo Castro. Aproximadamente en la misma época tomó un gran auge [1] la *danza habanera*, a la cual se 5 adhirieron igualmente numerosos compositores mexicanos. Como su prototipo en aquella época puede considerarse *La paloma*. Aunque escrita por un músico español, Sebastián de Yradier, es de argumento [2] mexicano y fue la canción más popular durante el sexto decenio [3] del siglo pasado en México, donde fue cantada por 10 primera vez, por Concha Méndez, con éxito enloquecedor. Considerada como canción popular mexicana, conquistó el mundo entero y es conocida, aún hoy, universalmente. La leyenda la relaciona con las últimas horas de Maximiliano, el cual reclamó como postrer favor oír *La paloma* antes de morir. Según otro 15 relato, la banda militar la tocó mientras las balas derribaron al Emperador y a sus secuaces.[4] Ambas versiones de este supuesto [5] episodio carecen,[6] en absoluto, de fundamento.

Otto Mayer-Serra, *Panorama de la música mexicana*

Para discutir

A. *Cuestionario*

1. ¿Qué instituciones científicas se establecieron poco después de la Independencia? 2. ¿Por qué disminuyen las artes plásticas? 3. ¿Cómo es la iglesia de San Miguel de Allende? 4. ¿Quién es el mejor escultor del siglo XIX? 5. ¿Qué nuevos temas ensayan los pintores? 6. ¿Quién es el precursor de la pintura mexicana moderna? 7. ¿Quién es el más grande paisajista mexicano? 8. ¿Cómo es la música colonial? 9. ¿Qué clase de música aparece en el siglo XIX? 10. Nombre usted algún escritor de

---

[1] **auge** boom; **tomar auge** to become popular
[2] **argumento** story
[3] **decenio** decade; **sexto decenio** the

sixties
[4] **secuaz** follower
[5] **supuesto** alleged
[6] **carecer** to lack

óperas. 11. ¿Qué artistas se distinguen en la música durante la época de don Porfirio? 12. ¿Cómo es la música popular mexicana durante el siglo XIX? 13. ¿Qué cambios sufre el sistema educativo en México durante el siglo XIX? 14. ¿Quién reorganiza la educación secundaria de la República? 15. ¿Qué influencia tiene don Justo Sierra sobre el desarrollo de la cultura en México? 16. ¿En qué campo del saber se distinguió don Joaquín García Icazbalceta? 17. ¿A qué escuela literaria pertenece Manuel Acuña? 18. ¿Quién inicia el modernismo en México? 19. ¿Cómo es el estilo de Gutiérrez Nájera? 20. ¿Qué escribió en prosa? 21. ¿Cuáles son los poetas modernistas más importantes? 22. ¿Cómo es la obra de Amado Nervo? 23. ¿Qué significado tiene el libro *Tuércele el cuello al cisne?* 24. ¿Qué tendencias encontramos en la novela de fines del siglo XIX? 25. Nombre usted algunos de los novelistas de esa época. 26. ¿Qué escritores representan el realismo?

B. *Temas para conversar o para la composición*

1. Influencia de las actividades políticas sobre el desarrollo de las artes. 2. Cambio en los temas que ensayan los artistas. 3. La música mexicana en la época colonial. 4. La ópera en México. 5. La música popular mexicana. 6. Los cambios en el sistema educativo durante el siglo XIX. 7. Don Justo Sierra y García Icazbalceta. 8. El modernismo. 9. La novela realista mexicana.

14

LA REVOLUCIÓN

Independencia, Reforma, Revolución. Estos son los nombres de los tres movimientos sociales que han cambiado el curso de la historia en México. El último se inicia en 1908 cuando el pueblo, sobre todo la clase media, decide poner fin al gobierno de don Porfirio. 5

Madero

Don Francisco I. Madero (1873–1913) nace en la Hacienda de « El Rosario, » Municipio de Parras, Estado de Coahuila, de padres acomodados,[1] propietarios de grandes haciendas. A los doce años pasa a Saltillo a estudiar, y de allí a los Estados Unidos y Francia, y por último a la Universidad de California. De vuelta en San Pedro 10 de las Colonias (Coahuila), se dedica a la agricultura. Siempre le preocuparon las condiciones de los peones y trata de mejorar sus medios de vida.

En 1908 Madero publica el libro *La Sucesión Presidencial en 1910,* libro en el cual ataca el porfirismo,[2] ofrece un programa de acción y 15

---

[1] **acomodados** well-to-do   [2] **porfirismo** the regime of don Porfirio Díaz

llama a los mexicanos a formar un partido político capaz de enfrentarse con la dictadura de Díaz. Dos años más tarde Madero es puesto en la cárcel de San Luis Potosí por sus actividades políticas; mas logra escaparse vestido de obrero y pasar a los Estados Unidos.
5 En San Antonio, Texas, publica su famoso « Plan de San Luis,» en el cual desconoce al gobierno de Díaz, designa el 20 de noviembre (1910) para que todos los pueblos se levanten en armas, y asume el carácter de Presidente Provisional de los Estados Unidos Mexicanos. La revolución se inicia en la fecha designada por Madero y
10 triunfa el 21 de mayo de 1911. El presidente Díaz sale al destierro y Madero hace su entrada triunfal en la ciudad de México el 7 de junio. « Madero — dice Martín Luis Guzmán — por su valor, por su bondad, por su mansedumbre, por su confianza en los procedimientos justicieros y humanos, en una palabra, por su moralidad
15 inquebrantable,[1] es la más alta personificación de las ansias revolucionarias de México.»

Villa

Francisco (Pancho) Villa (1880–1923) nace en San Juan del Río, Estado de Durango, de padres humildes; muy joven, abandona su casa y se une a una banda de forajidos [2]; mas pronto se separa de
20 ellos y se dedica a vender y comprar ganado y caballos. En la ciudad de Chihuahua se une a los revolucionarios y, reclutando un pequeño ejército, toma algunos pueblos. Al triunfar la revolución vuelve a sus negocios.

En las elecciones de 1911 Madero es electo presidente y Pino
25 Suárez vicepresidente. Pero el gobierno de Madero dura poco; la reacción conservadora logra derribarlo. Tanto Madero como Pino Suárez son asesinados en febrero de 1913. Victoriano Huerta ocupa la presidencia, mas su gobierno no es reconocido. Los revolucionarios del Norte, entre ellos Villa y Carranza, inmediatamente
30 toman las armas contra Huerta. Las brillantes victorias de Villa en Torreón y Zacatecas facilitan la derrota del ejército de Huerta, quien abandona el poder. Carranza ocupa la presidencia de 1915 a 1920. Las relaciones entre Villa y Carranza no son muy cordiales.

---

[1] **inquebrantable** inflexible; unshakable   [2] **forajido** outlaw

El gran guerrillero Francisco Villa   **Alberto Beltrán**

Villa se declara en contra del gobierno de Carranza. El 9 de marzo
de 1916 Villa, para desprestigiar al gobierno de Carranza, cruza la
frontera y ataca el pueblo de Columbus en Nuevo México, incidente
que por poco causa una guerra entre México y los Estados Unidos.
5 El general Pershing es comisionado por el Presidente Wilson para
que persiga a Villa. Mas es inútil. Villa, gran conocedor del
terreno, logra burlar a sus perseguidores.
  A Carranza le sigue el general Álvaro Obregón en el poder.
Durante su gobierno se logra que Villa deje las armas y vuelva a
10 las labores del campo. Tres años después (1923), Pancho Villa es
asesinado.

Zapata

  Emiliano Zapata (1877–1919), de origen humilde, hijo de
campesinos, nace en Anenecuilco, Estado de Morelos, y su infancia
y juventud la pasa ayudando a su padre a cultivar los campos.
15 Cuando los propietarios de terrenos, ayudados por el gobierno,
quitan los ejidos [1] a los labriegos, Zapata dice: « Cuando yo crezca,
ya verán si puedo recuperar los terrenos que nos han quitado. »
Por tratar de defender las tierras de su padre (1908) se lo llevan de
leva [2] y no logra ser dado de baja [3] sino hasta seis meses después.
20 En 1911 se une a los revolucionarios de Morelos y pronto se le
reconoce como jefe de las fuerzas revolucionarias en el Estado.
Al triunfar la revolución, Zapata no deja las armas, pues insiste en
que Madero reparta las tierras de los propietarios ricos a los peones
y campesinos.
25   Durante el gobierno de Carranza se comisionó al general Pablo
González para que combatiera a Zapata. Como no era posible
aniquilarlo se apeló a una traición. El general González comisionó
al coronel José María Guajardo para que trabara amistad con
Zapata y le manifestara adhesión. Zapata le aceptó y le dió el
30 mando de algunas de sus tropas. El 10 de abril de 1919, al llegar
Zapata y su escolta al pueblo de Chinameca, los soldados de
Guajardo les asesinaron.

---

[1] **ejido** common land, public land   [3] **dar de baja** to muster out, dis-
[2] **se lo llevan de leva** they take him   charge from army
   as a conscript

La muerte de Emiliano Zapata   **Isidoro Ocampo**

La nueva Constitución

En 1916 los revolucionarios llaman a una convención, que se ha de reunir en Aguascalientes. Allí se redacta [1] una nueva Constitución, promulgada el 5 de febrero de 1917. Algunos artículos de la Constitución de 1917 han provocado grandes discusiones. He aquí el por qué: el tercero establece el carácter socialista de la enseñanza; el 27 declara propiedad de la nación las minas y yacimientos de petróleo,[2] y el 123 determina los derechos del trabajador. La labor técnica de la Revolución culmina en la Constitución de 1917. El problema de los gobernantes de México de 1920 a 1940 No debemos pensar que al terminarse la Revolución se terminaron las reformas sociales. Al contrario, las más importantes han tenido lugar desde 1920, año en que se comenzó a estabilizar la vida pública con Obregón, quien gobernó hasta 1924. Plutarco Elías Calles

---

[1] **redactar** to compose, edit

[2] **yacimiento de petróleo** oil deposits, oil wells

(1924–1928) inició la distribución de las tierras, obra que continuaron los presidentes Emilio Portes Gil (1928–1930), Pascual Ortiz Rubio (1930–1932) y Abelardo Rodríguez (1932–1934). Mas fue Lázaro Cárdenas (1934–1940), el mejor presidente de México

5 después de la Revolución, quien se preocupó de verdad por los problemas nacionales, tratando de mejorar las condiciones de vida de los campesinos y de las clases trabajadoras. Durante su gobierno también se expropiaron los pozos de petróleo pertenecientes a campañías norteamericanas e inglesas.

10 En 1940 termina una era de la historia de México. Comenzando con el gobierno de Manuel Ávila Camacho (1940–1946), la política de los presidentes ha sido la unidad nacional y no la reforma social. Esto es debido, en parte, a que el país comenzó a experimentar una prosperidad material extraordinaria. El desarrollo

15 industrial tomó gran ímpetu, sobre todo bajo la presidencia de Miguel Alemán (1946–1952). La ciudad de México se ha convertido en una verdadera metrópoli, con cerca de cuatro millones de habitantes e innumerables edificios modernos. La política del presidente Adolfo Ruiz Cortines (1952–1958) fue encauzada hacia

20 la moralización política.

El pueblo también ha dado grandes muestras de estar interesado en los procedimientos democráticos de gobierno. En 1930 se suprimió la pena de muerte; en 1934 se estableció el seguro social para los trabajadores; en 1938 se dió el voto a la mujer; además,

25 todos los hombres casados pueden votar a los dieciocho años y los solteros a los veintiuno.

LA MUERTE DE ZAPATA

Abril de mil novecientos
diecinueve, en la memoria
quedarás del campesino,
como una mancha en la historia.

Campanas de Villa Ayala
¿Por qué tocan tan doliente?
— Es que ya murió Zapata
y era Zapata un valiente. —

Arroyito revoltoso,[1]
¿ Qué te dice aquel clavel ?
— Dice que no ha muerto el jefe,
que Zapata ha de volver.[2] —

Señores, ya me despido,
que no tengan novedad.[3]
Cual héroe murió Zapata
por dar Tierra y Libertad.[4]

Para discutir

A. Cuestionario

1. ¿ Cuáles son los tres movimientos sociales más importantes en México ? 2. ¿ En dónde estudió Madero ? 3. ¿ Qué decide hacer Madero en 1908 ? 4. ¿ Qué significado tiene el Plan de San Luis ? 5. ¿ En qué fecha triunfa la Revolución ? 6. ¿ Cuál fue el papel de Villa en la Revolución ? 7. ¿ El de Zapata ? 8. ¿ En dónde y en qué año se promulgó la nueva Constitución ? 9. ¿ Por qué ha provocado discusiones ? 10. Desde la Revolución ¿ en qué ha consistido el problema de los gobernantes de México ? 11. ¿ Qué canciones revolucionarias conoce usted ? 12. ¿ Cómo son estas canciones ? 13. ¿ Qué sentimientos expresan ?

B. Temas para conversar o para la composición

1. La vida de Madero. 2. La importancia de Villa. 3. La muerte de Zapata. 4. La Constitución de 1917. 5. Las canciones revolucionarias.

[1] **revoltoso** turbulent
[2] It is a popular belief that Zapata has not died
[3] **que . . . novedad** wishing you well, hoping you have no (bad) news
[4] **Tierra y Libertad** Land and Liberty, Zapata's war cry

LA CUCARACHA

1. Las mu-cha-chas son de o - ro,   las ca -sa-das son de pla-ta,
2. Cuan-do u -no quie-re u - na   y es-ta u-na no lo quie-re
3. U -na co-sa me da ri - sa,   Pan-cho Vi-lla sin ca - mi-sa
4. Ya mu-rió la cu-ca-ra - cha,   ya la lle-van a en-te - rrar—

y las viu-das son de co - bre,   las vie-jas ho-ja de la-ta.
es lo mis-mo que si un cat - vo   en la ca-lle en-cuen-tra un pei-ne.
ya se van los ca-rran-cis - tas   por-que vie-nen los vi - llis-tas.
en -tre cua-tro zo-pi- lo - tes   y un ra -tón de sa-cris-tán.—

La cu-ca- ra-cha, la cu- ca - ra - cha   ya no pue-de ca-mi-

nar   por-que no tie- ne, por-que le fal- ta   ma-ri-hua-na que fu-mar.

Juan Cordero. Autorretrato y Retrato de
Doña Dolores Tosta de Santa Anna (1855).

José María Velasco. Autorretrato y Estudio de rocas.

Justo Sierra

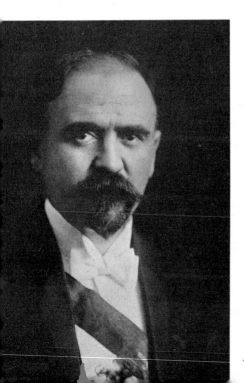

Francisco I. Madero

La Virgen de Guadalupe

La danza del volador

El carnaval de Huejotzingo,
fresco de Diego Rivera.

Zuavos, carnaval de Huejotzingo.

Una linda tehuana

Un baile típico

Los Mariachis

LA ADELITA

Moderato — mf

1. A - de - li - ta se lla - ma la in - gra - ta
La que e - ra
due - ña de to - do mi pla - cer._____ Nun - ca pien - ses que
lle - que ol - vi - dar - la Ni a cam - biar - la por o - tra mu -
jer._____ Si A de - li - ta qui - sie - ra ser mi es - po - sa,_____
_____ Si A - de - li - ta_____ fu - e - ra mi mu - jer,_____ Le com - pra
rí a un ves - ti - do de se - da y la lle -
va - ra a pa - sear el cuar - tel.

2. A - de - li - ta es u - na fron - te - ri - za
Con o - jos
ver - des, - co - lor de la mar,_____ Que tra - e lo - cos a
to - dos los hom - bres y a to - dos los ha - ce llo -
rar._____ Si A de - li - ta se fue - ra con o - tra
_____ La se - qui - rí - a la hue - lla sin ce - sar,_____ En ae - ro -
plan - os y bu - ques de guer - ra y por tier -
ra has - ta en tren mil - i - tar._____

15

FIESTAS Y COSTUMBRES
POPULARES

⊂⊉ El pueblo mexicano es alegre y, por lo tanto, ama las fiestas y las diversiones. La mayor parte de ellas son tradicionales, de origen español. Las de origen indígena han sido modificadas por la influencia española; algunas, muy pocas, se conservan sin adultera-
5 ción alguna, sobre todo en las regiones más apartadas; la más conocida es la danza de los voladores, que subsiste en el Estado de Veracruz.

El volador

Cinco jóvenes suben a lo alto de un mástil.[1] Uno de ellos lleva consigo un tambor y una chirimía.[2] Cuatro de los jóvenes
10 se sientan sobre una pequeña plataforma en lo alto del mástil, y se atan a la cintura los extremos de los cables que se encuentran enrollados a un carrete.[3] El otro joven ejecuta una peligrosa danza en el centro de la plataforma, al son del tambor y la

---

[1] **mástil** trunk of a tree; post; pole
[2] **chirimía** flageolet
[3] **carrete** spool; reel; **se atan ... ca-** **rrete** they tie to their waists the ends of the cables which are wound around a spool

chirimía. Al terminar el baile, el músico se baja y el bailarín [1] ocupa su lugar, atándose también un cable a la cintura. Cuando vuelve a sonar la música, los cuatro hombres se lanzan al espacio. El carrete comienza a dar vueltas y las cuerdas a desenrollarse,[2] permitiendo a los danzantes descender poco a poco, dando vueltas alrededor del 5 mástil, con la cabeza hacia abajo y los brazos abiertos, como si fueran pájaros volando.

Los toros

Fuera de España, México es el único país en donde las corridas de toros [3] han sido un espectáculo de importancia a través de su historia. El 24 de junio de 1526, día de San Juan, se celebró en 10 México la primera corrida de toros, con el objeto de festejar [4] el regreso de Cortés de las Hibueras. Durante esa época no había toreros de profesión y los señores entraban al ruedo [5] a lidiar [6] los toros bravos. Un gran aficionado a torear lo fué el virrey don Luis de Velasco el segundo.[7] Según Suárez de Peralta, las corridas en 15 aquel entonces [8] se celebraban en Chapultepec. Era común tener corridas de toros los días de fiesta, y también cuando llegaba un nuevo virrey.

La primera plaza [9] se construyó poco después de la Independencia; antes de esa época no había plaza hecha de firme.[10] A 20 mediados del siglo pasado la ciudad de México tenía dos plazas bastante buenas, la de San Pablo y la del Paseo Nuevo. « El Toreo, » con capacidad para 20,000 espectadores, no fué construído sino hasta 1907. Allí torearon los más famosos matadores, tanto españoles como mexicanos. De los españoles los aficionados 25 siempre recuerdan las faenas [11] de Juan Belmonte y Sánchez Mejía, y de los mexicanos las del famoso Rodolfo Gaona y del valiente Juan Silveti. En los últimos años esta plaza ha sido substituída por la imponente « Plaza México. »

[1] **bailarín** dancer
[2] **desenrollarse** unwind
[3] **corrida de toros** *or* **corrida** bull-fighting
[4] **festejar** to celebrate
[5] **ruedo** arena, bull ring
[6] **lidiar** to run or fight (bulls)
[7] **aficionado** fan; amateur; **aficionado a** fond of; **Un . . . segundo**

Don Luis de Velasco II **was very** fond of fighting bulls
[8] **aquel entonces** those times
[9] **plaza** bull ring
[10] **hecha de firme** permanently constructed
[11] **faena** (in bullfighting) work done by a matador

Chinas y charros

Llámase china poblana a la mujer del pueblo que lleva cierto traje que según la leyenda fué traído a Puebla por una Princesa china. El traje es verde, blanco y colorado, o sean los colores de la bandera mexicana. La falda es verde y lleva adornos de lentejuela [1];
5 la blusa es blanca, y la faja verde. Los zapatos, de tacón [2] alto, son ya verdes, ya rojos. El vestido se completa con el rebozo,[3] que se lleva sobre los hombros a manera de tirantes [4] y las puntas enredadas a la cintura.[5] Éste es el traje típico de la mujer mexicana, usado solamente para celebrar las fiestas nacionales, en el teatro o
10 para bailar el famoso jarabe tapatío.[6]

El charro es el mexicano de a caballo, vestido con traje de pantalón ajustado [7] con adornos de plata, chaqueta corta muy vistosa y sombrero de anchas alas.[8] El deporte de los charros es el jaripeo,[9] celebrado en México desde los tiempos coloniales. Celebrábase
15 antiguamente una vez al año, durante la época en que se herraban [10] los caballos y el ganado en las haciendas. Después de herrar el ganado los charros celebraban una o varias fiestas, en las cuales demostraban sus habilidades lazando yeguas,[11] derribando reses [12] y jineteando potrillos broncos.[13]
20 En la ciudad de México existe una asociación compuesta de señores interesados en conservar las tradiciones de los charros. Todos los domingos los socios de este grupo pasean por Chapultepec, llevando sus hermosos vestidos charros y montados en magníficos caballos. El decano [14] y maestro de la charrería [15] en México
25 ha sido don Carlos Rincón Gallardo, Marqués de Guadalupe.

Otros deportes

En 1924 se construyó en la ciudad de México el Estadio Nacional, con capacidad para 50,000 espectadores. Allí se celebran toda

[1] **lentejuela** spangle
[2] **tacón** heel of shoe
[3] **rebozo** shawl
[4] **tirantes** suspenders
[5] **enredada a la cintura** wrapped around the waist
[6] **jarabe tapatío** Mexican hat dance
[7] **ajustado** tight fitting
[8] **alas** brim
[9] **jaripeo** rodeo
[10] **herrar** to brand (cattle)
[11] **yegua** mare
[12] **reses** cattle
[13] **jineteando potrillos broncos** riding wild colts
[14] **decano** dean
[15] **charrería** charro lore

clase de eventos deportivos, sobre todo los días de fiesta, como el
16 de septiembre, el 5 de mayo y el 20 de noviembre, en los cuales
toman parte miles de niños y jóvenes de las escuelas.
En 1968 se celebraron en México los Juegos Olímpicos y se
construyeron grandes estadios. En 1970 el campeonato mundial 5
de fútbol (soccer) también fue en México.

Fiestas religiosas

Muchas son las fiestas religiosas que se celebran durante el año.
Las más populares son El Sábado de Gloria, El Día de los Muertos,
el día de la Virgen de Guadalupe y las Posadas. El Sábado de
Gloria se acostumbra quemar a Judas, colgado en alguna calle 10
principal o en alguna plaza, entre las diez y las diez y media de la
mañana. Para la fiesta se prepara una figura de cartón llena de
cohetes,[1] a la cual se le prende fuego a la hora indicada. Muchas
veces los judas están cargados de regalos, que hacen la delicia de la
muchedumbre. Por lo general, las figuras representan a Judas, 15
pero con frecuencia son imágenes de políticos prominentes o de
personajes hacia quienes el pueblo siente antipatía.

El dos de noviembre es el día dedicado a los muertos, día en que
se va al cementerio a cubrir las tumbas de flores. Ese día todo nos
hace recordar a la muerte: los dulces, el pan, los juguetes de los 20
niños, etc., todo ello representando calaveras,[2] esqueletos, ataúdes,[3]
entierros. Costumbre muy popular es la de publicar en los periódicos poesías burlescas, llamadas « calaveras, » en las cuales se pretende que la persona a quien aluden ya ha muerto y se habla en
modo festivo de sus cualidades o defectos característicos. En los 25
teatros se representa el 2 de noviembre el *Don Juan Tenorio* de
Zorrilla, drama en el cual don Juan invita al Comendador a un
lúgubre banquete.

El 12 de diciembre se celebra la fiesta religiosa más popular de
México. Ese día el pueblo, en la ciudad de México, va a la Villa de 30
Guadalupe (hoy Villa Madero), a la Basílica dedicada a esta virgen
morena. Junto a la Basílica de Guadalupe se encuentra la famosa
Capilla del Pocito, muy frecuentada por los fieles.

---

[1] **cohete** firecracker; *pl.* fireworks   [3] **ataúd** coffin
[2] **calavera** skull

Durante la guerra de Independencia Hidalgo enarboló [1] la imagen de la Virgen de Guadalupe como bandera de los mexicanos. Ninguna Virgen en México tiene tantos devotos y no hay casa donde no se vea su imagen. El nombre Guadalupe (y su diminutivo Lupe) es muy popular, y hasta muchos hombres lo llevan. « El año en que no se adore a la Virgen del Tepeyac en esta tierra — dijo Altamirano — es seguro que habrá desaparecido, no sólo la nacionalidad mexicana, sino hasta el recuerdo de los moradores de la [2] México actual.»

Las Posadas son una de las costumbres más originales y curiosas de México. Simbolizan el viaje de la Virgen de Nazaret a Belén, viaje que tardó ocho días. Por lo tanto, ocho días antes de la Natividad del Señor se reúnen a las nueve de la noche varias familias en la casa de una de ellas, en donde se rezan las devociones frente a un altar sobre el cual están la Virgen y San José. Después se forma una procesión; los hombres llevan las dos imágenes sobre unas andas [3] y las señoras, con velas en la mano, cantan al son de la música. Al llegar la comitiva ante una puerta cerrada, en verso y música se pide posada para las imágenes; de dentro contestan negativamente; después de algún tiempo se abre la puerta y las imágenes se colocan sobre el altar. Luego sigue la fiesta: música, danzas, canciones. Para los niños nunca faltan las piñatas, ollas llenas de dulces, frutas y nueces,[4] decoradas con papel de china [5] y en forma de animal, pájaro o persona. Los niños, vendados los ojos,[6] tratan de quebrar la piñata. Cuando lo logran, el contenido cae al suelo, haciendo la delicia de la chiquillería.[7] Las Posadas se repiten por ocho días consecutivos, cada día en diferente casa. El noveno día ya aparece el niño nacido, y se nombra entre las señoras a la madrina [8] para colocarlo en el altar después de la procesión. Esa noche el baile es más espléndido. Costumbre que ya va pasando de moda es la de hacer esa noche la rifa de compadres,[9] echando en ánforas distintas los nombres de las damas y los caballeros, que se van sacando alternativamente para seleccionar las parejas. El

---

[1] **enarbolar** to hoist
[2] *Obsolete use of fem. article*
[3] **andas** litter
[4] **nuez** (*pl.* **nueces**) nut
[5] **papel de china** tissue paper
[6] **vendados los ojos** blindfolded

[7] **haciendo . . . chiquillería** causing delight for the children
[8] **madrina** godmother; sponsor
[9] **rifa de compadres** choosing of partners by lot

compadre estaba obligado a dar sus regalos a la comadre. Las Posadas son todavía en México una fiesta favorita durante la Navidad.

Lázaro Cárdenas

UNA CALAVERA

Probo,[1] lleno de optimismo,
quiso al país reformar
sacándolo del quietismo [2];
y a la tumba fué a bajar
de un empacho [3] de agrarismo.[4]
Mas no se le sepultó
al recibir el zarpazo.[5]
Ved lo que le sucedió;
¡ tanta tierra repartió
que no se dejó un pedazo !

(De *Caminos*, noviembre de 1938)

Fiestas populares

En las fiestas populares, o simplemente « fiestas, » que se celebran una vez al año en varios pueblos de México, toda la comunidad 5 toma parte, y todas las artes populares están representadas. Por lo general, la fiesta dramatiza alguna leyenda tradicional o algún hecho histórico o semi-histórico, como las batallas entre moros y

[1] **probo** upright, honest
[2] **quietismo** (*here*) inertia
[3] **empacho** indigestion
[4] **agrarismo** distribution of land to the landless

[5] **zarpazo** strike with a claw; **al recibir el zarpazo** upon being grabbed by death

cristianos. El carnaval de Huejotzingo (pueblo entre México y
Puebla), por ejemplo, dramatiza la leyenda colonial del bandido
Antonio Lorenzo, y tiene lugar cada año en los días que preceden al
Miércoles de Ceniza.

5   Dice la leyenda que un famoso general español que vino a vivir a
México se casó con una muchacha india y tuvieron dos hijos, un
niño y una niña. Habiéndose separado debido a una ley contra los
casamientos entre españoles e indias, el niño se fue a vivir con el
padre y la niña con la madre. El general descuida la educación del
10 hijo y éste se hace bandido. Un día, en el pueblo, ve a su hermana
(a quien no conoce) en el balcón de un convento. Se enamora de
ella, le da una carta y la muchacha se huye con Antonio Lorenzo en
su caballo. El gobierno manda al general (padre del bandido) a per-
seguirlo. Con sus soldados logra darle alcance [1] antes de que se case
15 con la hermana. El general, viendo un retrato de su esposa que
lleva la muchacha, descubre que es su hija; al mismo tiempo,
descubre que el bandido Antonio Lorenzo es su hijo. La fiesta
termina con cohetes, sonar de campanas y gran regocijo general.

Para discutir

A. *Cuestionario*

1. ¿Qué origen tienen las fiestas mexicanas? 2. ¿Hay algunas
de origen indio? 3. ¿Cuál es uno de los espectáculos de mayor
importancia? 4. ¿Qué es una china poblana? 5. ¿Qué es un
charro? 6. ¿Qué otros deportes son populares en México?
7. ¿Cómo se celebra el Sábado de Gloria? 8. ¿Por qué se da
tanta importancia al día de los muertos? 9. ¿Cuál es la fiesta
religiosa más popular de México? 10. ¿Qué fiestas se celebran
durante la Navidad? 11. ¿Qué es una piñata? 12. ¿Cómo son
las fiestas populares? 13. ¿Cómo es el carnaval de Huejotzingo?

B. *Temas para conversar o para la composición*

1. Los toros en México. 2. Algunas fiestas religiosas. 3. Las
posadas. 4. Las piñatas. 5. Los charros y las chinas. 6. La
leyenda de Antonio Lorenzo. 7. Las calaveras.

---

[1] **logra darle alcance** is able to overtake him

16

LAS ARTES POPULARES

☞ Entre el pueblo mexicano se encuentran grandes plateros, joyeros, alfareros,[1] tejedores, pintores, músicos y poetas. Las artes populares son variadísimas y tienen una riquísima tradición que se extiende hasta la época anterior a la conquista. El genio artístico del mexicano se manifiesta de diversos modos, pero sobre todo en 5 las artes plásticas.

Los tejidos

El tejido es una de las artes populares más antiguas. Todavía se teje a mano en casi todos los rincones del país; los más finos tejidos proceden de los estados de Guanajuato, Jalisco, Puebla, Oaxaca y Michoacán. Entre las varias prendas que se tejen hay que citar en 10 primer lugar los pintorescos sarapes, de bellos y originales diseños; los más hermosos son los de Saltillo (Coahuila), Toluca, Aguascalientes y San Luis Potosí, aunque se tejen en todas las regiones.

Además de los sarapes, se tejen morrales,[2] fajas o ceñidores, huipiles y rebozos. El rebozo es la prenda indispensable de la 15

[1] **alfarero** potter   [2] **morral** knapsack; hunter's bag; nose bag

117

mujer del pueblo; le sirve de cuna para llevar al niño, de bolsa para llevar las compras y de abrigo contra las inclemencias del tiempo. Los colores de los rebozos siempre son oscuros: azul marino, verde oscuro o negro. Las puntas terminan en flecos [1] con pequeñas
5 bolitas, por lo cual se les llama rebozos de bolita. Aunque se fabrican en todas partes, los más famosos son los de Tenancingo, Estado de México, los de León y los de Guanajuato.

Uno de los artículos más útiles en las casas pobres es el humilde petate, o sea la estera de tule [2] (especie de palma). El petate es la
10 cama, la silla, la mesa y hasta el ataúd del pobre; de petate son los juguetes de los niños pobres, de petate son muchas puertas de las casas pobres y de petate son los puestos en los mercados o *tianguis*.[3]

La alfarería [4]

México es famoso por su alfarería. Uno de los centros alfareros más importantes es Puebla. Allí en el siglo XVI los misioneros
15 enseñaron a los indios a imitar la alfarería de Talavera (España), y de esa época data la talavera de Puebla. La variedad de sus formas es inmensa: azulejos, vajillas,[5] jarros, jarrones,[6] vasos, floreros. En importancia, a Puebla se le sigue Tonalá, Estado de Jalisco, donde se fabrica la famosa loza de Guadalajara, que se usa
20 en todo el país. De Tonalá son los famosos « botellones » o jarros para el agua, decorados con motivos esencialmente mexicanos. También famosos como centros de rica alfarería son los estados de Oaxaca, Michoacán, Guanajuato, Guerrero y México. Las lacas, arte prehispano, al cual algunos escritores le atribuyen origen chino,
25 se fabrican en Olinalá, Estado de Guerrero, y en Uruapan, Estado de Michoacán.

Plateros y joyeros

Antes de la conquista se hacían hermosos objetos de oro, plata y cobre. Bernal Díaz nos dice que los plateros aztecas eran superiores a los españoles. Las joyas prehispanas descubiertas en Monte

---

[1] **fleco** fringe
[2] **estera de tule** straw mat; **tule** (*Mex.*) a kind of reed
[3] **tianguis** (*Aztec*) market place
[4] **alfarería** pottery
[5] **vajilla** set of dishes; tableware
[6] **jarrón** large vase, pot or jar

Albán parece que confirman los juicios de los antiguos cronistas. El arte de los plateros y orfebres continuó floreciendo durante el virreinato. La Avenida Madero por mucho tiempo se llamó « Calle de Plateros.» Hoy día los plateros mexicanos, sobre todo en Taxco, siguen fabricando artículos de gran valor artístico. Además 5 del oro, la plata y el cobre, se trabaja el acero, la hojalata,[1] el ónix, el cuero, la madera, el popote,[2] la pluma, la chaquira [3] y el vidrio.

La pintura

Una manifestación artística popular característica de México es el retablo, o sea la pequeña pintura que se cuelga en la iglesia para recordar algún milagro ocurrido como resultado de la plegaria [4] a 10 algún santo. Las escenas que se representan en los retablos son variadísimas. Allí se ven mineros que caen al tiro [5] sin hacerse daño alguno, enfermos a la puerta de la muerte que recobran la salud, ovejas perdidas que se recuperan por casualidad. La imaginación de estos artistas populares no tiene límites. 15

Posada

José Guadalupe Posada (1852–1913) ha sido llamado el más grande artista popular del Continente americano, y se le compara con Goya y Daumier. Su arte, el grabado (existen más de 15,000 dibujos), lo utilizó para ilustrar los corridos,[6] las canciones y toda la literatura popular que publicaba el editor Vanegas Arroyo. 20

Posada nace en Aguascalientes, de padres humildes. Casi sin instrucción alguna, comenzó a trabajar en la ciudad de México por el año de 1880. Durante su vida su obra fué ignorada por los profesores y artistas de la Academia de San Carlos. Mas Posada, hombre del pueblo, pintaba para el pueblo y no para los críticos y 25 la aristocracia. Murió en la miseria y fué enterrado por algún amigo. Su fama se debe hoy a los elogios que le han dedicado artistas tan renombrados como Diego Rivera y José Clemente Orozco. Los temas que explota Posada son la muerte, los grandes crímenes, las grandes catástrofes, la crítica política, las abnormali- 30

[1] **hojalata** tin plate
[2] **popote** (*Mex.*) straw
[3] **chaquira** bead, Indian bead

[4] **plegaria** prayer, supplication
[5] **tiro** mine shaft
[6] **corrido** popular ballad

dades de la gente del pueblo. Posada es la encarnación de todos los
artistas anónimos del pueblo mexicano.

La música

La música popular mexicana es riquísima en temas y formas de
expresión. La influencia indígena es, en la música, mayor que en
5 las otras artes. Bien pudiera decirse que la música mexicana es la
música indígena modificada por la música española. Esta influencia
española ha sido, por supuesto, de más importancia en ciertas
regiones, y por lo tanto contamos con diferencias regionales. La
Huasteca (en Veracruz y Tamaulipas) cuenta con sus *huapangos*,
10 el Istmo de Tehuantepec con sus *zandungas* y Jalisco con sus
jarabes, músicas todas ellas bailables. El jarabe se ha convertido
en el baile nacional, y ahora se baila, por los charros y las chinas, en
casi toda la República para celebrar las fiestas y otras ceremonias.
La orquesta que toca el jarabe se llama *mariachis*, compuesta casi
15 en su totalidad de instrumentos de cuerda.

A la música ejecutada para bailarse se le da el nombre de *son.*
Los sones, cuya letra es por lo general picaresca, eran muy populares a principios del siglo XIX.

En la canción — de influencia española — predomina el tema
20 del amor; su tonada es melancólica y las ideas pesimistas. Famosas
entre las canciones mexicanas son las « Mañanitas », que se cantan
el día de San Juan:

> Amapolita morada [1]
> de los campos de Tepic
> si no estás enamorada
> enamórate de mí.

Y la melancólica « Marchita el alma »:

> Marchita el alma
> triste el pensamiento
> mustia [2] la faz y herido el corazón,
> atravesando la existencia mísera
> sin esperanza, sin esperanza
> de alcanzar su amor.

[1] **morado, –a** purple; **Amapolita**   [2] **mustio, –a** sad
morada little purple poppy

La poesía

La poesía popular mexicana es muy abundante. Aunque de
tendencias didácticas, hay manifestaciones de lo burlesco y de lo
extravagante. Los temas giran en torno a la religión, la política, el
ejemplo y la historia. En esta manifestación literaria popular el
pueblo revela su alma, lo íntimo del pensamiento y los sentimientos. 5
Los autores, por lo general, son anónimos; en la versificación, predomina el octosílabo.[1]

En la poesía religiosa la tendencia es la enseñanza del dogma teo-
lógico; las formas más populares son los alabados,[2] las mañanitas
y los despedimientos. El gran propagador del alabado fué Fray 10
Margil de Jesús. Los alabados que enseñó a los indígenas todavía
se oyen hoy en los campos. Las mañanitas son salutaciones de
los peregrinos al llegar a visitar a alguna virgen o a algún cristo
famoso, y los despedimientos el adiós al retirarse del santuario:

> Ya me despedí, Señor,
> de tu presencia amorosa
> aunque mi cuerpo se va
> mi alma se queda [3] gozosa.

La manifestación más mexicana de la poesía popular es el corrido, 15
cuyo origen es el romance español. La estructura es bastante rígida;
primero el corridista [4] pide permiso para cantar; en seguida da la
fecha y el lugar del hecho o acontecimiento; tras esto viene un
anticipo para reclamar la atención del auditorio, y por fin el relato
de la hazaña. El corrido termina con la despedida del personaje y 20
la despedida del corridista. Como tema se prefiere lo maravilloso,
lo que conmueve, las hazañas de los guerrilleros, las noticias sensa-
cionales y lo cómico. Muy conocido es el corrido de José Lizorio,
el hijo desobediente:

> Un domingo fué por cierto
> el caso que sucedió
> que el joven José Lizorio
> con la madre se enojó.

---

[1] **octosílabo** verse of eight syllables
[2] **alabado** hymn in praise of the Lord
[3] **se queda** remains; stays (*double meaning*)
[4] **corridista** minstrel, ballad singer

Señores, tengan presente,
y pongan mucho cuidado,
que este hijo llegó borracho
y a su madre le ha faltado.[1]

. . . . .

Señores, naturalmente,
la madre se enfureció,
alzó los ojos al cielo
y fuerte maldición le echó.

. . . . .

— Quiera Dios, hijo malvado,[2]
y también todos los Santos,
que te caigas de la mina
y te hagas dos mil pedazos.

. . . . .

El lunes por la mañana
a la mina se acercó
y le dijo a su ayudante:
— No quisiera bajar yo.

. . . . .

Al empezar la escalera
allí se desvaneció [3]
y el pobre José Lizorio
en el fondo se estrelló.

. . . . .

Adiós, todos mis amigos,
adiós, todos mis parientes,
para que pongan cuidado
los hijos desobedientes.

Ya con ésta me despido
después del triste velorio,[4]
aquí se acaban cantando
versos de José Lizorio.

---

[1] **faltar** to offend; treat disrespectfully   [3] **desvanecerse** to get dizzy
[2] **malvado, –a** wicked   [4] **velorio** wake (vigil over a body)

Manuel Gutiérrez Nájera

Enrique González Martínez

Amado Nervo

José Clemente Orozco. La trinchera.

Diego Rivera. Zapata,
del mural « Corrido de
la Revolución de 1910. »

Miguel Covarrubias, El hueso
(The Bone; « Government job »).

Rufino Tamayo, Personaje apresurado
(Hurrying Personage).

Carlos Chávez

Antonio Caso

Mariano Azuela

Martín Luis Guzmán

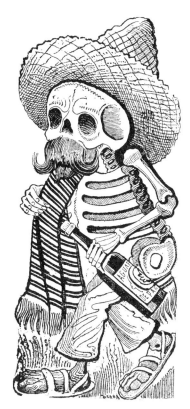

Caricatura de Posada

reprinted from *Mexican Graphic Art*, Georges Wittenborn, Inc. Pub.

Para discutir

A. *Cuestionario*

1. ¿Cómo son las artes populares en México? 2. ¿Cuál es una de las artes populares más antigua? 3. ¿Qué clase de prendas se tejen? 4. ¿Para qué sirve el rebozo? 5. ¿El petate? 6. ¿Cuáles son los centros alfareros más importantes? 7. ¿En qué pueblo hay más plateros? 8. ¿Qué es un « retablo »? 9. ¿Quién fue José Guadalupe Posada? 10. ¿Qué es el « jarabe »? 11. ¿Cómo son las canciones mexicanas? 12. ¿Cómo es la poesía popular mexicana? 13. ¿Qué es un « corrido »?

B. *Temas para conversar o para la composición*

1. Los tejidos populares. 2. La alfarería mexicana. 3. Los plateros. 4. Los retablos. 5. La obra de Posada. 6. Los bailes populares. 7. Las canciones populares. 8. La tragedia de José Lizorio.

17

LA NOVELA DE LA
REVOLUCIÓN

⊂⊒ La novela de la Revolución merece capítulo aparte. Con la poesía gauchesca [1] de la Argentina, se la considera como una de las manifestaciones literarias más originales de la América hispana. La primera novela de la Revolución, y a la vez la mejor, es la obra
5 maestra de Azuela, *Los de abajo.*

Azuela

Nace Mariano Azuela (1873–1952) en Lagos, Estado de Jalisco, y allí mismo hace sus primeros estudios. Continúa estudiando en Guadalajara, en la Facultad de Medicina. Recibe su título de médico en 1899 y se establece en Lagos. En 1911 ejerce el puesto
10 de jefe político y dos años más tarde se une a los revolucionarios del Norte. Terminada la Revolución se radica [2] en la Capital, dedicado a las letras y al ejercicio de su profesión. Por varios años vive sin ser reconocido, sin ser tomado en cuenta. Por fin, en 1925, los críticos comienzan a discutir su obra. Como resultado, la fama de
15 Azuela cunde [3] por la República y por los países de habla española.

[1] **gauchesco, –a** characteristic of the gauchos (Argentinian cowboys) [2] **radicarse** to settle [3] **cundir** to spread

Sus novelas comienzan a ser leídas y traducidas a todos los idiomas del mundo, sobre todo su obra *Los de abajo*, ya considerada como clásica. Escrita en 1915, a raíz de [1] la Revolución, es una pintura fiel de los acontecimientos experimentados por el autor; la acción, simple y sin complicaciones que distraigan del tema central, gira en 5 torno a la vida azarosa [2] del general Demetrio Macías: sus orígenes como peón de hacienda, su pleito con el patrón, la calumnia política, su fuga hacia las montañas, su reunión con otros fugitivos de la justicia del patrón, sus triunfos revolucionarios y su muerte. La novela está escrita desde el punto de vista de los de abajo, de los 10 desheredados. En ésta, y en casi todas sus obras, ellos son las verdaderas víctimas. Como no persiguen ningún fin bien definido, su lucha no tiene ningún significado; de la victoria no pueden hacer uso y la derrota les es fatal. El fatalístico fin de la novela no promete un cambio en beneficio del pueblo. Tanto por sus excelentes 15 diálogos y descripciones como por su valor como documento social, *Los de abajo* es todavía la novela más célebre de la literatura mexicana moderna.

Guzmán

Martín Luis Guzmán (nació en 1887), oriundo de Chihuahua, es el autor de *El Águila y la Serpiente* (1928), novela histórica de la 20 Revolución mexicana. Si Azuela se mueve entre el soldado raso, Guzmán ve la Revolución desde el punto de vista de los jefes: Carranza, Obregón, Villa, Lucio Blanco. Aunque las dos obras tratan de la misma revolución, y aun de las mismas campañas, difícil sería reconciliarlas si no lo supiéramos. *El Águila y la Ser-* 25 *piente* es una serie de episodios revolucionarios narrados en la mejor prosa de ese período; a veces nos da la impresión de ser una serie de reportazgos periodísticos [3] pintados por un testigo ocular de los hechos. Mas no es esto todo. Guzmán a la vez penetra con sagacidad en la psicología de los jefes revolucionarios y analiza sus personali- 30 dades y sus pasiones con maestría, a veces en unos cuantos renglones. Sus pinceladas [4] nos hacen recordar los frescos de Orozco y Rivera. Su pintura de Villa es una de las mejores que se han hecho

---

[1] **a raíz de** right after
[2] **azaroso, –a** ill-starred

[3] **reportazgo periodístico** newspaper article reporting a personal interview
[4] **pincelada** stroke with the brush

de este guerrillero. Más tarde Guzmán amplía el retrato en sus
Memorias de Pancho Villa (4 tomos. México, 1938–1940), en donde
vemos al guerrillero de cuerpo entero.[1]

  Tanto en *El Águila y la Serpiente* como en otra novela, *La sombra*
5 *del caudillo* (1929), Guzmán representa la revolución como una
lucha por un México mejor, por un gobierno libre, justo y honrado.
Por esto es que no condona los crímenes ni las injusticias de los
revolucionarios mismos, ya sea durante las campañas o después del
triunfo. *La sombra del caudillo* es una enérgica protesta contra el
10 asesinato de varios políticos y militares durante el gobierno del
general Obregón.

  Últimamente, Guzmán se ha dedicado más al periodismo que a
escribir novelas. Como Director de *Tiempo* ha desarrollado una
encomiable [2] labor de información y ha velado para que se respeten
15 las reformas revolucionarias.

Otros novelistas

  Gregorio López y Fuentes (Estado de Veracruz, 1897–1966)
comenzó escribiendo versos, pero pronto se dedicó a la novela.
Entre sus mejores obras de este género hay que mencionar
Campamento (1931), *Tierra* (1932) — basada en la vida del
20 guerrillero del Sur, Emiliano Zapata — y *Mi General* (1933). En
su obra maestra, *El Indio* (1935), se habla de la revolución sólo
incidentalmente, en cuanto toca a la vida de los indios en la comunidad en donde se desarrolla la obra. Esta novela pertenece más bien
al género de la novela indigenista [3] que al de la novela de la revolu-
25 ción. *El Indio*, que es la vida de un indio cualquiera, de un indio que
ni nombre tiene, ganó el Premio Nacional de Literatura en 1935 y ha
sido traducido a varios idiomas extranjeros. En sus últimas
novelas (*Acomodaticio*, por ejemplo) López y Fuentes pinta la vida
de los revolucionarios que, a pesar de haber ganado las batallas,
30 perdieron los frutos del triunfo. La Revolución, según esta tesis,
que también expone Azuela, fué para beneficiar a los leguleyos [4] que
supieron aprovecharse del triunfo sin haber jamás empuñado las
armas.

---

de **cuerpo entero** full-length (portrait)
[2] **encomiable** worthy of praise

[3] **indigenista** treating of the Indian
[4] **leguleyo** shyster; carpetbagger

López y Fuentes es esencialmente el novelista del hombre del campo. A él ha dedicado varias de sus novelas, lo mismo que sus interesantes y amenos *Cuentos campesinos* (1940).

Rafael F. Muñoz (nació en Chihuahua en 1899) completa el cuadro de los novelistas de la revolución. La mayor parte de su 5 obra la ha dedicado a presentar, de una manera novelada, la vida y hazañas de Francisco Villa y otros guerrilleros. Primero escribe una biografía, *Francisco Villa* (1923), y le sigue una colección de cuentos de la Revolución en el Norte que aparecen bajo el apropiado título *El feroz cabecilla* (1928). Su obra maestra es 10 *¡ Vámonos con Pancho Villa !* (1931), novela en la cual presenta material coleccionado durante sus andanzas [1] con el guerrillero, y por lo tanto auténtico. Es en esta novela en donde encontramos las mejores páginas de Muñoz, lo mismo que sus más bellas descripciones. 15

Entre otras novelas relativas a la Revolución mexicana hay que mencionar en primer lugar *El resplandor* (1937) de Mauricio Magdaleno, novela que, aunque más bien es una obra de problemas sociales, tiene un tema íntimamente relacionado a las causas, motivos y resultados de la Revolución. La acción tiene lugar en 20 una comunidad indígena, rural, del Estado de Hidalgo. El estilo de Magdaleno ha sido calificado de tropical y tormentoso.

Un ejemplo del escritor para quien la revolución fué un fracaso es José Rubén Romero (1890–1952), autor de *Mi caballo, mi perro y mi rifle* (1936) y de la popular *La vida inútil de Pito Pérez* 25 (1938), novelas en las cuales la ironía y el humorismo son los tonos dominantes.

Para cerrar este capítulo mencionaremos al gran revolucionario, literato y artista, Gerardo Murillo (Dr. Atl), autor de varios relatos sobre la revolución incluídos en sus *Cuentos de todos colores* 30 (1933). El Dr. Atl es un genuino representante de ese movimiento llamado la Revolución mexicana.

---

[1] **andanzas** ramblings, wanderings

EL ORO DEL BANCO MINERO

(Anécdota revolucionaria)

Sucedió, a la salida de las tropas huertistas [1] de Chihuahua, que no todos los hombres ricos y poderosos huyeron con aquellas fuerzas. Algunos se quedaron, seguros en su conciencia de no debernos nada, o seguros en su imaginación de que nosotros no los tomaríamos

5 como punto de vista de persecuciones. Porque es verdad que yo [2] ya había prometido al entrar a Chihuahua no castigar a nadie con injusticia, como había dicho también que todos se aprontaran,[3] ricos y pobres, a prestar su ayuda a la causa del pueblo. Y como entre los que se quedaron, creídos de su inmunidad, estuviera [4] don Luis

10 Terrazas, yo, sabedor de la importancia de aquel hombre, y de lo mucho que podía servirnos, mandé que lo trajeran preso a mi cuartel del Palacio Federal y allí le hablé de mis muchas necesidades.

Yo le dije:

— Señor, como usted es hombre rico, usted tiene que tener

15 dinero, y como todo el dinero que usted tiene es dinero que los pobres le dejaron a guardar para cuando hiciéramos la Revolución, ha llegado el momento de que me lo entregue, pues ya es muy grande la escasez de mis tropas.

Él me contestó:

20 — ¿ Rico yo, señor general ? A mí de rico no me queda más que la fama. Y créamelo, porque es cierto: ni casas, ni haciendas, ni ganado: todo lo ha perdido mi familia en esto que usted nombra la Revolución. Tocante a [5] dinero, ¿ para qué le voy a hablar ? Si mil pesos me piden ahora en rescate [6] de mi vida, por mil pesos me

25 ahorcan. Es todo lo que le digo.

Y yo comprendí, por el contenido de aquellas palabras, cómo aquel hombre no se vendría a convencer por la luz de la razón. Lo dejé, pues, a solas con sus pensamientos.

Luego llamé a Luisito [7] y le dije:

30 — Luisito, vaya usted a convencer a don Luis Terrazas de los

---

[1] **huertistas** followers of Victoriano Huerta
[2] **yo** = Pancho Villa
[3] **aprontarse** to get ready
[4] **estuviera** = estaba

[5] **tocante a** with regard to, concerning
[6] **rescate** ransom
[7] **Luisito** = Luis Aguirre Benavides, Villa's secretary

peligros que corre [1] si no se le quita la idea de no tener guardado el dinero del pueblo.

Y fué Luisito, pero no lo convenció. Entonces llamé a uno de mis oficiales, no me recuerdo a cuál, y le dije:

— Muchachito, va usted a ver a don Luis Terrazas y le cuenta 5 cómo sentencio yo a los hombres que despojan al pueblo de lo que le pertenece.

Y fué aquel oficial, pero tampoco lo convenció, sino que me dijo:

— Se aferra [2] don Luis Terrazas en no tener ni un centavo, y dice que no le importa nada lo que usted le pueda hacer. 10

Yo entonces llamé a Rodolfo Fierro y le expresé estas palabras:

— Amiguito, hable con aquel hombre, convénzalo de su error y no se me presente aquí si no me trae razones de dinero.

Y Rodolfo Fierro fué al cumplimiento de sus deberes y regresó luego y me dijo: 15

— Mi general, aquí le traigo la razón. Dice don Luis Terrazas que dinero no tiene él, pero que sabe dónde hay.

— ¿Y dónde dice que hay?

— En uno de los pilares del Banco Minero de Chihuahua. Dice que uno de esos pilares está lleno de oro, pero que él no sabe cuál es, 20 y que si queremos encontrarlo, que lo busquemos, y que si lo hallamos, que tendremos bastante.

Lo que sucedió fué que yo mandé a Raúl Madero y a Luisito a que hicieran el reconocimiento de todos aquellos pilares, que eran de fierro,[3] y ellos dos, más un mecánico nombrado Manuel Espinosa, 25 que yo les di de ayuda con una broca [4] eléctrica, se pusieron a taladrar [5] pilares hasta dar con el que buscaban. Entonces vinieron a decirme que ya habían encontrado el oro. Yo les mandé:

— Pues vacíen el pilar y tráiganme todo lo que tenga dentro.

Y ellos volvieron a ir, rajaron [6] el pilar y recogieron en quince o 30 veinte talegas [7] el chorro [8] de oro, todo de hidalgos,[9] que de allí salía. Y cuando ya se preparaban a traerme aquel dinero advir-

---

[1] **correr peligro** to be in danger
[2] **aferrarse** to insist on (an idea or opinion)
[3] **fierro = hierro** iron
[4] **broca** conical drill for boring in iron
[5] **taladrar** to bore, drill
[6] **rajar** to split, cleave, crack
[7] **talega** money bag, sack
[8] **chorro** stream, flow
[9] **hidalgo** *gold piece with Hidalgo's image on one side; they were first coined in 1905 and were worth ten pesos*

tieron cómo caían del pilar veinte o treinta monedas más, y como lo sacudieran entonces y todavía bajaran otras monedas, fueron por un mazo [1] y golpearon con él la parte alta del pilar, y entonces volvió a salir el chorro de oro, con lo cual llenaron otras quince o
5 veinte talegas.

Esa misma noche se acarreó [2] el oro a mi cuartel, y otro día siguiente mandé a Luisito que lo contara. Pero sucedió que él, contando toda la mañana, no conseguía acabar con el montón de monedas que tenía delante. Mirándolo yo, le pregunté:
10   — ¿ Cuánto lleva contado, Luisito ?

El me contestó:

— Seiscientos mil pesos, mi general.

Yo le digo:

— Bueno, Luisito, pues pare de contar, y ese montón que sobra
15 déjelo así, para que de allí cojan los amigos.

Así fué. Conforme [3] entraban a verme los comandantes de mis brigadas y algunos otros jefes y oficiales, yo les decía:

— Compañerito, tome de aquel montón de oro para que se ayude en su necesidad.

20   Lo cual hice yo no por menosprecio [4] de aquel dinero, que era mucho el que necesitaba, sino para lograr que todos los que vinieran al rumor del oro, satisfaciendo su codicia, quedaran sin razón para censurarme por la mía. Pues es lo cierto que aun cuando yo no iba a tomar de aquel dinero un solo centavo para mí, muy pocos habría
25 que lo creyeran. En la guerra de la revolución así tiene que ser. A cada hombre, si es útil, hay que conservarlo contento, según la condición de su ánimo: al generoso como generoso, al voraz [5] como voraz, todo dentro de los límites que impongan las circunstancias.

De aquel montón de oro que digo, muchos jefes y generales de mis
30 fuerzas tomaron a su gusto lo que les pareció ser su parte. Unos tomaban mucho, otros tomaban poco, y cada quien según su condición.

Martín Luis Guzmán: Memorias de Pancho Villa

---

[1] **mazo** sledge, hammer
[2] **acarrear** to haul, cart, transport
[3] **conforme** = a medida que

[4] **menosprecio** scorn, contempt
[5] **voraz** greedy

Manuel Sandoval Vallarta

Luis Echeverría

Jaime Torres Bodet,
poeta y diplomático.

Ciudad Universitaria. Biblioteca Central. Mosaico mural de Juan O'Gorman.

*Escuela Nacional de Maestros. Al frente, réplica
de la cabeza gigantesca, cultura olmeca, La Venta.*

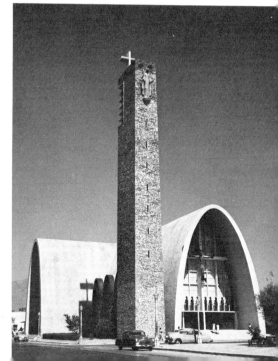

*Iglesia La Purísima,
Monterrey (1946).*

Taxco

FUI REVOLUCIONARIO

Fui revolucionario y no me arrepiento. Mi rebeldía es con-
génita [1] y por consiguiente [2] incurable. Me halaga en extremo [3]
esta frase de Franz Werfel [4]: "El que se declara satisfecho porque
su partido llega al poder, y se contenta con arrastrarse [5] bajamente
ante los principios abstractos de su partido o de su clase, es un 5
arribista [6] interesado, pero no un revolucionario."
    Cuando a raíz del triunfo de la Revolución señalé con absoluta
claridad y energía la aparición de una nueva clase de ricos, los
falderillos [7] que recogían las migajas [8] de la mesa me ladraron,[9]
señalándome como reaccionario. . . .   10
    Y es el momento oportuno para dejar bien sentado [10] un hecho:
si tuve que sufrir directamente el golpe [11] de la revolución, fue
como lo sufrimos la mayoría de los mexicanos. Resentimiento
personal no tuve ni he tenido con nadie. He podido escribir
cuanto he querido sin que ninguno de los gobiernos de la revo- 15
lución me hayan molestado jamás.

Mariano Azuela

Para discutir

A. *Cuestionario*

1. ¿Qué novela fue escrita en 1915? 2. ¿Quién es su autor?
3. ¿Qué era Azuela antes de dedicarse a escribir novelas?
4. ¿Quién es el héroe de *Los de abajo?* 5. ¿Qué fin tiene la
novela? 6. ¿Qué diferencia hay entre *Los de abajo* y *El águila y
la serpiente?* 7. ¿Qué tienen en común? 8. ¿Qué otras novelas
ha escrito Guzmán? 9. ¿Qué novela trata de la vida de Zapata?

[1] **Mi . . . congenita** My rebellious-
ness is inborn
[2] **por consiguiente** therefore
[3] **Me . . . extremo** I am extremely
pleased with
[4] Franz Werfel (*1890–1945*) *Austrian
novelist*

[5] **arrastrarse** to crawl
[6] **arribista** upstart
[7] **falderillo** lap dog
[8] **migaja** crumb
[9] **ladrar** to bark
[10] **dejar sentado** to make clear
[11] **golpe** blow

10. ¿Quién es el héroe de *El indio*? 11. ¿Quién ha escrito varias novelas sobre Pancho Villa? 12. ¿Qué novela ha escrito Mauricio Magdaleno? 13. ¿Cómo pinta la Revolución José Rubén Romero? 14. ¿Quién es el Dr. Atl?

B. *Temas para conversar o para la composición*

1. Las obras de Mariano Azuela. 2. Las obras de Martín Luis Guzmán. 3. Otros novelistas de la Revolución. 4. El indio en la novela mexicana. 5. El tratamiento que Villa da a sus oficiales.

18

EL RENACIMIENTO ARTISTICO

Como consecuencia de la revolución política el mundo de las
ideas y las artes sufre una renovación completa. La Revolución no
sólo significa el triunfo político sobre la dictadura, sino también el
triunfo sobre las ideas positivistas de los científicos. La libertad
obtenida en el campo de la filosofía, la literatura y las bellas artes es 5
tan real como la obtenida en el campo de la política y las instituciones sociales.

Las ideas filosóficas comienzan a renovarse antes de que estalle la
revolución política; hasta cierto punto, la nueva ideología de los
jóvenes revolucionarios se nutrió en las aulas [1] del Ateneo, donde se 10
reunían los intelectuales.

La Generación del Centenario

Por los años que tiene lugar la revolución política, un grupo de
intelectuales forma el « Ateneo de la Juventud», institución en la
cual figuran poetas, filósofos, críticos, novelistas y artistas. El
objeto primordial de este grupo de jóvenes es el de evaluar ideas y 15
conceptos, criticar los errores del materialismo y proponer un nuevo
programa humanista. La nota predominante es el desdén hacia la
autoridad, ya sea política, científica o filosófica. En este grupo
encontramos, entre los filósofos, a Antonio Caso y a José Vasconcelos; entre los poetas, a Rafael López; entre los prosistas, a Julio 20
Torri y a Carlos González Peña; entre los críticos, a Alfonso Reyes.

[1] **aula** classroom; lecture hall

Antonio Caso (1883–1946) es uno de los más destacados pensadores mexicanos. Lo que fue Justo Sierra hasta 1910 — maestro de la juventud mexicana — lo es Caso de allí en adelante. Su vida entera la dedica al estudio y a la enseñanza de la filosofía; combatió con todas sus energías el materialismo histórico y defendió la libertad de pensar. Sus ideas filosóficas las expresó en sus obras *Problemas filosóficos* (1915), *Filósofos y doctrinas* (1915) y *La filosofía de la cultura y el materialismo histórico* (1936).

José Vasconcelos (1881–1959) es uno de los más originales pensadores mexicanos. Al mismo tiempo, es hombre de acción; participó en la Revolución y ocupó el puesto de Secretario de Educación Pública, realizando gran labor. Sus libros *La raza cósmica* (1925), *Indología* (1927), *Ulises Criollo* (1935) y *La sonata mágica* (1933) versan sobre filosofía, crítica social, historia, autobiografía, ensayo y cuento.

Alfonso Reyes (1889–1959) es el gran humanista mexicano. Gran estilista, de amplísima cultura y de inmensa curiosidad intelectual, Reyes ha publicado obras de crítica literaria que honran a las letras mexicanas y de las cuales se enorgullecería la literatura de cualquier nación. Su producción es vastísima, y comprende ensayos, crítica, investigación erudita, cuento y poesía. Mencionemos sus *Cuestiones estéticas* (1911), *Visión de Anáhuac* (1917), *El plano oblicuo* (1920), *Huellas* (poesías, 1922), *El deslinde* (1944) y *Letras de la Nueva España* (1948). ¡ Con razón se considera a Alfonso Reyes como el príncipe de los escritores mexicanos !

La pintura

De todas las manifestaciones de la nueva cultura, la pintura es la que ha alcanzado mayor resonancia. Como resultado de la Revolución y de las nuevas ideas sociales que favorecen lo que es autóctono, mexicano, la tendencia en la pintura ha sido la conservación de todo lo que perdura de las artes tradicionales de los indígenas. En 1921 Adolfo Best Maugard (1891–1964), pintor mexicano, descubrió el método de dibujo a base de los siete elementos lineales del arte azteca y de las artes populares mexicanas. Ese mismo año el gobierno encomienda a Diego Rivera la tarea de decorar los muros de los varios edificios públicos.

Rivera

Diego Rivera (Guanajuato, 1886–1957) está considerado como el más destacado de los pintores mexicanos contemporáneos. Después de pasar por la Academia de San Carlos, se marcha a Europa (1907). En París estudia las escuelas de Picasso y otros pintores modernos. En 1920 pasa a Italia, en donde estudia la 5 técnica en la pintura mural. Al año siguiente vuelve a México y se dedica a estudiar a los pintores mexicanos del siglo XIX y con especialidad las tradiciones artísticas de los indígenas.

Rivera supo utilizar su arte para dar expresión a la realidad mexicana; en sus pinturas murales el indio no es, como hasta aquí 10 lo había sido, una simple figura decorativa; el indio es allí la figura central.

Los primeros frescos de Rivera son los del Anfiteatro de la Preparatoria y los del Ministerio de Educación. En estas obras, como en las del Palacio Nacional, las de la Escuela Agrícola de 15 Chapingo y las del Palacio de Gobierno de Cuernavaca (Casa de Cortés), Rivera hace uso de la historia de México para dar expresión a sus ideas sociales.

Después de haber decorado estos edificios en México Rivera pasa a los Estados Unidos, donde pinta los frescos del « Stock Exchange, » 20 « The School of Art » de San Francisco, « The Detroit Institute of Art » y « The Workers' School » de Nueva York. En 1931 el Museo de Arte Moderno de Nueva York presentó una exposición de sus obras. De vuelta a México, decora, entre 1933 y 1935, una ala del vestíbulo principal del Palacio de Bellas Artes. En las palabras 25 de Samuel Ramos, « Diego Rivera es uno de los acontecimientos más considerables en la historia espiritual de nuestro país. »

Orozco

José Clemente Orozco (1883–1949) nació en Zapotlán, Jalisco, e hizo sus primeros estudios en la ciudad de México. Estudió dibujo en la Academia de Bellas Artes y por algún tiempo trabajó como 30 dibujante. En 1913 pintó un gran cuadro al óleo en el ex museo de San Juan de Ulúa, y en 1915 presentó su primera exposición en

México. Después de viajar dos años por California, se le encarga la decoración, en 1922, de la Escuela Nacional Preparatoria y poco tiempo después la de la Escuela Industrial de Orizaba, una de sus mejores obras.

5   En 1927 vuelve a los Estados Unidos y de ese año a 1934 pinta los frescos de « Pomona College » (Claremont, California), « New School of Research » en Nueva York y la Biblioteca Baker en Dartmouth College. En 1932 viaja por Europa por vez primera, volviendo ese mismo año a los Estados Unidos. Dos años más tarde regresa a
10   México, donde pinta una de las alas del vestíbulo principal del Palacio de Bellas Artes, y el Hospicio Cabañas en Guadalajara.

Antonio Castro Leal ha dicho de Orozco: « Si hay otros pintores mexicanos que hayan logrado ilustrar con arte y pasión la ideología revolucionaria del México nuevo, es indiscutible que ninguno ha
15   llegado a expresar como Orozco el aspecto eterno, trágico, humano, de nuestras luchas civiles y sociales.» Orozco es, se podría agregar, uno de los más grandes pintores de América.

Otros pintores

Los pintores mexicanos contemporáneos de Orozco y Rivera forman legión. Miguel Covarrubias (1904–1957) se ha distinguido
20   en México y en los Estados Unidos como caricaturista y pintor de tipos y de costumbres; Leopoldo Méndez (nació en 1903) se destaca por sus grabados; Roberto Montenegro (nació en 1885) por su versatilidad. David Alfaro Siqueiros (nació en 1898) es el iconoclasta de la pintura mexicana: ataca la pintura mural y
25   expresa sus ideas sobre la "pintura monumental". En 1970 Siqueiros decoró el nuevo Hotel México en Insurgentes Sur. Toda su obra es vigorosa y audaz, ya que sabe dar expresión a temas sociales a través de formas que maneja con maestría. Rufino Tamayo (nació en Oaxaca en 1899) se distingue de los otros
30   muralistas mexicanos en que da preferencia a formas geométricas y colores vaporosos que añaden cierta sensualidad a las formas. Tiene murales en la Biblioteca Hillyer de Smith College (1943) y en el Palacio de Bellas Artes.

La música

La música mexicana moderna, como la pintura y la literatura, es el producto del medio ambiente que ha prevalecido desde la Revolución. La música mexicana moderna es revolucionaria en el sentido de que por vez primera ha dejado de copiar la música europea y ha tratado de dar expresión a lo típicamente mexicano, haciendo 5 uso de materiales autóctonos. Esto no indica, por supuesto, que se hayan abandonado los recursos de la música extranjera; mas no se ha tratado de copiar servilmente, sino de adaptar los elementos extranjeros a los ideales de la nueva música mexicana.

Chávez

Carlos Chávez (nació en 1899) es el representante por excelencia 10 de las nuevas tendencias en la música mexicana. Chávez ha escrito composiciones al estilo de la música moderna europea, como por ejemplo su « Concierto para piano y orquesta » (1942), su « Sinfonía y Música para la *Antígona* de Sófocles » (1933) y su « Ballet *H.P.* », presentado en Filadelfia por vez primera por Leopoldo Stokowski 15 en 1932; pero también ha escrito un poema para instrumentos indígenas anteriores a la conquista, el Xochipilli-Macuilxóchitl, y una *Sinfonía india* (1938).

La arquitectura

En el campo de la arquitectura surge una nueva tendencia: el estilo de los monumentos coloniales. En 1913 los jóvenes arqui- 20 tectos Jesús T. Acevedo y Federico Mariscal dieron una serie de conferencias sobre arquitectura, en las cuales expusieron sus ideas acerca de la adaptación del estilo colonial mexicano a la construcción de nuevos edificios. Sin embargo, pronto surge otra tendencia, la innovadora de tipo funcional, que es la que ha predominado en 25 la construcción de monumentos públicos, como bien podemos ver si nos fijamos en el estilo de los edificios de la nueva Ciudad Universitaria. La nueva arquitectura ha dado a la ciudad de México un aspecto cosmopolita.

La literatura

El poeta de transición entre los escritores de la Generación del
Centenario y los *Contemporáneos* es Ramón López Velarde (1888–
1921). Notamos en su obra poética el deseo de capturar, con palabras escogidas, lo que sea netamente mexicano. El mejor ejemplo
5 de su arte lo encontramos en su poema *La suave patria* (1921),
escrito para conmemorar el centenario de la consumación de la
Independencia de México. Lo concentrado de sus conceptos lo
podemos observar en los siguientes versos:

> Patria: tu superficie es el maíz,
> tus minas el palacio del Rey de Oros,[1]
> y tu cielo, las garzas en desliz[2]
> y el relámpago verde de los loros.

> El niño Dios te escrituró [3] un establo
> y los veneros [4] de petróleo el diablo.

> *Cuauhtémoc*
> Joven abuelo: escúchame loarte,[5]
> único héroe a la altura del arte.
> .   .   .   .   .
> tu cabeza desnuda se nos queda
> hemisféricamente, de moneda.[6]

Los Contemporáneos

Entre los escritores que formaron el grupo llamado *Contem-*
10 *poráneos* — nombre de la revista que publicaban — sobresalen
Jaime Torres Bodet (nació en 1902), Carlos Pellicer (nació en
1899), Xavier Villaurrutia (1903–1950), José Gorostiza (nació
en 1901) y Salvador Novo (nació en 1904). La poesía de Torres
Bodet se distingue por lo cuidado de la forma, por los hondos
15 sentimientos, y por el tono a veces melancólico, a veces nos-
tálgico, pero nunca sentimental. De él son estos versos:

[1] **Rey de Oros** *card corresponding to
the King of Diamonds*
[2] **en desliz** *gliding*
[3] **escriturar** to deed
[4] **venero** subterranean deposit

[5] **loar** to praise
[6] **de moneda** *reference is made here
to the coins bearing Cuauhtemoc's
head*

México está en mis canciones,
México dulce y cruel,
que acendra [1] los corazones
en finas gotas de miel.

Lo tuve siempre presente
cuando hacía esta canción;
¡ su cielo estaba en mi frente;
su tierra, en mi corazón !

.   .   .   .   .

Lo conoceréis un día,
amigos de otro país:
¡ tiene un color de alegría
y un acre [2] sabor de anís !

La poesía de Pellicer se caracteriza por el interés que el autor
muestra en la descripción del paisaje, en la cual predomina la
imagen visual, rica en matices [3] cromáticos.   Villaurrutia —
poeta, prosista, dramaturgo — es el representante del sobrerrealismo.   En su poesía predominan los temas universales: el 5
amor, la soledad, la muerte.   Gorostiza es recordado por un
poema extenso, de tema filosófico (*Muerte sin fin*, 1939), dividido
en diez secciones.   El tema es lo perecedero [4] de la existencia,
según se refleja [5] en las inestables estructuras que la forma da a la
materia.   Novo es más conocido como prosista.   Hoy tiene el 10
título de cronista oficial de la ciudad de México.

La ciencia y la filosofía

En el campo de las ciencias, México cuenta con destacados
investigadores, como el eminente físico Manuel Sandoval Vallarta,
quien ha formulado una teoría sobre la trayectoria de los rayos
cósmicos al acercarse a la Tierra, y el reconocido arqueólogo 15
Alfonso Caso (hermano de Antonio), quien ha descubierto las
importantes ruinas de Monte Albán.   Pero lo que es más importante, las investigaciones científicas han sido sistematizadas en
varias instituciones, como el Museo Nacional de México, el

---

[1] **acendrar** to refine; purify
[2] **acre** sharp, tart
[3] **matiz** (*pl.* **matices**) shade, hue

[4] **lo perecedero** things perishable
[5] **reflejar** to reflect

Observatorio de Tacubaya y los varios institutos (Geología, Biología, Bacteriología, Antropología). El Instituto de Biología fue fundado por Isaac Ochoterena (1885–1950), biólogo de gran talla. Con el establecimiento de la nueva Ciudad Universitaria,
5 los altos estudios alcanzaron en México un nivel no soñado.

En el campo de la filosofía México cuenta con investigadores de talento, como Samuel Ramos y Leopoldo Zea, quienes han hecho profundos estudios acerca del pensamiento mexicano. Como resultado de la guerra civil en España (1936–1939) se radicaron en
10 México un gran número de intelectuales españoles, quienes han aportado valiosos servicios a la cultura en México. Algunos de ellos han sido reunidos, con investigadores mexicanos, en el Colegio de México, una de las instituciones de mayor renombre en el campo de las investigaciones, sobre todo acerca de las humanidades. A
15 esto hay que añadir la creación, en 1943, del Colegio Nacional, integrado por veinte eminentes mexicanos, representantes de todos los aspectos culturales: literatura, filosofía, artes, ciencias, etc. La asistencia a las conferencias dictadas por los miembros del Colegio Nacional (entre ellos se encontraban Azuela, González Martínez y
20 José Clemente Orozco) es completamente voluntaria y gratuita; no hay matrícula ni exámenes, ni se expiden diplomas o títulos. En cuanto a la producción de libros, México se ha convertido, desde 1939, en uno de los principales centros editoriales de libros en español, compitiendo favorablemente con la Argentina, Chile y
25 España. Nunca se habían publicado tantos y tan buenos libros como se han publicado desde esa fecha.

Para discutir

A. Cuestionario

1. ¿Quién fue Antonio Caso? 2. ¿Quién fue Vasconcelos? 3. ¿Quién fue Alfonso Reyes? 4. ¿Qué manifestación artística ha alcanzado mayor resonancia? 5. ¿Qué inventó Best Maugard? 6. ¿Qué posición ocupa Diego Rivera entre los pintores mexicanos? 7. ¿En dónde se encuentran los frescos de Rivera?

8. ¿Los de Orozco? 9. ¿Qué otros pintores recuerda usted? 10. ¿Quién es el músico de mayor renombre en México? 11. ¿Qué clase de música ha escrito Chávez? 12. ¿Qué tendencias surgen en la arquitectura después de la Revolución? 13. ¿Ha terminado el renacimiento artístico en México?

B. *Temas para conversar o para la composición*

1. Los frescos de Rivera. 2. Los frescos de Orozco. 3. La música de Chávez. 4. La nueva arquitectura mexicana. 5. La influencia indígena en las artes. 6. La generación del Centenario. 7. Dos filósofos mexicanos. 8. Las obras de Alfonso Reyes.

19

EL MOMENTO PRESENTE
Y EL FUTURO

◖▤ La industrialización del país, iniciada bajo la presidencia de Alemán y continuada bajo la de Ruiz Cortínez, cobra gran ímpetu durante la época de Adolfo López Mateos (1958–1964) y llega a su más alto nivel bajo el gobierno de Gustavo Díaz Ordaz (1964–
5 1970). Sin embargo, el nuevo presidente, Luis Echeverría, que comenzó a gobernar el primero de diciembre de 1970, trata de elevar el nivel de vida [1] de los campesinos; cree que se debe dar tanta importancia a la agricultura como a la industria. Si lo logra, México podrá jactarse [2] de ser uno de los pocos países
10 hispanoamericanos en donde el gobierno se preocupa por el bienestar de todos los ciudadanos. Los problemas con que se enfrenta [3] la nación, sin embargo, son serios. El más serio es el rápido aumento de la población, que es de tres a tres y medio por ciento; después, el de la contaminación del ambiente, sobre todo
15 en las grandes ciudades. Problemas que, por lo demás, [4] no son privativos [5] de México; son problemas del mundo contemporáneo.

El progreso material y cultural

Durante los últimos veinte años el progreso material y cultural de México, a pesar de esos problemas de que hablamos, ha sido enorme. La producción nacional total, durante esos años, ha

[1] **nivel de vida** standard of life
[2] **jactarse** to boast
[3] **enfrentarse** to face

[4] **por lo demás** furthermore
[5] **privativo** exclusive

aumentado a razón de [1] 6.5 por ciento anual. Ese progreso material se nota en las mejoras ocurridas en las vías de comunicación.[2] El país tiene excelentes carreteras pavimentadas (22,380 millas), ferrocarriles (15,000 millas) y aereopuertos modernos.

El bienestar del pueblo también se nota en el interés en la 5 cultura. El imponente Museo Nacional de Antropología en Chapultepec, inaugurado en 1964, es una joya arquitectónica de reconocido mérito. Al mismo tiempo, allí se encuentra la más rica colección de arte prehispánico, famosa en el mundo entero. No menos interesantes son los museos de arte moderno (en Chapul- 10 tepec), de historia de la ciudad de México (en el centro), de historia natural y de la historia de la lucha por la independencia y la libertad (en Chapultepec).

La ciudad de México ha sido embellecida con anchas avenidas (Reforma norte, Insurgentes), numerosos viaductos,[3] el metro,[4] el 15 nuevo parque de Chapultepec y la plaza de las tres culturas en Tlatelolco. En el Palacio de Bellas Artes, centro cultural, el público puede admirar las pinturas de los más famosos artistas, oír conferencias, óperas o conciertos, y gozar con los bailes del famoso Ballet Folklórico. 20

Las artes

Los continuadores de los grandes muralistas son pocos. Juan O'Gorman (nació en 1905) logró darle una nueva expresión a la pintura mural por medio del mosaico. De él son los muros de la Biblioteca Central de la Ciudad Universitaria (1954). Uno de los colaboradores de O'Gorman en esa obra, el joven Gabriel Flores 25 (nació en 1930), tiene excelentes murales en la Casa de la Cultura de Guadalajara. Pero por lo general los jóvenes pintores rechazan [5] el muralismo social y dan preferencia a la pintura abstraccionista.

Cuevas

José Luis Cuevas (nació en 1934) es el más famoso pintor de las nuevas generaciones y el representante por excelencia del abstrac- 30

[1] **a razón de** at the rate of
[2] **vías de comunicación** transportation system
[3] **viaducto** expressway
[4] **metro** subway
[5] **rechazar** to reject

cionismo mexicano. Aunque rechaza el muralismo, admira a los grandes pintores y, especialmente, a Tamayo. De él dice: "Tamayo le dio forma al inconformismo [1] y supo valorar lo que sí había de mexicano en nuestro arte. Le dio valor universal.

5 Es, por otra parte,[2] uno de los grandes coloristas." De sus contemporáneos, Cuevas admira a Pedro Coronel (nació en 1922), pintor y escultor cuyas obras integran el abstraccionismo universal y lo mexicano a través del uso de motivos nacionales. Cuevas, en cambio, nunca usa motivos nacionales. Su pintura es expresio-

10 nista. En ella predomina lo grotesco, lo absurdo, lo irracional.

Las letras

Así como en las artes, en las letras también hay grandes cambios durante los últimos veinte años. Cambios que, por lo demás, se venían gestando desde 1934, año en que el filósofo Samuel Ramos (1897–1959) publicó la primera edición de su importante librito,

15 *Perfil del hombre y la cultura en México*, que tuvo gran influencia sobre los literatos. Las ideas allí expuestas se reflejan en el teatro de Rodolfo Usigli, en los ensayos de Octavio Paz, en los estudios de Leopoldo Zea (nació en 1912) sobre "lo mexicano," y en las novelas de Carlos Fuentes.

Paz

20 Uno de los poetas más originales del siglo veinte es Octavio Paz (nació en 1914). En su poesía expresa temas universales, pero usando imágenes mexicanas. Un excelente ejemplo de esta poesía típica de Octavio Paz es *Piedra de sol* (1957). Como el calendario azteca, esta poesía tiene una estructura circular: los últimos seis

25 versos son idénticos a los primeros, lo que permite comenzar de nuevo. En 1960 publicó *Libertad bajo palabra*, en donde encontramos lo mejor de su obra poética. Sus temas favoritos son el amor, la soledad y la angustia. Su conocimiento de la psicología del mexicano, lo mismo que de los problemas de México, lo

30 demuestra en *El laberinto de la soledad* (1950), colección de ensayos sobre esos temas. En una *Posdata* (1970) a ese libro Paz critica severamente al gobierno por la muerte de un grupo de estudiantes en Tlatelolco en 1968.

---

[1] **inconformismo** dissent   [2] **por otra parte** on the other hand

Usigli y el teatro contemporáneo

El renacimiento artístico de la post-revolución no ha dejado de manifestarse también en el teatro. Los dos autores que mayor impulso han dado a este renacimiento del drama son Francisco Monterde (nació en la ciudad de México en 1894) y Rodolfo Usigli (nació en 1905). Considérase a Usigli como el dramaturgo mexi- 5 cano más valioso de nuestro tiempo. Su fama se debe a dramas tan importantes como *Corona de sombra* (1943), cuyo tema es la trágica vida de Maximiliano y Carlota en México, y *El gesticulador* (escrito en 1937, presentado en 1947), que trata de un profesor de historia, César Rubio, que se apodera de la personalidad del 10 general revolucionario César Rubio, ya muerto. El hurto[1] le cuesta la vida. En los dramas de Usigli siempre encontramos asuntos mexicanos pero elevados a un plano universal.

Otros dramaturgos importantes son Celestino Gorostiza (1904–1967), autor de *El color de nuestra piel* (1952), en donde trata el 15 tema de la discriminación racial. Wilberto Cantón (nació en 1923) es el autor de *Nosotros somos dios* (1962). Emilio Carballido (nació en 1925) es el más activo dramaturgo, cuentista y novelista contemporáneo. En 1960 publicó varios de sus dramas en *Teatro*. Allí se encuentra *Medusa*, que es una original recreación del mito 20 de Perseo. Aunque Carlos Solórzano nació en Guatemala (en 1922), reside en México y se le considera como mexicano. Entre sus poderosos y bien estructurados dramas se encuentran *Las manos de Dios* (1956) y *Los falsos demonios* (1963).

La narrativa

La novela mexicana contemporánea refleja las tendencias de la 25 novela europea, norteamericana y latinoamericana en general; al mismo tiempo, es una novela que no pierde su sello mexicano. Los novelistas posrevolucionarios más importantes son José Revueltas (nació en 1914), Agustín Yáñez (nació en 1904), Juan Rulfo (nació en 1918), Juan José Arreola (nació en 1918) y Carlos 30 Fuentes (nació en 1928).

[1] **hurto** theft

Revueltas es el autor de la trágica y sombría novela *El luto
humano* (1943), en la cual se nota la influencia del norteamericano
William Faulkner. La mejor novela de Yáñez es *Al filo del agua*
(1947), en donde trata de las causas de la revolución, según las
5 observamos en un pueblo de Jalisco en 1909. La novela es importante también por el estilo y la estructura, que nos hace pensar
en una sinfonía.

Juan José Arreola es famoso por sus cuentos satíricos (*Con-
fabulario*, 1952) y por la novela, *La feria* (1963), también satírica.
10 En estas prosas, escritas en excelente estilo, Arreola se burla de
las instituciones sociales, de la ciencia, de los literatos y en verdad
de todo el mundo. Lo mismo hace Augusto Monterroso (nació en
Guatemala en 1921 pero reside en México desde 1944) en sus dos
libros, *Obras completas y otros cuentos* (1959) y *La oveja negra y
15 demás fábulas* (1969).

Juan Rulfo ha publicado solamente dos libros, uno de cuentos
(*El llano en llamas*, 1953) y una novela (*Pedro Páramo*, 1955),
ambos de ambiente rural y personajes campesinos o de pueblo,
pero escritos en estilo poético y presentando situaciones suma-
20 mente dramáticas. El tema que predomina es la muerte. En la
novela todos los personajes están muertos, y es un muerto quien
relata la historia del cacique Pedro Páramo en el pueblo de
Comala, pueblo que más parece un infierno.

Carlos Fuentes, en cambio, trata de la vida en la ciudad de
25 México en sus novelas, entre las cuales sobresalen *La región más
transparente* (1958) y *La muerte de Artemio Cruz* (1962). La
primera es la historia de la capital mexicana, y la segunda la de
un revolucionario que se hace rico. En ambas la Revolución está
vista como si hubiera sido un fracaso. Otras novelas de Fuentes
30 son *Aura* (1962), *Zona sagrada* (1967), *Cambio de piel* (1967) y
Cumpleaños (1969).

Entre otros novelistas y cuentistas hay que mencionar a
Rosario Castellanos (nació en 1925), quien trata el tema indigenista en *Balún Canán* (1957) y en *Oficio de tinieblas* (1962).
35 Sergio Galindo (nació en 1926) da preferencia a los problemas
psicológicos en *Polvos de arroz* (1958) y en *El bordo* (1960).
Vicente Leñero (nació en 1933) ha escrito novela y drama. *Los*

albañiles [1] (1964) trata de la muerte de un obrero [2] durante la construcción de un edificio en la ciudad de México y el intento de la policía por descubrir al criminal. Salvador Elizondo (nació en 1932), novelista y cuentista, da preferencia a las complicadas estructuras narrativas. Sus temas son a veces psicológicos, a veces fantásticos. Sus principales obras son: *Farabeuf* (novela, 1965), *Narda o el verano* (cuentos, 1966), *El hipogeo secreto* (novela, 1968) y *El retrato de Zoe y otras mentiras* (1969). Dos jóvenes novelistas son José Agustín (nació en 1944), cuya mejor novela es *De perfil* (1966), y Gustavo Sainz (nació en 1940), autor de *Gazapo* (1965). Ambas novelas tratan de la vida de los adolescentes en la ciudad de México. José Emilio Pacheco (nació en 1939), es poeta, cuentista, novelista, ensayista y crítico de la literatura. Sus principales libros son *El viento distante* (cuentos, 1963), *El reposo del fuego* (poesía, 1966), *Morirás lejos* (novela, 1968) y *No me preguntes cómo pasa el tiempo* (poesía, 1969).

La poesía

Entre los poetas, además de Paz y Pacheco, se encuentran Jaime Sabines (nació en 1925), autor de *Tarumba* (1956); Rubén Bonifaz Nuño (nació en 1923), cuyo mejor libro es *Los demonios y los días* (1956); Marco Antonio Montes de Oca (nació en 1932), autor de *Delante de la luz cantan los pájaros* (1959), y Homero Aridjis (nació en 1940), cuyo libro (*Mirándola dormir*, 1964) refleja un gran interés en los temas universales, como el amor, la soledad y la muerte.

El futuro

¿Cuál será el futuro de México? ¿Qué rumbos tomará su cultura? Dejemos que hable, sobre la materia, al filósofo Samuel Ramos: « México debe tener en el futuro una cultura *mexicana;* pero no la concebimos como una cultura original distinta de todas las demás. Entendemos por cultura mexicana la cultura universal hecha *nuestra,* que viva en nosotros, que sea capaz de expresar nuestra alma. Y es curioso que, para formar esta cultura « mexi-

---

[1] **albaniles** bricklayers   [2] **obrero** laborer

cana », el único camino que nos queda es seguir aprendiendo la
cultura europea ... Pero ... no queremos una cultura artificial que
viva como flor de invernadero [1]; no queremos el europeísmo falso
... es preciso relacionar a cada momento el estudio de los princi-
5 pios de la ciencia universal con la observación concreta de nuestra
realidad.... Hay que preparar a la juventud en escuelas y universi-
dades mediante una nueva educación orientada esencialmente hacia
la disciplina de la voluntad y la inteligencia. El saber concreto es
lo que menos debe interesarnos de la cultura. Lo que para México
10 es de una importancia decisiva, es aprender de la cultura lo que en
ella hay de disciplina intelectual y moral. Cuando se llegue a
obtener ese resultado, se comprobará que aun los individuos que
escalen las altas cimas de la vida espiritual, no caerán en el orgullo
de despreciar la tierra nativa. Al contrario, su cultura les per-
15 mitirá comprender y estimar mejor la realidad mexicana. »

Para discutir

A. *Cuestionario*

1. ¿Qué progreso se ha hecho en México durante los últimos
años ? 2. ¿Quién es José Luis Cuevas ? 3. ¿Quién es Octavio
Paz ? 4. ¿Quién es Rodolfo Usigli ? 5. ¿Quién se ocupa de la
novela ? 6. ¿Qué cambios han ocurrido en México desde 1940 ?
7. ¿Ha habido algún mejoramiento material ? 8. ¿Cuál será el
futuro de México ? 9. Según Samuel Ramos, ¿cómo debe ser la
cultura mexicana ?

B. *Temas para conversar o para la composición*

1. Las artes en el México de hoy. 2. La nueva novela. 3. Cambios materiales recientes. 4. El futuro de México. 5. La cultura
mexicana. 6. Mi concepto de México antes y después de leer este
libro.

---

[1] **invernadero** greenhouse, hothouse

20

DE MÉXICO AL NORTE

Aztlán

El lugar de origen de los aztecas era Aztlán, que se encontraba en el suroeste de lo que hoy son los Estados Unidos. Los mexicanos que viven en esas regiones se refieren a ellas con el mismo nombre. Los primeros exploradores de Aztlán fueron Álvar Núñez Cabeza de Vaca y sus compañeros, entre quienes se encontraba el moro 5 Estebanico. Otros exploradores de la región fueron el padre Marcos de Niza, quien recorrió Nuevo México en busca de Cíbola y las siete ciudades de oro; Francisco Vázquez de Coronado, que llegó hasta Kansas en busca de Quivira; Juan Rodríguez Cabrillo, quien descubrió California por mar; el minero Juan de Oñate, de 10 Zacatecas, fundador de pueblos y misiones; el padre Eusebio Francisco Kino, fundador en 1700 de la misión de San Xavier del Bac cerca de Tucson; y Juan Bautista de Anza, quien se atrevió a cruzar el desierto entre Arizona y California y llegó hasta San Francisco. 15

Esos exploradores, excepto Cabeza de Vaca, venían de México, y de México traían la cultura hispánica, pero modificada por la

César Chávez

Bob Fitch, Black Star

influencia de los aztecas y los otros pueblos conquistados. Los españoles, criollos, mestizos e indios que venían de México no sólo fundaban pueblos y construían caminos reales y misiones, sino que también traían la lengua española, la religión católica, las
5 leyes españolas, la agricultura, la ganadería,[1] las artes, la arquitectura, los oficios, las comidas y la indumentaria. A sus hijos se les dio el nombre de tejanos, californios, nuevomexicanos, etc. Cuando vino la independencia en 1810, pasaron a ser mexicanos, y después de 1836 y 1848, ciudadanos[2] de los Estados Unidos, si
10 bien[3] manteniendo sus tradiciones, su lengua, su religión y sus costumbres. El problema, como veremos, se complicó con la constante emigración de los mexicanos hacia el norte, en busca de las ciudades de oro, como lo habían hecho los exploradores del siglo dieciséis. Y, como los exploradores, estos nuevos inmigrantes
15 en vez de encontrar la tierra de promisión hallaron penalidades[4] y, a veces, miserias.

Guadalupe Hidalgo

Después de la Independencia, el territorio mexicano incluía lo que hoy es el suroeste de los Estados Unidos. Muy poco después

[1] **ganadería** cattle raising
[2] **ciudadano** citizen

[3] **si bien** although
[4] **penalidad** trouble, hardship

los angloamericanos empezaron a invadir esos territorios; en 1836, con la derrota de Santa Anna en El Álamo, Texas se independizó y luego de diez años pasó a formar parte de los Estados Unidos. Según el tratado de Guadalupe Hidalgo, firmado el 2 de febrero de 1848, México perdió los terrenos que hoy forman los estados de 5 California, Nuevo México, Nevada, Utah, casi todo Arizona y partes de Colorado; también se legalizó la anexión de Texas a los Estados Unidos. Los habitantes de esos territorios pasaron a ser, después de un año, ciudadanos de los Estados Unidos, ya que [1] no deseaban abandonar sus casas y emigrar al sur del río Bravo, la 10 nueva frontera. Según el tratado, los que tuvieran tierras las podían conservar; sin embargo, muchos de ellos las perdieron.

Nuevas inmigraciones

Las rutas de inmigración establecidas por los exploradores, a pesar del cambio, no fueron cerradas. Si bien el suroeste ya no pertenecía a México, los ciudadanos mexicanos continuaban 15 emigrando desde toda la República. La construcción de los ferrocarriles atrajo a gran número de trabajadores; después, los altos salarios pagados por los agricultores aumentó el número de los inmigrantes.

Entre 1900 y 1910 fueron admitidos cerca de 24,000 mexicanos; 20 entre 1910 y 1919, años de la Revolución y la Primera Guerra Mundial, ese número llegó a casi 174,000. El número subió todavía más durante la década de los veinte, cuando cruzan la frontera medio millón de mexicanos, atraídos por el desarrollo en la industria y la agricultura. Casi todos ellos se establecen en 25 Texas, Nuevo México, Arizona y California, o sea [2] los antiguos territorios mexicanos. Muy pocos son los que llegan hasta Colorado, Illinois, Indiana y otros estados.

Durante los años de la gran crisis económica en los Estados Unidos gran número de mexicanos, llamados "repatriados," 30 vuelven a México. De 1930 a 1949 el número de mexicanos que entra en los Estados Unidos es relativamente bajo, 82,227. Ese número, sin embargo, vuelve a aumentar durante la década de los

---

[1] **ya que** since   [2] **o sea** that is to say

cincuenta, como resultado del desarrollo económico del suroeste, cuando casi 300,000 braceros [1] vienen a los Estados Unidos en busca de trabajo, ya en la agricultura, ya en las fábricas. Para 1960, el número total de mexicanos en este país era de 1,736,000.

5 Para ese año, sin embargo, el número de los hijos de esos mexicanos, nacidos en los Estados Unidos, había sobrepasado [2] al de los inmigrantes, pues ascendía a 2,106,000, o sea el 55%. Según el censo de 1970, el número total de los mexicanos y sus descendientes que viven en los Estados Unidos pasa de los cinco millones, 10 de los cuales el 79% vive en los estados de California, Arizona, Nuevo México, Colorado y Texas.

Chicanos

La palabra "chicano" se ha puesto de moda [3] durante los últimos años. No se sabe con seguridad el origen de la palabra. Puede ser que se derive de *mexicano*, que, a su vez, se deriva de 15 *mexica* (se pronunciaba *meshica*). El término se usó primero en Texas y de allí se extendió a otros estados, y hoy al país entero. La palabra es apropiada para designar a los ciudadanos de los Estados Unidos de origen mexicano, ya que el término mexicano-americano implica que no se es ni mexicano ni americano. En 20 cambio, chicano omite la referencia a la dualidad de origen y, lo que es más importante, sirve para dar identidad a una minoría que ha mantenido su cultura hispanomexicana.

La Causa

El anhelo de los chicanos es el ser aceptados por la sociedad como son, esto es, sin tener que abandonar su cultura hispano-25 mexicana y sin sufrir la afrenta de la discriminación. La Causa es una lucha por obtener plenos derechos para los chicanos; esto quiere decir que esperan ser tratados con justicia, recibir una educación que los prepare para participar en la sociedad como ciudadanos libres y, en general, ser tratados con la dignidad que 30 merece todo ser humano. Esa es La Causa de La Raza. [4]

---

[1] **bracero** day laborer
[2] **sobrepasar** to exceed

[3] **ponerse de moda** to become fashionable
[4] **La Raza** The People (*Spanish speaking*)

La lucha por el bienestar

Con el propósito de llevar a cabo esos fines, los chicanos se han organizado en asociaciones políticas. Las primeras que existieron, sin embargo, fueron establecidas con el propósito de ayudarse mutuamente. Una de las más importantes fue la que en 1927, en Texas, fundaron Antonio Perales y otros bajo el nombre "League 5 of United Latin American Citizens" (LULACS). No menos importante es el "G.I. Forum" fundado en 1948 por veteranos de la Segunda Guerra Mundial. Hoy esa organización tiene sucursales [1] en 23 estados y más de 20,000 socios. Los beneficios que ha logrado obtener para los chicanos han sido considerables. 10

Entre las asociaciones más recientes son importantes el "Mexican-American Political Association" (MAPA), organizado en 1958 en California con el propósito de elegir chicanos a puestos públicos. Bert Corona ha participado activamente en esa asociación. En Denver, Colorado, Rodolfo (Corky) González ha 15 trabajado con ahinco [2] para organizar a los chicanos, y en Nuevo México Reies López Tijerina, fundador de la "Alianza," lucha por las tierras de sus antepasados. En Los Ángeles, una asociación más militante, bajo la dirección de David Sánchez y otros, lleva el nombre de "Brown Berets," compuesta en su totalidad de 20 jóvenes chicanos. Una de las últimas organizaciones que se han establecido (en 1968) es el "Southwest Council of La Raza," significativa porque ha recibido un importante subsidio de la Ford Foundation.

César Chávez

El 8 de septiembre de 1965 los trabajadores chicanos se de- 25 clararon en huelga [3] en Delano, California. Esta fecha es significativa porque marca la culminación de una serie de huelgas de los campesinos con el objeto de mejorar las condiciones de trabajo, las viviendas y los salarios. Los campesinos desde temprano [4] se dieron cuenta de que el único modo de obtener mejores condiciones 30 de trabajo es luchando y protestando. La organización de todos

---

[1] **sucursal** branch office
[2] **a hinco** eagerness
[3] **huelga** strike
[4] **desde temprano** early

los campesinos, que nunca habían pertenecido a un gremio,[1] fue
idea de Chávez.

    César Chávez nació en Yuma, Arizona, en 1927. Sus padres
eran campesinos ambulantes [2] y de niño tuvo que cambiar de
5 escuela numerables veces. Interesado desde joven en la vida de
los campesinos y en su bienestar, trabajó por la asociación "Community Service Organization," y luego por el sindicato [3] "United
Farm Workers Organizing Committee." El órgano de propaganda [4] de esta asociación se llama *El Malcriado*.[5] En 1962, en
10 Delano, California, Chávez organizó el grupo "National Farm
Workers Association." En 1965 los campesinos por él organizados
se declararon en huelga contra los cultivadores de uvas,[6] y después
contra los productores de lechugas.[7] Chávez no recurre a la violencia para obtener sus fines. "Aun cuando se nos ataca de una
15 manera brutal — dice —, no recurrimos a la violencia. Tratamos
de recordar siempre las palabras del gran libertador mexicano
Benito Juárez, quien dijo: 'El respeto al derecho ajeno es la paz.'
Tenemos completa confianza en la justicia.... Recurrir a la
violencia para resolver nuestros problemas sería admitir que no
20 tenemos confianza en la justicia inherente de *la causa*."

Problemas urbanos

    Si bien César Chávez ha dramatizado y dado a conocer en todo
el país los problemas de los campesinos, no hay que olvidar que
los problemas urbanos son los más serios, ya que el 80% de los
cinco millones de chicanos vive en los llamados *barrios* de las
25 ciudades y los pueblos. Las ciudades en donde hay más mexicanos
son Los Ángeles y San Antonio.

    Los principales problemas de los chicanos tienen que ver con la
educación, la economía, las viviendas inferiores, la salud, la
segregación y la discriminación. El problema educativo es el más
30 serio. Pocos son los que terminan la escuela superior; en California
menos del 50% y en Texas menos del 12%. Esto se debe a que

---

[1] **gremio** trade union
[2] **ambulante** migrant
[3] **sindicato** labor union
[4] **órgano de propaganda** publicity
newspaper

[5] *El Malcriado* The Ill-bred
[6] **uva** grape
[7] **lechuga** lettuce

los programas educativos son inadecuados para los chicanos. Por
muchos años se les prohibió hablar español en la escuela. Desde
1968, sin embargo, el gobierno federal ha reconocido la necesidad
de fomentar la enseñanza bilingüe y en algunas regiones ya se ha
hecho. Además del problema de la lengua se le presenta al chicano 5
el problema de la cultura. En muy pocas escuelas se enseña la
cultura mexicana.

El problema económico es también serio. Así como los campesinos, los trabajadores urbanos son mal pagados y casi siempre
tienen los puestos más bajos en las fábricas o en los negocios. Hay 10
muy pocos profesionales, especialmente médicos, abogados y
gerentes.[1] Sin embargo, con la mayor participación de los chicanos
en la vida política del país, estos problemas económicos tienden
a ser corregidos. En algunas ciudades y pueblos, los votos de los
chicanos han elegido a sus propios representantes. Si más chicanos 15
no participan en las actividades civiles del país, no es, como
sugieren algunos, porque sean apáticos,[2] sino porque no se les ha
permitido disfrutar [3] de sus derechos y garantías con plenitud.
Cuando se le permita, el estado de vida de esta minoría, la segunda
en los Estados Unidos, mejorará. 20

Artes y letras

¿Existe un arte chicano? Esteban Villa, un joven pintor
(nació en Tulare, California, en 1930), ha dicho: "Pinto y dibujo
como chicano. No hace mucho un grupo de estudiantes universitarios me preguntó: '¿Existe el arte chicano?' Yo contesto:
Todas mis observaciones de la vida son, sin lugar a dudas, hechas 25
y sentidas como chicano." (*El Grito*, Spring, 1969). Eso lo
podemos observar también en otros pintores y escritores. Entre
los primeros, además de Villa, encontramos a Maliaquias Montoya,
Manuel Hernández Trujillo, René Yáñez, Salvador Roberto
Torres y Javier Alva. 30

Los escritores chicanos son numerosos; hay poetas, novelistas,
ensayistas y cuentistas. Casi todos ellos escriben en inglés; uno
que otro en español; y hasta hay quien escriba usando las dos

[1] **gerente** manager
[2] **apático** indifferent, indolent
[3] **disfrutar** to enjoy

lenguas en la misma composición. He aquí un ejemplo de una
poesía ("La jefita") [1] de José Montoya (nació en Escaboza, Nuevo
México, en 1932), uno de los poetas que mejor cultivan este
género:

> When I remember the campos
>   Y las noches and the sounds
> of those nights en carpas [2] o
> Vagones,[3] I remember my jefita's
>   Palote [4]
>   Click-clok; clik-clak-clok
>   Y su tosecita.[5]

5   Entre otros poetas mencionaremos a Jorge Álvarez, Miguel Ponce,
Sergio Elizondo, Ricardo Sánchez, Ernie Padilla, Tomás Rivera,
Alberto Villarreal y Alurista.   El líder en Denver, Rodolfo
(Corky) González, ha escrito un importante poema épico, "I am
Joaquín" (1967). Alurista también escribe poesía bilingüe. En
10 la que se llama "Must be the season of the witch," ingeniosamente
entreteje las imágenes de la tradición mexicana con las de la nueva
tecnología angloamericana usando las dos lenguas:

> Must be the season of the witch
>   la bruja [6]
>   la llorona [7]
> she lost her children
>   and she cries
> en las barrancas [8] of industry
>   her children
> devoured by computers
>   and the gears
> Must be the season of the witch

Los cuentistas chicanos son numerosos. Mencionaremos aquí
a Miguel Méndez M. (nació en Bisbee, Arizona, en 1930), autor
15 de un excelente cuento, "Tata Casehua," en el cual capta [9] muy
bien la soledad del desierto de Arizona y la angustia que provoca
en los hombres que lo habitan. Otros cuentistas son: Jesús María

---

[1] **jefita** mother (*lit.* little boss)
[2] **carpa** tent
[3] **vagón**(*pl.* **vagones**) railroad car
[4] **palote** rolling pin
[5] **tos** cough

[6] **bruja** witch
[7] **llorona** woman who cries (*a legendary person*)
[8] **barranca** ravine
[9] **captar** to grasp

Maldonado, Amado Jesús Muro, J. L. Navarro, Rudy Espinosa y
Philip D. Ortego. Ejemplos de los cuentos de éstos y otros autores
pueden leerse en las revistas *Con Safos*,[1] de Los Ángeles, y *El Grito*,
la última fundada en 1967 y dirigida por Nick C. Vaca, Andrés
Ybarra, Octavio I. Romano-V. y Philip J. Jiménez. En 1969   5
Romano publicó una antología de escritores chicanos, *El Espejo:
The Mirror*, considerada como la primera en el género. El libro
fue publicado por la editorial Quinto Sol de Berkeley, California,
y las selecciones fueron hechas por Romano. La revista *Con Safos*
(fundada en 1968) da importancia a la vida en el barrio. En esas 10
revistas y en la antología encontramos cuentos, poemas, ensayos y
dramas escritos en inglés, en español o en las dos lenguas.

El tono de las composiciones de los chicanos a veces es violento,
a veces angustiado,[2] a veces lírico. Predomina en las selecciones
el deseo de explorar el punto de vista chicano y de dar expresión 15
a los anhelos, las aspiraciones y los sueños de los autores, ver-
daderos representantes de la minoría a la que pertenecen.   Y
también, como el título de la antología de Romano indica, es una
literatura en la cual el chicano se puede contemplar a sí mismo.

La novela también ha sido cultivada por algunos escritores. 20
Mencionaremos aquí a José Antonio Villarreal, autor de *Pocho*
(1969), novela escrita en inglés que se desarrolla en el Valle de
Santa Clara, California, y trata de los problemas que se le
presentan al protagonista, Richard Rubio, al tratar de adaptarse
a la cultura angloamericana. Raymond Barrio es el autor de la 25
novela *The Plum Plum Pickers* (1969) que trata del modo en que
los campesinos ambulantes son tratados en California. Richard
Vázquez en su primera novela, *Chicano* (1970), trata de las
relaciones entre una muchacha de ascendencia mexicana y un
muchacho angloamericano.   30

Los autores de obras para el teatro son pocos. La existencia de
un Teatro Campesino en Del Rey, California, sin embargo, indica
que existe un interés en esta forma del arte. Entre los dramaturgos
más importantes mencionaremos a Luis Valdez, cuyas obras se
representan con regularidad en el Teatro Campesino, del cual es 35
director.

---

[1] *Con Safos With [Some] Exceptions*   [2] **angustiado** distressed, grieved

Como en el arte mural de Rivera, Orozco y Siqueiros; como en
las novelas de la Revolución de Azuela, Guzmán y Muñoz; como
en los dramas de Usigli y Gorostiza, en el arte y las letras de los
chicanos se refleja el deseo de protestar contra el tratamiento que
5 han recibido los de abajo; los que son tratados con injusticia,
y los que tienen que sufrir por razones históricas o sociales ajenas
a su comportamiento.[1] La función del arte, para los chicanos, no
es exclusivamente estética; el arte es también una poderosa arma
con la cual se puede luchar para establecer un mundo mejor, un
10 mundo en el que prevalezca la igualdad, la justicia, el bienestar
material y espiritual. A través de su arte los chicanos han sabido
luchar por esa causa.

Para discutir

A. *Cuestionario*

1. ¿Qué buscaban los exploradores del suroeste? 2. ¿Cómo
era la cultura de los exploradores? 3. ¿Qué hecho histórico tuvo
lugar en Guadalupe Hidalgo? 4. ¿Por qué continuaron emigrando los mexicanos? 5. ¿Durante qué años llegan a los Estados
Unidos más mexicanos? 6. ¿Dónde se establecen? 7. ¿Cuántos
habitantes de los Estados Unidos son de origen mexicano?
8. ¿Qué quiere decir "La Causa"? 9. ¿Cómo luchan los chicanos
por el bienestar? 10. ¿Qué pasó en 1965? 11. ¿Cuáles son los
principales problemas urbanos? 12. ¿Qué clase de literatura
escriben los chicanos? 13. ¿Cuál es el tono de esa literatura?
14. Para los chicanos, ¿cuál es la principal función del arte?

B. *Temas para conversar o para la composición*

1. Los exploradores del suroeste de los Estados Unidos. 2. Los
tratados de Guadalupe Hidalgo. 3. Las nuevas inmigraciones.
4. La Causa. 5. Los sindicatos chicanos. 6. César Chávez.
7. La educación de los chicanos. 9. Los problemas económicos
de los chicanos. 10. Otros problemas. 11. El arte de los chicanos.
12. La poesía de los chicanos. 13. Las novelas de los chicanos.
14. Algunos cuentistas chicanos. 15. El teatro chicano.

[1] **comportamiento** behavior

BIBLIOGRAFÍA SELECTA

Ofrecemos esta bibliografía con el fin de indicar al lector algunos libros útiles para ahondar en el estudio de los temas que se esbozan en esta obra.

I. *Bibliografías*

García Icazbalceta, Joaquín. *Bibliografía mexicana del siglo XVI*. México, 1886. 2ª ed., 1954.

Iguíniz, Juan B. *Bibliografía de novelistas mexicanos*. México, 1926.

Lamb, Ruth. *Bibliografía del teatro mexicano del siglo XX*. México: Studium, 1962.

Leal, Luis. *Bibliografía del cuento mexicano*. México: Studium, 1958.

Monterde, Francisco. *Bibliografía del teatro en México*. México: Imprenta de la Sec. de Relaciones Exteriores, 1933. 2ª ed., 1956.

Ramos, Roberto. *Bibliografía de la historia de México*. México, 1956.

———. *Bibliografía de la Revolución mexicana*. México, 1959.

Torres Ríoseco, Arturo. *Bibliografía de la novela mexicana*. Cambridge, Mass.: Harvard University Press, 1933.

Torres Ríoseco, Arturo, y Warner, Ralph E. *Bibliografía de la poesía mexicana*. Cambridge, Mass.: Harvard University Press, 1934.

II. *Antologías*

Carballo, Emmanuel. *El cuento mexicano del siglo XX*. México: Empresas Editoriales, 1964.

Castillo, Carlos. *Antología de la literatura mexicana*. Con un « Apéndice bibliográfico » de Luis Leal. Chicago: University of Chicago Press, 1944.

Castro Leal, Antonio, y otros. *Las cien mejores poesías líricas mexicanas*. México, 1935. 5ª ed., 1961.

———. *La poesía mexicana moderna*. México, 1953.

———. *La novela de la Revolución mexicana*. 2 vols., 4ª ed., México: Aguilar, 1963.

Espina, Antonio. *Teatro mexicano contemporáneo*. Madrid: Aguilar, 1959.

Jiménez Rueda, Julio. *Antología de la prosa en México*. México, 1938. 3ª ed., 1946.

Leal, Luis. *Antología del cuento mexicano*. México: Studium, 1957.

———. *El cuento mexicano: de los orígenes al modernismo*. Buenos Aires: EUDEBA, 1966.

Magaña Esquivel, Antonio. *Teatro mexicano del siglo XX*. México: Fondo de Cultura Económica, 1956.

Martínez, José Luis. *El ensayo mexicano moderno*. 2 vols. México: Fondo de Cultura Económica, 1958. Traducción al inglés por H. W. Hilborn. Toronto: University of Toronto Press, 1965.

Monsiváis, Carlos. *La poesía mexicana del siglo XX*. México: Empresas Editoriales, 1966.

Monterde, Francisco, *et al*. *Teatro mexicano del siglo XX*. 3 vols. México: Fondo de Cultura Económica, 1956.

Paz, Octavio, *et al*. *Poesía en movimiento, 1915–1966*. México: Editorial Siglo XXI, 1966.

Pacheco, José Emilio. *La poesía mexicana del siglo XIX*. México: Empresas Editoriales, 1965.

———. *Antología del modernismo, 1884–1921*. 2 vols. México: UNAM, 1970.

Urbina, Luis G., Henríquez Ureña, Pedro y Rangel, Nicolás. *Antología del centenario*. 2 tomos. México, 1910.

III. *Historia literaria y cultural*

Alegría, Paula. *La educación en México antes y después de la conquista*. México, 1936.

Alessio Robles, Vito. *El ilustre maestro Andrés Manuel del Río*. México, 1937.

Azuela, Mariano. *Cien años de novela mexicana*. México, 1947.

Beristáin y Souza, José Mariano. *Biblioteca hispanoamericana septentrional*. 3ª ed., 5 tomos. México, 1947.

Brushwood, John S. *Mexico in its Novel*. Austin: University of Texas Press, 1966.

Carballo, Emmanuel. *19 protagonistas de la literatura mexicana del siglo XX*. México: Empresas Editoriales, 1965.

Dauster, Frank. *Breve historia de la poesía mexicana*. México: Andrea, 1964.

González Peña, Carlos. *Historia de la literatura mexicana*. México: Porrúa, 1966 (9ª ed.). Traducción al inglés por Gusta B. Nance y Florence J. Dunstan. Dallas: Southern University Press, 1968. (3ª ed.)

Larralde, Elsa. *México: pueblo y costumbres.* Barcelona: Sayma, 1962.

Larroyo, Francisco. *Historia comparada de la educación en México.* 2 vols. México, 1947.

Leal, Luis. *Breve historia del cuento mexicano.* México: Studium, 1956.

――――. *Panorama de la literatura mexicana actual.* Washington: Unión Panamericana, 1968.

Martínez, José Luis. *Literatura mexicana siglo XX.* 2 vols. México: Editorial Robredo, 1949, 1950.

Ocampo de Gómez, Aurora M., y Ernesto Prado Velázquez. *Diccionario de escritores mexicanos.* México: UNAM, 1967.

Paz, Octavio. *El laberinto de la soledad.* México: Cuadernos Americanos, 1950. 2ª ed., Fondo de Cultura Económica, 1959. Traducción al inglés: *The Labyrinth of Solitude.* New York: Grove Press, 1961. (Trad. de Lysander Kemp).

Ramos, Samuel. *El perfil del hombre y la cultura en México.* 2ª ed., México, 1938.

――――. *Historia de la filosofía en México.* México, 1943.

Reyes, Alfonso. *Letras de la Nueva España.* México, 1948.

Vasconcelos, José. *Indología.* París, 1927.

Varios autores. *México y la cultura.* México, 1946.

Varios autores. *México, realización y esperanza.* México, 1952.

Warner, Ralph E. *Historia de la novela mexicana en el siglo XIX.* México, 1953.

IV. *Historia, Geografía y Sociología*

Cline, Howard F. *Mexico: Revolution to Evolution, 1940-1960.* New York: Oxford University Press, 1963.

Hanke, Lewis. *Mexico and the Caribbean.* Princeton: Van Nostrand, 1959.

Scott, Robert E. *Mexican Government in Transition.* Urbana: University of Illinois Press, 1959.

Silva Herzog, Jesús. *Breve historia de la Revolución mexicana.* México: Fondo de Cultura Económica, 1960.

Simpson, Lesley Byrd. *Many Mexicos.* Berkeley: University of California Press, 1967.

Vivó, Jorge A. *Geografía de México,* 2ª ed., México, 1949.

V. *Arqueología y culturas prehispánicas*

Bernal, Ignacio. *The Mexican National Museum of Anthropology*. Mexico City: Ediciones Lara, 1968.

Coe, Michael D. *The Maya*. New York: F. A. Prager, 1966.

Caso, Alfonso. *The Aztecs. People of the Sun*. Norman: University of Oklahoma Press, 1958.

Garibay K., Ángel María. *Panorama literario de los pueblos nahuas*. México: Editorial Porrúa, 1963.

León Portilla, Miguel. *La literatura precolombina de México*. México: Editorial Pormaca, 1964.

Nicholson, Irene. *Mexican and Central American Mythology*. London: The Hamlyn Publishing Group, 1967.

Pópol Vuh. Las antiguas historias del quiché. Traducción del texto original, con una introducción y notas de Adrián Recinos. México, 1947.

Sahagún, Fr. Bernardino de. *Historia general de las cosas de Nueva España*. 3 tomos. México, 1946.

Sodi, Demetrio. *La literatura de los mayas*. México: Joaquín Mortiz, 1964.

Vaillant, George. *Aztecs of Mexico*. New York: Doubleday, 1948.

Yáñez, Agustín. *Mitos indígenas*. México: UNAM, 1964.

VI. *Artes plásticas*

Cardoza y Aragón, Luis. *México: pintura activa*. México: Ediciones Era, 1961. (En español e inglés).

Fernández, Justino. *Arte mexicano*. 2ª ed., México: Editorial Porrúa, 1961. Traducción al inglés: *A Guide to Mexican Art*. Chicago: University of Chicago Press, 1969.

Plenn, Virginia y Jaime. *Guide to Modern Mexican Murals*. México: Ediciones Tolteca, 1963.

Sanford, Trent Elwood. *The Story of Architecture in Mexico*. New York: W. W. Norton, 1947.

Sodi Pallares, Ernesto. *Pinoteca virreinal de San Diego*. México: Populibros "La Prensa," 1969.

Tablada, José Juan. *Historia del arte en México*. México, 1936.

Toussaint, Manuel. *La pintura en México durante el siglo XVI*. México, 1936.

Tres siglos de arquitectura colonial. Publicación de la Secretaría de Educación. México, 1933.

Twenty Centuries of Mexican Art. Publicación del Museo de Arte Moderno. New York, 1939.

Velázquez Chávez, Agustín. *Índice de la pintura mexicana contemporánea.* México, 1935.

VII. *Música, folklore y artes populares*

Campos, Rubén M. *El folklore literario en México.* México, 1929.

Mayer-Serra, Otto. *Panorama de la música mexicana.* México: El Colegio de México, 1941.

Mendoza, Vicente T. *El romance español y el corrido mexicano.* México, 1939.

Murillo, Gerardo. (Dr. Atl). *Las artes populares en México.* 2 tomos. México, 1922.

Rangel, Nicolás. *Historia del toreo en México.* México, 1924.

Romero de Terreros, Manuel. *Las artes industriales en la Nueva España.* México, 1923.

Saldívar, Gabriel. *Historia de la música en México.* México, 1934.

Sunset Mexican Cook Book. Menlo Park, California: Lane Books, 1969.

Taylor, Barbara H. *Mexico: Her Daily and Festive Breads.* Edited by Ruth S. Lamb. Claremont, California: The Creative Press, 1969.

Vázquez Santana, Higinio. *Historia de la canción mexicana.* México, 1931.

————. *Fiestas y costumbres mexicanas.* México, 1940.

Zelayeta, Elena. *Elena's Secrets of Mexican Cooking.* New York: Doubleday and Company, 1958.

VIII. *Chicanos*

Chavarría, Jesús. "A Précis and a Tentative Bibliography on Chicano History," *Aztlán,* UCLA, I, 1 (Spring, 1970), 133–141.

Galarza, Ernesto, *et al. The Mexican American in the Southwest.* Santa Barbara, California: McNally and Loftin, 1969.

Gamio, Manuel. *El inmigrante mexicano; la historia de su vida.* Nota preliminar de Gilberto Loyo sobre la inmigración de mexicanos a los Estados Unidos de 1900 a 1967. México: UNAM, 1969.

González, Nancie L. *The Spanish-Americans of New Mexico.* Albuquerque: University of New Mexico Press, 1967.

Haslam, Gerald. "¡ Por la causa ! Mexican-American Literature," *College English*, XXXI (April, 1970), 695–709.

Horgan, Paul. *Great River: The Río Grande in North American History*. 2 vols. New York: Rinehart, 1954.

Jenkinson, Michael. *Tijerina: Land Grant Conflict in New Mexico*. Albuquerque: Paisano Press, 1968.

Johnson, John J., *et al*. *The Mexican American: A Selected and Annotated Bibliography*. A Publication of the Center for Latin American Studies, Stanford University, 1969.

Matthiessen, Peter. *Sal si puedes: César Chávez and the New American Revolution*. New York: Random House, 1969.

McWilliams, Carey. *North from Mexico*. Philadelphia and New York: J. B. Lippincott, 1949. Otra edición: New York: Greenwood Press, 1968.

Moquin, Wayne, and Charles Van Doren (eds.). *A Documentary History of the Mexican Americans*. Introduction by Feliciano Rivera. New York: Praeger Publishers, 1971.

Morín, Raúl. *Among the Valiant*. Alhambra, California: The Borden Publishing Co., 1966.

Paredes, Américo. *With His Pistol in His Hand. A Border Ballad and Its Hero*. Austin: University of Texas Press, 1958.

Peñalosa, Fernando. "Towards an Operational Definition of the Mexican American," *Aztlán*, UCLA, I, 1 (Spring, 1970), 1–11.

Robinson, Cecil. *With the Ears of Strangers*. Tucson: University of Arizona Press, 1963.

Romero-V., Octavio Ignacio. "The Anthropology and Sociology of the Mexican-American: The Distortion of Mexican-American History," *El Grito*, II, 1 (Fall, 1968), 13–26.

———. (ed.). *El Espejo: The Mirror*. Berkeley: Quinto Sol Publications, 1969.

Samora, Julián (ed.). *La Raza: Forgotten Americans*. Notre Dame, Indiana: University of Notre Dame Press, 1966.

Servín, Manuel (ed.). *The Mexican-American: An Awakening Minority*. Beverly Hills, California: Glencoe Press, 1970.

Steiner, Stanley. *La Raza: The Mexican Americans*. New York: Harper, 1970.

Tebbel, John, and Ramón E. Ruiz. *South by Southwest: The Mexican American and His Heritage*. New York: Doubleday, 1969.

VOCABULARIO

A

a to; from, for; at, in, into; on, by, with
abajo down, below; downstairs; **hacia abajo** down, downwards; **los de abajo** the downtrodden, the underdogs; **Los de abajo,** novel by Mariano Azuela
abatido, –a dejected, depressed
abeja bee
abierto, –a open
abogado lawyer
abolir to abolish; repeal
abominar to abhor, detest
abrigo protection; cover; wrap; overcoat
abrir to open
abuelo grandfather; ancestor
abultado, –a bulky
acabar to finish; **acabar de** to have just; **acabarse** to come to an end, be over
academia academy; **Academia de Bellas Artes** Academy of Fine Arts; **Academia de San Carlos** (founded 1781; officially 1785)
acaecer to happen, occur
acarrear to cart, transport, haul
acaso perhaps
acción *f.* action; act
acendrado, –a pure
acerca de about, concerning
acercarse to approach, get near
acero steel; sword; **al filo del acero** by the sword

acertado, –a successful; befitting; happily devised
acertar to hit upon; guess right
Acevedo, Jesús T. (1882–1918) architect
acierto right guess; **con acierto** rightly; properly; exactly
acolhuas *m.* one of the seven Aztec-speaking tribes, whose cultural center was Texcoco
Acolman town near Mexico City *see* **San Agustín de Acolman**
acometer to attack
acomodado, –a well-off, wealthy
Acomodaticio novel by López y Fuentes
acompañar to accompany
aconsejar to advise, counsel
acontecimiento event, happening
acordarse (de) to remember, recollect
acostarse to go to bed
acostumbrar to be used to, be accustomed to; be customary
acreditar to credit; bring fame or credit to
actual of the present (time), present
acudir to go, come; go to the rescue
acueducto aqueduct, water channel
acuerdo agreement; **de acuerdo con** in agreement (with); **estar de acuerdo** be in agreement; **ponerse de acuerdo** come to an agreement
Acuña, Manuel (1849–1873) romantic poet

166

acusar to accuse, denounce
adelantado governor (of a province);
p.p. of adelantar to make progress,
advance
adelante forward, ahead; de (allí) en
adelante from (that) time on
adelanto advancement, progress
Adelita, La name of song
ademán m. attitude; gesture
además besides; además de besides
adhesión f. adhesion; attachment
¡ adiós ! good-by !
adivinar to guess
administrador m. administrator,
manager
adónde where . . . (to) ?
adorar to worship
adoratorio temple of idols; cf. teocalli
adorno ornament, decoration
adquirir to acquire; gain
adusto, –a stern, austere
advenimiento advent, arrival, coming
adverso, –a adverse; calamitous
advertir to notice
aeropuerto airport
afable pleasant, courteous
afán m. eagerness
afectado, –a affected
afligido, –a afflicted, grieved
afecto, –a fond; afecto a fond of;
given to
aferrarse en to insist on (an idea or
opinion)
aficionado amateur; fan
afín related
afirmar to affirm, assert
afueras outskirts
agitar to agitate; stir, shake up
agosto August
agotar to exhaust, use up
agradable pleasant, agreeable
agrarismo distribution of land by the
government
agregar to add
agresivo, –a aggressive
agrícola agricultural
agricultor m. farmer
agua water
Aguascalientes name of state and its
capital
águila eagle; El águila y la serpiente
novel by Martín Luis Guzmán
Aguilar, Jerónimo de interpreter of
Cortés

Agustín I name assumed by Iturbide
agustino Augustinian
ahondar to go deep into; advance in
knowledge, investigate
ahora now
ahorcado, –a p.p. of ahorcar
ahorcar to hang, kill by hanging
ahuehuete m. Mexican cypress
Ahuizotl Aztec king (1486–1502)
famous for his cruelty
aire m. air
aislado, –a isolated
ajeno, –a another's
Ajusco volcano near Mexico City
al (a + el) to the; al (saberlo) on
(finding out about it)
ala wing; hat brim; dar alas to encourage
alabado hymn sung by farmers
alabanza praise
Alameda park in Mexico City
alcalde m. justice of the peace
alcanzar to reach; obtain; attain; acquire
aldea village
alegrarse to be glad, rejoice
alegre gay, cheerful
alegría joy, gaiety; merriment
alemán, –ana German
Alemán, Miguel president of Mexico
(1946–1952)
Alemania Germany
alentar to encourage
Alessio Robles, Vito historian
alfarería pottery
alfarero potter; adj. pottery-mak-
ing
alfiler m. pin; brooch
algo indef. pron. something; adv.
somewhat
algodón m. cotton
alguno, –a (algún) some; any; pl.
some
aliado ally
aliarse to form an alliance; unite
aliento encouragement
alimentar to feed; ser alimentado
be fed
alimento food
aliviar to lighten
alma soul; human being
almorzar to lunch; eat lunch
almuerzo lunch
alrededor adv. around, about; alrededor de prep. around

Altamirano, Ignacio Manuel (1834–1893) writer
alternativamente alternatively
alteza highness
altiplanicie *f.* upland, high plateau; **Altiplanicie Mexicana** central highlands of Mexico
alto, –a high; **lo alto** the high (part)
altura height, altitude
aludir to allude, refer indirectly
alumbrar to light, give light
alumno student
Alva Ixtlilxóchitl, Fernando de (1568–1648) Indian historian, native of Texcoco, author of **Historia Chichimeca**
Alvarado, Pedro de (1486–1541) one of Cortes' captains
alzar to lift, raise; **alzar la frente** to look up; **alzarse** to rise
allá there, over there; **más allá** beyond; further on
allegarse to come near, approach
Allende, Ignacio (1779–1811) revolutionary patriot
allí there
amable kind, amiable
amado, –a loved; **la amada** beloved
amante loving; *m.* lover; **amantes penas** lovesickness; **amante de** fond of
amar to love
amargura bitterness; grief
amasar to amass, accumulate (a fortune)
ambiente *m.* environment; atmosphere, air; background
ambos, –as both
ameno, –a pleasant, agreeable
América the American continent, the New World; **América del Norte** North America
amigo (amiga) friend
amistad *f.* friendship
amistoso, –a friendly
amor *m.* love; **Amor es más laberinto** play by Sor Juana Inés de la Cruz
amoroso, –a loving, tender, affectionate; treating of love
amparo protection
ampliar to enlarge, widen
amplio, –a wide
Ana Bolena (1842) play by Fernando Calderón

ancho, –a broad, wide
Andalucía Andalusia, region of southern Spain
andaluz, –za Andalusian
andanzas rambles, wanderings
andar to walk; go, move; be; *m.* gait, pace, walk
andas portable platform; litter
Anenecuilco town in the state of Morelos, birthplace of Zapata
ánfora amphora, jar, vase
Angelina (1895) novel by Rafael Delgado
anglosajón, –na Anglo-Saxon
angosto, –a narrow
ánimo spirit, mind; courage, valor
aniquilar to annihilate, wipe out, destroy completely
anoche last night
anochecer to grow dark; **al anochecer** at dusk
ansia longing, eagerness
ante before, in front of; **Ante un cadáver** poem by Manuel Acuña
anterior earlier, previous; former; the one before; **lo anterior** foregoing
antes before; **antes de** before; **antes de J.C.** B.C.; **antes de que** before
anticipo advance; advance notice
Antígona (1933) musical composition by Carlos Chávez
antiguamente in the old days
antigüedad *f.* ancient times, antiquity; *pl.* monuments and objects of art of ancient times
antiguo, –a ancient, old
antillano, –a West-Indian
Antillas, Las West Indies, Antilles
antipatía antipathy, dislike
antiquísimo, –a very old
antropólogo anthropologist
añadir to add
año year
apacible quiet, gentle
apagar to put out, extinguish
aparato apparatus; instrument (scientific)
aparecer to appear, show up
aparición *f.* appearance
apariencia appearance
apartado, –a distant, retired
apartarse to step aside
aparte separate; apart
apasionado, –a passionate, emotional
apelar to appeal

Apeles Greek painter, IV cent. B.C.
apenas hardly, scarcely
aplicar to apply
Apodaca, Juan Ruiz de 61st Viceroy of Mexico (1816–1821)
apoderarse de to take possession of, seize
aportar to contribute
aposento living quarters
apostura elegant bearing, graceful carriage
apoyar to support, back; **apoyarse** lean against, lean on
apoyo support; favor, protection
aprender to learn
aprovecharse de take advantage of
apuntamiento note
apunte *m.* note, memorandum
aquel that; **aquél** that one, the former
aquello that
aquellos, –as those
aquí here
arado plow
arco falso false arch
archivo archives; file; public records
arma arm; **arma de fuego** firearm
armadura armor
armonía harmony
armonioso, –a harmonious
arrancar to draw out
arrebatarse to have a fit (of passion)
arrepentido, –a repentant
arriba above; upstairs; **arriba de** above; over
Arrieta, Pedro de architect under whose direction Mexico City's cathedral was completed in 1667
arrodillarse to kneel down
arrojarse to hurl oneself upon or at
arroyo stream, rivulet, brook
arte art; **arte plumario** feather work (the making of pictures with feathers)
artesano craftsman; mechanic
artífice *m.* artisan, craftsman
arzobispo archbishop
asaltante *m.* person who attacks
ascender to climb, mount; **ascender a** amount to
asegurado, –a assured
asegurar to assure
asesinato murder
asesino assassin, murderer
así so, thus, in this manner, like that;

así como just as; **así ... como** in ... as well as
asiento seat
asimilar to assimilate, absorb, digest
asistencia attendance, presence
asistir to attend, be present
asomarse to look out, peek out
asombrar to astonish, amaze
asombro astonishment, amazement
aspecto aspect, look, appearance
astro celestial body
astuto, –a astute, shrewd, crafty
asumir to assume, take up
Asunción de la Virgen painting by Murillo
asunto topic; subject matter; business; affair
Atala novel by Chateaubriand (1768–1848) translated into Spanish by Dr. Mier
ataque *m.* attack
atar to tie; bind; **atarse** to tie (something) to oneself
ataúd *m.* coffin
atención *f.* attention; **tener atención** to pay attention
Ateneo de la Juventud (1907–1914) literary society
atentamente attentively
atento, –a attentive; polite, courteous
aterrizaje *m.* landing (of a plane); **campo de aterrizaje** landing field
Atl, Dr. pseudonym of Gerardo Murillo
atravesar to cross, walk across, go through
atreverse to dare
atribuir to attribute, ascribe, impute
Atzcapotzalco city near Mexico, capital of the ancient tepanecas, destroyed by the Aztecs in 1428; today suburb of Mexico City
audaz daring, bold
audiencia audience; hearing; court of justice; **dar audiencia** to give an audience
auditorio audience
aula schoolroom, classroom; lecture hall
aumentar to increase
aun (**aún**) even, still, yet
aunque although, even though
ausencia absence
auto play; **Autos profanos** (1943) collection of plays by Villaurrutia
autóctono, –a indigenous, native

autómata m. automaton
auxilio aid, assistance; means
avanzado, -a advance
avanzar to advance
ave f. bird; fowl
Avenida Juárez avenue in Mexico City; Avenida Madero avenue in Mexico City
avidez f. eagerness
Ávila Camacho, Manuel (b. 1897) president of Mexico (1940–1946)
avisar to inform, give notice
aviso warning; announcement, notice
Axayácatl Aztec king (1469–1482), son of Moctezuma I
¡ Ay ! Alas ! Oh !
ayuda help
ayudante m. helper, assistant
ayudar to help; ayudarse to help one's self
Ayutla town in the state of Guerrero; see Plan de Ayutla
azaroso, -a ill-starred
Azcapotzalco see Atzcapotzalco
azteca Aztec; m. Aztec language; see náhuatl
Aztecas, Los collection of poems by Pesado
aztequismo word derived from the Aztec language
Aztlán original home of the Aztecs
Azuela, Mariano (1873–1951) novelist, author of Los de abajo
azul m. blue; azul marino navy blue
azulejo glazed and colored tile

B

bachiller bachelor (holder of a degree)
bailable danceable, suitable for dancing
bailar to dance
bailarín m. dancer
baile m. dance; ball
Bain, Alexander (1818–1903) English philosopher
Baja California Lower California; Baja California Norte state, cap. Mexicali; Baja California, Distrito Sur territory, cap. La Paz
bajar to go down; come down; fué a bajar went down; bajarse to get down, come down
Bajío, El region in central Mexico
bajo, -a low; prep. under

bala bullet, shot
balcón m. balcony
balde: en balde in vain
balneario bathing resort
balompié m. soccer football
Ballet H.P. composition by Carlos Chávez
bandera flag
baño bath; baño a vapor steam bath
barba beard
barbado bearded
bárbaro barbarian
Barcelona Spain's largest city, on the Mediterranean
barco boat, ship
Barreda, Gabino (1818–1881) philosopher and educator
barrigón adj. big-bellied; m. big-bellied fellow
barrio district, neighborhood
barro clay; earthenware
barroco baroque
base f. base, basis; a base de on the basis of
basílica basilica, privileged church; Basílica de Guadalupe church in the outskirts of Mexico City; famous shrine
bastante rather, fairly; enough, sufficient
bastar to suffice, be enough; baste decir suffice it to say
batalla battle
batallar to fight, battle, struggle
bautismo baptism
bautizo baptism; El bautizo de Magiscatzin painting attributed to Rodrigo de Cifuentes
beber to drink
Belén Bethlehem
Bélgica Belgium
Belmonte, Juan (b. 1892) Spanish bullfighter
belleza beauty
bello, -a beautiful;.bellas artes fine arts
Benavente, Fray Toribio de or Motolinía (d. 1568) Franciscan missionary and historian
beneficiar to benefit; do good
beneficio benefit; en beneficio de in favor of
benemérito notable
benigno benign, mild, gentle
besar to kiss

Best Maugard, Adolfo (1891–1964) painter
Bibliografía mexicana del siglo XVI (1886) book by García Icazbalceta
biblioteca library
bien *adv.* well; *m.* good; well-being; **más bien** rather; **bienes** property; **bienes estancados** fee tail estate
bienestar *m.* well-being, welfare
bizarro, –a gallant, brave
blanco, –a white; blank; **en blanco** blank
Blanco, Lucio revolutionary general who participated in the revolt against Díaz (*d.* 1922)
blusa blouse
bobo, –a simple, foolish
boca mouth
bolita small ball; small knot
bolsa bag
bondad *f.* kindness, goodness
bonito, –a pretty
Borbones Bourbons, royal house of France and of Spain (1700–1931)
Borda, José de la 18th cent. wealthy miner from Taxco
borracho, –a drunk
bosque *m.* woods
botánico botanist
botella bottle
Botello astrologer who accompanied Cortés
botellón *m. Mex.* water pitcher with a very narrow neck
boticario apothecary, druggist
bóveda arched roof; **bóveda plana** flat roof
boxeo boxing
bravo, –a brave, ferocious, wild
Bravo, los brothers who fought with Morelos for the Independence of Mexico
bravura courage; fierceness
brazo arm
breve brief, short
brillar to shine
británico Briton
broca conical drill for boring in iron
bronco, –a untamed (horse, mare, colt, etc.)
brusco, –a blunt, rude
Bruselas Brussels
bruto, –a stupid
bueno, –a good; ¡ **Bueno** ! Good !
buque de guerra *m.* warship

burla hoax; trick
burlar to deceive; **burlarse de** to scoff at; make fun of
burlesco, –a comical, funny
busca: en busca de in search of
buscar to look for
Bustamante, Anastasio (1780–1853) president of Mexico

C

cabal complete, entire
caballero gentleman; **El caballero, la Muerte y el Diablo** (1931) play by José Joaquín Gamboa
Caballero, Juan 18th cent. architect who built the cathedral at Taxco
Caballito, El *or* **El caballito de Troya** equestrian statue of Charles IV by Tolsá
caballo horse; **de a caballo** on horseback; riding on horseback; **Mi caballo, mi perro y mi rifle** novel by Romero
cabaña cabin, hut
cabecilla *m.* chieftain; **El feroz cabecilla** collection of short stories by Muñoz
cabeza head
cabildo town hall
cabo: llevar a cabo to carry out; finish
Cabrera, Miguel (1695–1768) painter
cacao cocoa; cacao tree, chocolate tree
cacique *m.* chief, chieftain
cada each; **cada quien** each one, everyone
cadáver *m.* dead body, corpse
Cádiz city in southern Spain; *see* **Cortes de Cádiz**
caer to fall, fall down; **dejar caer** to drop
café *m.* coffee
caída fall
caja box, case; **caja de agua** water fountain; **caja fuerte** safe, strong box
Calandria, La (1891) novel by Delgado
calavera skull; *Mex.* comical poem published All Saints' Day (Nov. 2)
calcular to calculate, figure, estimate
Calderón, Fernando (1809–1845) dramatist and poet
calendario calendar; almanac
calidad *f.* quality
caliente hot

calificar to qualify, judge, rate, consider
calor *m.* heat
calumnia slander
calzada wide avenue
calzar to put on (shoes, sandals, etc.)
callado, –a quiet, silent
calle *f.* street; **calle principal** main street
callejero, –a ramblng; loitering
Calles, Plutarco Elías (1877–1945) president of Mexico (1924–1928)
cama bed
cambiar to change; exchange
cambio change
caminar to walk
camino road; course; **Caminos** name of periodical published in Mexico City
camisa shirt; **meterse en camisa de once varas** to meddle
campamento camp; encampment; **Campamento** novel by López y Fuentes
campana bell
campaña campaign
campechano, –a native of or belonging to the state of Campeche
Campeche south-gulf state, cap. Tabasco
campesino farmer; countryman, peasant
campestre rural
campo field, camp; country; **campo de labor** cultivated field; **campo de aterrizaje** landing field
Campo, Ángel de (1868–1908) short story writer; wrote under the pseudonym of *Micrós*
Campos, Rubén M. (*b.* 1876) folklorist
canción *f.* song; **La canción del pirata** famous poem by Espronceda
candorosa, –a candid, ingenuous
canoa canoe
cánones *m. pl.* canonical law
cantar to sing
cantidad *f.* quantity
canto singing; song; **canto gregoriano** Gregorian chant; **Cantos de Netzahualcóyotl** poem by Pesado
caña de azúcar sugar cane
cañón *m.* cannon, gun
capa layer
capaz capable, able, competent
capilla chapel; **Capilla del Pocito**

Chapel in the Village of Guadalupe, near Mexico City
Capital, La Mexico City
capítulo chapter
cara face; **a cara o a cruz** heads or tails; **hacer cara** to face, oppose
carácter *m.* character; **caracteres latinos** Latin alphabet
caracterizarse (por) to be characterized (by)
cárcel *f.* jail
Cárdenas, Dr. Juan professor of medicine at the University of Mexico, author of **Problemas y secretos maravillosos de las Indias** (1591)
Cárdenas, Lázaro (1891–1970) president of Mexico (1934–1940)
carga burden, load
cargado, –a loaded; **cargado de** loaded with
cargo charge; **tener cargo de** to be in charge of
caridad *f.* charity
cariñoso, –a affectionate, loving
Carlos II king of Spain (1665–1700); **Carlos IV** king of Spain (1788–1819); **Carlos V** (*or* I) king of Spain (1500–1558)
Carlota = **Marie Carlota Amelie** (1840–1927) daughter of Leopold I, King of Belgium, and wife of Maximilian
carne *f.* flesh
caro, –a dear
Carpio, Manuel (1791–1860) poet
carrancista *m.* follower of Carranza
Carranza, Venustiano (1850–1920) president of Mexico (1915–1920)
carrete *m.* spool; reel
carretera highway
carta letter; charter; map; **Cartas de Relación** letters written by Cortés to Charles V; **Cartas de un americano** book by Fray Servando Teresa de Mier
cartón *m.* cardboard; pasteboard; **Cartones** (1897) collection of short stories by Ángel de Campo
casa house; home
casado, –a married
casamiento marriage
casarse to get married
Casas, Fray Bartolomé de las (1474–1566) Bishop of Chiapas, defender of the Indians

cascada cascade, waterfall
casi almost
caso case; event
Caso, Alfonso (*b.* 1896) anthropologist
Caso, Antonio (1883–1946) philosopher
castellano, –a Castilian; *m.* Spanish language
castigar to punish
Castilla Castile, province of Spain
castillo castle
Castillo Velasco, José María del (19th cent.) newspaperman
castizo, –a pure, correct (language)
Castro Leal, Antonio (*b.* 1895) critic
casualidad *f.* chance, accident; **por casualidad** by chance
cátedra chair, professorship; classroom assigned to a professor
catedral *f.* cathedral
catedrático professor
catorce fourteen
caudal *m.* wealth
caudaloso, –a of great volume, carrying much water
caudillo leader, chief
causa cause
causar to cause
cautivar to captivate, charm
Cavo, Andrés (1739–*ca.* 1795) Jesuit historian, exiled in 1767
cebolla onion
ceder to cede; surrender
ceja eyebrow; **plegar las cejas** to frown, put the eyebrows together
Celaya city in the state of Guanajuato
celebrado, –a celebrated; praised, extolled, applauded
celo zeal, ardor
cena supper
ceniza (cenizas) ashes, cinders
censurar to censure, criticize, reprove
centavo cent
centella lightning, flash; spark
centellante flashing; sparkling
Centenario Centenary (1910) hundredth anniversary of Mexico's Independence
Centro, El Central Mexico
ceñidor *m.* sash
cera wax
cerámica ceramics, pottery
cerca de near, nearly
cercado, –a enclosed; fenced-in

cercano, –a near
cero zero; **Los Ceros** book by Riva Palacio
cerrar to close, shut, lock
cerro hill; **Cerro de las Campanas** hill outside Querétaro where Maximilian was executed in 1867
Cervantes, Miguel de (1547–1616) Spanish novelist, author of **Don Quijote**
Cervantes de Salazar, Francisco (*ca.* 1514–1575) humanist and scholar
cesar to stop; **sin cesar** without a stop
César Julius Caesar (100–44 B.C.) Roman general
ciego, –a blind
cielo sky; heaven
cien one hundred, a hundred
ciencia science; learning
Científicos, Los group of intellectuals predominant during Díaz' regime who gave emphasis to scientific ideas and philosophies
cierto, –a certain; true, sure; **cierta vez** a certain time; **es (lo) cierto** it is true; **lo cierto** what's true; **por cierto** certainly
Cifuentes, Rodrigo de (16th cent.) painter
cigarrillo cigarette
cigarro cigar; *Mex.* cigarette
cima summit, top
cinco five
cincuenta fifty
cintura waist
cirugía surgery
cisne *m.* swan
citar to quote, cite
Citlaltépetl Indian name of the Pico de Orizaba
ciudad *f.* city; **la ciudad de México** Mexico City; **Ciudad Chetumel** cap. of Quintana Roo; also called **Payo Obispo**
Ciudadela, La square near the pyramid of Teotihuacán
clarear to grow light, begin to dawn
claro, –a clear, clearly; illustrious; bright
clase *f.* class; kind, sort
clásico, –a classical; *m.* classicist
claustro cloister; faculty of a university
clavel *m.* carnation

clemencia mercy; **Clemencia** (1869) novel by Altamirano
Cleopatra (1891) opera by Melesio Morales
clérigo clergyman
clima *m.* climate
Clímaco, San Juan author of *La escala espiritual,* first book published in Mexico (1537)
Coahuila northern state, cap. Saltillo
Coatlicue Aztec goddess, mother of Huitzilopochtli
Coatzacoalcos *m.* name of river
cobrar to gain, acquire
cobre *m.* copper
códice *m.* codex; old manuscript
codicia greed
Cofre de Perote volcano in the state of Veracruz, near the city of Jalapa (14,050 ft.)
coger to take
cohete *m.* firecracker; *pl.* fireworks
coincidir to coincide
colaboración *f.* contribution (to a newspaper, periodical, etc.)
coleccionar to collect, make a collection
colegio school, academy; **Colegio de Nuestra Señora de la Caridad** school for mestizo girls founded by Zumárraga; **Colegio de San José de los Naturales** school for Indians founded by Fr. Pedro de Gante; **Colegio de Santa Cruz de Tlatelolco** first school of higher studies in the New World, founded by Zumárraga in 1536; **Colegio Nacional** institution of higher learning founded in 1943
colgado, –a suspended
colgar to hang, suspend
Colima southern state and capital city
colocar to place; **colocarse** take one's place
Colón, Cristóbal Christopher Columbus (1451–1506) discoverer of America (1492)
Colón, Diego (1476–1526) son of Columbus, Viceroy of the Indies
coloquio literary dialogue; **Coloquios espirituales y sacramentales** (1610) dialogues by Fernán González de Eslava
colorado, –a red

colorido color; coloring
comadre *f.* woman friend; partner
comandante *m.* commander
comarca region, district
combatir to combat; fight; **combatir con** fight against
comedia play; drama; **comedia de carácter** comedy of manners
Comendador, El character in the drama **Don Juan Tenorio** by Zorrilla
comenzar (a) to begin
comer to eat; **dar de comer** to feed
comercio body of merchants or businessmen
comisionar to commission
comitiva retinue, group of followers
como as, like, such as; **como si** as if; **cómo** how; **¿cómo?** how?
Comonfort, Ignacio (1812–1863) president of Mexico
compadre *m.* partner
compañero companion; friend, partner
compañía company; **en compañía de** in the company of, accompanied by
compartir to share
compatriota *m.* compatriot, countryman
completo, –a complete; **por completo** completely
compositor *m.* composer
compra purchase; buying
comprar to buy
comprender to understand, comprehend; comprise, embrace
comprobar to prove; verify
compuesto, –a composed, formed; made up of
cómputo computation, calculation
Comte, Augusto (1798–1857) French philosopher
común common; **por lo común** generally
comunicar to communicate; connect
comunidad *f.* community
con with; **con estar** in spite of being
concebido, –a conceived
concebir to conceive; imagine
concilio council
concluir to conclude, finish
concordar to agree; be in accord
concretarse a to be limited to
concurrencia audience

concurrir to attend; be present
concurso gathering; crowd
Concha, Andrés de la (16th cent.) painter
conde *m.* count
Conde de la Cortina *see* Gómez de la Cortina
Conde del Rul (18th cent.) rich miner of Guanajuato
condiscípulo schoolmate
condonar to forgive, remit
conducir to lead
conducto: por su conducto through his mediation
conferencia lecture
confianza confidence, trust
conforme *adj.* resigned, satisfied; in agreement; *conj.* as, in proportion as
conjuración *f.* conspiracy, plot
conmover to move, stir (with emotion)
conocedor *m.* connoisseur, expert; conocedor de familiar with, well acquainted with
conocer to know, be acquainted with; meet
conocido, -a known, well-known; *m.* acquaintance
conocimiento (conocimientos) knowledge, understanding
conquista conquest; La Conquista the conquest of Mexico
conquistador conqueror; El Conquistador Cortés
conquistar to conquer
consagración *f.* consecration
consciente conscious
consecuencia: a consecuencia de as a result of
conseguir to get, obtain; attain; conseguir acabar to be able to finish
consejero adviser, counselor
consejo council
conservador conservative
conservar to keep; preserve
consigo with himself; with them-(selves)
conspiración *f.* conspiracy, plot
constar to be evident, clear; constar de to consist of, be composed of
constituir to constitute, form
constituyente constituent
construir to construct, build
consuelo consolation, comfort
consumirse to be consumed; burn out

contar to count; tell, relate; contar con to count on, depend on, rely on; reckon with, take into account
Contemporáneos name of literary periodical (1928–1931)
contenido contents
contento, -a satisfied
contestar to answer, reply
contigo with you; Contigo pan y cebolla (1833) play by Gorostiza
continuo continuous; constant; de continuo constantly, steadily
contra against
contrario contrary; opposite; al contrario on the contrary
contratación *f.* trade; commerce
contribuir to contribute
controversia controversy, debate
convencer to convince; convencerse be convinced
convenir to be proper, be advisable
convento convent; monastery
convertir to convert, change, transform; convertirse be converted, turn into; convertirse en become
convocar to convoke, call together
coñac *m.* cognac, brandy
copiar to copy
copla couplet; hacer coplas to write verses
Cora, José Zacarías (1752–1819) sculptor from Puebla
corazón *m.* heart; quebradas las alas del corazón very discouraged
Cordero, Juan (1824–1884) painter
cordillera mountain range
Córdoba city in southern Spain
corear to repeat in chorus
Corneille, Pierre (1606–1684) French dramatist
corneta horn; bugle
corona crown; Corona de sombra (1943) drama by Usigli
Corralejo, Hacienda de large farm in the state of Guanajuato, where Hidalgo lived while a boy
Correa, Juan (*d.* 1739) painter
corrección *f.* correctness; con corrección correctly
corregidor *m.* magistrate; mayor (during colonial times)
correr to run; dismiss; throw out; go by (*as time*)
corrida bullfight; corrida de toros bullfight

corridista *m.* minstrel, ballad singer

corrido popular ballad

corriente *f.* current

cortar to cut

corte *f.* royal court; **Cortes** Spanish parliament; **Cortes de Cádiz** Parliament held in that city in 1812, in which the Colonies were represented for the first time

cortés courteous, polite

Cortés, Hernán (1485–1547) Spanish conqueror of Mexico; **Cortés orando ante San Hipólito,** painting attributed to Cifuentes

Cortés, Martín (1532–1589) son of Hernán

cortesano, –a courteous; courtlike

cortesía courtesy, politeness

Cortina, Conde de la *see* **Gómez de la Cortina**

corto, –a short

cosa thing; **cosa rara** a rare thing; **¿Qué otra cosa?** What else?; **Cosas de México** (1916) collection of poems by Rafael López; **Cosas vistas** (1894) short stories by Ángel de Campo

costa coast; shore, seashore, beach; **a costa de** at the expense of

costero, –a coastal

costumbre *f.* custom, habit; **novela de costumbres** novel depicting everyday life and customs

costumbrista *m.* writer who depicts everyday life and customs of the people

cotidianamente daily

Covarrubias, Miguel (*b.* 1904) painter

Coyoacán suburb of Mexico City

Cozumel island in front of the Peninsula of Yucatán

creación *f.* creation

creador *m.* creator

crear to create

crecer to grow

creer to believe; **créamelo** believe me

criado, –a *p.p. of* **criar** to bring up; *m.* servant

criollismo Creolism

criollo, –a Creole

cristiano, –a Christian

Cristo Christ

crítica criticism; censure

criticar to criticize; find fault with

crítico, –a critical

Cromberger, Juan (16th cent.) Sevillan printer

crónica chronicle; literary prose composition about daily occurrences

cronista *m.* chronicler

Cruz, Sor Juana Inés de la (1648–1695) greatest poetess of Colonial Mexico

Cruz de Guadalupe Cross of Guadalupe, decoration of the Order of the Virgen of Guadalupe, created by Iturbide in 1822

cruzado, –a crossed; *m.* crusader

cruzar to cross

cu *m.* ancient Mexican temple

cuadrado, –a square

cuadrilla group of four or more persons

cuadro picture; painting; frame; scene, tableau, division of play

cual which; **el, la, lo cual** which; **los cuales** which; **en los cuales** in which; *adv.* as, like; just as; **por lo cual** for which reason; **cuál** which one; **¡cuál!** how! **¡cuál no sería mi sorpresa!** imagine my surprise! **¿cuál?** which? which one? what?

cualidad *f.* quality; trait

cualquier (cualquiera) any

cuando when; **de cuando en cuando** now and then; **para cuando** for the time when; **¿cuándo?** when?

cuanto, –a as much as; **a cuantas preguntas** to all the questions; **en cuanto a** as for, with regard to; **unos cuantos** a few; **¿cuánto?** how much? *pl.* how many?

cuarenta forty

cuartel *m.* quarters, barracks

cuarto fourth

cuatro four

cuatrocientos four hundred

Cuauhtémoc (*ca.* 1495–1525) last king of the Aztecs

cubierto, –a covered

cubrir to cover; **cubrirse** cover oneself

cucaracha cockroach; **La Cucaracha** song made famous by the troops of Villa

cuello neck; collar

cuenta bill; **darse cuenta** to realize; **por su cuenta** on his own account;

tener en cuenta take into account; bear in mind; **tomar en cuenta** take into account

cuentista *m.* short story writer

cuento short story; **Cuentos campesinos** (1940) short stories by López y Fuentes; **Cuentos de todos colores** (1933) short stories by Dr. Atl

cuerda string; cord, rope

Cuernavaca cap. of Morelos

cuerno horn; **cuerno de la abundancia** horn of plenty

cuero leather

cuerpo body; sector (of pyramid, etc.); **de cuerpo entero** full-length (portrait)

cuestión *f.* matter; problem; **Cuestiones estéticas** (1911) book by Alfonso Reyes

cuestionario questionnaire, list of questions

cueva cave

cuidado care, attention; **poner cuidado** to pay attention

culpa blame; **tener la culpa** to be to blame

culpar to blame, declare guilty

culterano, -a affected, inflated in style

cultivo cultivation

culto, -a cultivated, educated; enlightened, civilized; *m.* cult, worship; **libertad de cultos** freedom of worship; **rendir culto a** to pay homage to, worship

cumbre *f.* summit; top

cumplir to fulfill; comply; carry out; **cumplírsele a uno su deseo** to have one's wish fulfilled

cuna cradle

cundir to spread

cúpula dome

cura *m.* priest, curate

curato curacy, parish

curioso, -a curious; neat, dainty; inquisitive

curso course of study; scholastic year; course, direction

cuyo, -a whose, of which

Ch

Chapala lake in the state of Jalisco

Chapultepec (Grasshopper's Hill) Hill, Castle and Park in Mexico City

chaqueta jacket

charrería charro lore

charro horseman dressed in the typical Mexican costume; **vestido charro** charro suit

Chávez, Carlos (*b.* 1899) musician and composer

Cheops king of Egypt, builder of the great pyramid (1178–1112 B.C.)

Chiapas south-Pacific state, cap. Tuxtla Gutiérrez

chicle *m.* chicle, chewing gum

Chicomostoc name of mythical city, original home of the Aztecs

chicuelo (*dim. of* chico) child, boy

Chichén Itzá ancient Maya city

chichimeca Chichimec

Chihuahua northern state and its cap.

Chilam Balam ancient book of the Maya-Quiché

chile *m.* chili, red pepper

Chilpancingo cap. of **Guerrero**; also called **Ciudad Bravos**

china poblana girl or women wearing the typical Mexican fiesta dress, originally from Puebla

Chinameca town in the state of Morelos, where Zapata was assassinated

chino, -a chinese

chiquillería group of children

chirimía flageolet

Cholula city in the state of Puebla, famous for its many churches

choque *m.* collision, bump; clash

chorro stream, flow

churrigueresco, -a churrigueresque (style of architecture)

Churubusco, Convento de a former monastery in town of same name, now a suburb of Mexico City; a battle between Mexican and American troops took place here August 20, 1847

D

dado *p.p. of* **dar**; **si te es dado** if you can

dama lady; lady of honor at court

Dante Alighieri (1265–1321) Italian poet

danza dance; dancing; **danza de los voladores** dance of the flying men, performed by the Indians of Veracruz

danzante *m.* dancer
daño harm, damage; **hacerse daño** to be harmed
dañoso, –a harmful
dar to give; **dar a** to face; **dar a conocer** to make known; **dar alcance** to catch up with; **dar con** to come upon, find; **dar de baja** to discharge from army, muster out; **dar de comer y beber** to provide food and drink; **dar en** to persist in; **dar muerte** to kill; **dar origen** to originate; **dar un paso** to take a step; **darse** to be produced
datar to date; **datar de** to date from
datos data
Daumier, Honorato (1809–1879) French painter
de of, from; with; by; about; than; in; **De blanco** poem by Gutiérrez Nájera
debajo under; **debajo de** under
deber to owe; ought, should; must; **deberse a** to be owed to, be due to; *m.* duty
debido a due to, owing to, on account of; **debido a que** due to the fact that
década *f.* decade, ten years
decadencia decadence, decline, falling off
decano dean; senior member of a group
decidir to decide, resolve; **decidirse** to decide
décima stanza of ten octosyllabic lines
décimo, –a tenth; **La Décima Musa** The Tenth Muse, name given to Sor Juana Inés de la Cruz
decir to say; **es decir** that is to say; *m.* saying
declarar to declare; **declararse** to declare oneself
decorar to decorate
decretar to decree
dedicarse a to devote oneself to, be engaged in
definido, –a *p.p. of* **definir** to define; **tan bien definidos como** as well defined as
deidad *f.* deity
dejar to leave, bequeath; let, permit; **dejar caer** to drop; **dejar de** to stop; **dejarse** to keep (for oneself); **dejarse sentir** to be felt

del (**de** + **el**) of the, *etc.*
delante in front; **delante de** in front of
delgado, –a slender
Delgado, Rafael (1853–1914) novelist
delicadeza fineness; exquisiteness; delicacy; softness
delicado, –a delicate; sensitive
delicia delight; **hacer la delicia de** to cause the delight of
delicioso, –a delightful
delirio delirium; frenzied rapture
demás other; **las demás** the rest of; the others, the other
demasiado too, too much, excessively
demonio demon; evil spirit
demostrar to demonstrate, show
denodado, –a dauntless, daring
denotar to denote, indicate
dentro inside, within; **dentro de** inside of, within; **de dentro** from the inside
deporte *m.* sport
deportivo: evento deportivo sports event
derecha right side; right hand; **a la derecha** to the right
derecho right; law; *adj.* right; straight
derramar to shed
derribar to overthrow; knock down, fell
derrocar to overthrow
derrota defeat
derrotar to defeat; destroy
desaliñado, –a disorderly; untidy
desalmado, –a soulless, cruel, inhuman
desaparecer to disappear
desarrollar to develop; **desarrollarse** to develop, unfold, evolve
desarrollo development
desarticulado, –a disarticulated; separated into its component parts
desbordar to overflow
descansar to rest
descendiente *m. & f.* descendant; *adj.* descending
descollar to excel; stand out, tower (above)
desconocer to disavow; disregard, ignore; deny
desconocido, –a unknown
desconsolado, –a disheartened, grieved
descontento displeased person

Descubridor, El The Discoverer, Columbus
descubrimiento discovery
descubrir to discover; **descubrirse** to uncover, take off one's hat
descuidar to neglect
desde from; since; **desde entonces** from then on; since then
desdén *m.* scorn, disdain
desdichado, –a unfortunate
desear to wish, desire
desembocar to flow (into)
desempeñar to fill (an office, a position, *etc.*)
desencadenar to unchain; let loose
desengañado, –a disappointed, disillusioned
desenrollarse to unwind (itself)
deseo wish, desire
deseoso, –a eager, desirous
desesperado, –a desperate, despairing
desfilar to pass by, parade, march
desgracia misfortune; **por desgracia** unfortunately; **desgraciadamente** unfortunately
desgraciado, –a unfortunate
desheredado person without an inheritance; have-not
desinterés *m.* unselfishness
Deslinde, El (1940) book on literary criticism by Alfonso Reyes
deslumbrar to dazzle
desmoronarse to crumble down, fall gradually to pieces
desnudo, –a bare, uncovered
desobedecer to disobey
despedazado, –a torn, torn into pieces
despedida farewell
despedimiento religious song sung by pilgrims at shrines
despedirse to take leave, say good-by
desplegar to display; lay out
despojar to strip (of), deprive (of)
desposado, –a newly married
despreciar to despise, scorn
desprenderse (de) to come out (of), issue (from)
desprestigiar to discredit, harm the reputation of
después then, later; after, afterward; **después de** after
destacado, –a outstanding
destacarse to stand out
desterrado, –a exiled, banished

desterrar to exile, banish
destierro exile
destinar to destine; assign
destituir to dismiss from office
destrozar to shatter; cut to pieces; destroy
destrucción destruction
destruir to destroy
detalle *m.* detail
detenerse to stop
devoción *f.* prayer, devoutness
devolver to return, give back, pay back
devorar to devour
devoto devout person
día *m.* day; daylight; **al día siguiente** the next day; **día de fiesta** feast day; **nuestros días** our own days; **ocho días** a week; **Día de los Muertos** All-Soul's Day (Nov. 2nd); **Día de San Juan** St. John's Day (June 24)
diablo devil; **El diablo tiene frío** (1908) play by José Joaquín Gamboa
diamante *m.* diamond
diario daily newspaper
Díaz, Porfirio (1830–1915) president of Mexico (1877–1911)
Díaz del Castillo, Bernal (1496–1584) soldier and historian
dibujado, –a drawn
dibujante *m.* draftman, designer
dibujo drawing
dictadura dictatorship
dictar to dictate; **dictar una conferencia** to give a lecture
dicho, –a *p.p. of* decir; *adj.* aforesaid, aforementioned
diecinueve nineteen
dieciséis sixteen
diestra right hand
diestro, –a skilful
diez ten; **las diez** ten o'clock; **las diez y media** half past ten
diferencia difference; **a diferencia de** unlike
difícil difficult
difundirse to become well known
dignarse to deign, condescend
dignidad *f.* dignity; honor; high position
digno, –a worthy
diligencia diligence, care, industry
diminuto, –a very short, very small, tiny
dinastía dynasty

dinero money
dios *m.* god; **Dios** God
diosa goddess
diputado deputy; representative
directo, –a direct, straight
dirigir to direct; to address; **dirigir miradas** to glance; **dirigirse a** *or* **hacia** to go to, go towards
discípulo pupil; disciple
discreto, –a discreet, prudent; clever
discurso speech
discutir discuss
diseño design
disertar to discourse, discuss
disminuir to diminish, decrease, lessen
disputar to dispute; fight for; **disputarse** to fight over
distinguir to distinguish; **distinguirse** to excel; stand out
distinto, –a different
distraer to distract; lead astray
Distrito Federal *or* **D.F.** Federal District, seat of Mexico City
disuelto, –a dissolved; *also p.p. of* **disolver**
divergencia difference
diversión *f.* amusement
diverso, –a different
divertirse to amuse oneself; have a good time
divulgar to divulge, spread, make public
doble double, twofold
do, dó = **donde, dónde**
doce twelve
docto, –a learned; expert
dodecagonal of twelve sides
doliente suffering; sorrowful; sorrowfully
dolor *m.* pain; sorrow, grief
Dolores town in the state of Guanajuato, birthplace of Mexican Independence *see* **Grito de Dolores**
doloroso, –a sorrowful
domicilio home, dwelling
dominante predominant
domingo Sunday; **todos los domingos** every Sunday
Domínguez, Corregidor Miguel mayor of Querétaro in 1810
dominico Dominican, pertaining to the religious order founded by St. Dominic (Domingo de Guzmán, 1170–1221)

dominio mastery
don Don (title used only before Christian names of men); **Don Juan Tenorio** drama by Zorrilla
donde where; **en donde** where; ¿**dónde?** where? ¿**en dónde?** where?
doña title used only before Christian names of women
dorado, –a golden
dormido, –a asleep
dormir to sleep
dos two; second (of the month); **de dos en dos** in pairs; **los dos** both
doscientos two hundred
dotado, –a endowed
dramaturgo dramatist, playwright
duda doubt; **sin duda** doubtless; **sin duda alguna** without any doubt
dulce *adj.* sweet; *m. pl.* candy
duque *m.* duke
duquesa duchess; **La Duquesa Job** poem by Gutiérrez Nájera
Durán, Diego (18th cent.) architect
Durango central state and its capital
durante during
durar to last
duro, –a hard; firm, solid

E

e and
ecuestre equestrian
echar to put (in, into); emit, give out; **echar fuera** to throw out; **echar una maldición** to curse; **echarse a** to start to; **echarse en** to throw one's self into
Echave, Baltasar el Viejo (16th cent.) painter
edad *f.* age
edificar to build
edificio building
ejecutar to execute; perform
ejemplar *m.* copy of a work
ejemplo example; model
ejercer to exercise; perform (a profession)
ejército army; **Ejército Trigarante** Iturbide's Army
ejido common land
el the; **el de** that of, the one; **el que** the one who
él he; him

elegido, –a chosen
elogiar to praise
elogio praise
elucidado, –a *p.p. of* elucidar to explain
ella she; her; it
ello it; todo ello all of it
ellos, –as them; ellos dos the two of them; todos ellos all of them
embarcación *f.* ship, boat
embargo: sin embargo nevertheless, however
embellecer to embellish, beautify, adorn
emigrar to migrate
empeño pledge, pawn; persistence, insistence; eagerness; Los empeños de una casa play by Sor Juana Inés de la Cruz
empezar a to begin
emplear to employ; spend; emplearse en be employed in
emplumado, –a plumed, feathered
empolvado, –a dusty, covered with dust
emprender to undertake
empresa enterprise, undertaking
empuñar to grasp, grab; empuñar las armas to take up arms
en in; on, upon, into
enamorado, –a in love
enamorarse (de) to fall in love (with)
enarbolar to hoist, lift, raise on high
encaminarse to be on the way (to), go
encargado de in charge of
encauzar to channel; direct
encerrar to enclose; contain
encomendar to entrust
encomendero owner of an encomienda
encomiable worthy of praise
encomienda estate assigned or granted by the king of Spain
encontrar to find; encontrarse be; be found
encrucijada crossroads
encumbrado, –a high, lofty
enero January
enfermedad *f.* disease
enfermo, –a sick, ill; *m. or f.* sick person, patient
enfrascarse to be deeply engaged (in a matter)
enfrentarse con to face, meet face to face

enfurecerse to be furious
enfurecido, –a furious; enraged, infuriated
engañarse to be mistaken, deceive oneself
enloquecer to lose one's mind
ennoblecer to ennoble, dignify
enojarse to get angry
enojo anger
enorgullecerse to be proud
enredado, –a wrapped
enriquecerse to become rich
enrollado, –a *p.p. of* enrollar to wind, wrap, roll, coil
ensayar to try; attempt; practice; assay
ensayo essay
enseñanza teaching; education, training
enseñar to teach
entender to understand; entenderse con to have dealings or relations with; have an understanding with
entero, –a entire, whole
enterrar to bury
entonces then, at that time; aquel entonces those times; de entonces of that time; desde entonces from then on
entrada entrance; entry
entrar (en *or* a) to enter, go in
entre among, between; entre sí one from the other
entregar to deliver, hand over; entregarse to surrender, submit, give up
entremés *m.* one-act farce; Entremés del ahorcado farce by González de Eslava
entretejer to interweave
enturbiar to disturb
entusiasmar to excite, fill with enthusiasm
enviar to send
envidiar to envy
envío remittance, sending; shipment
envuelto, –a *p.p. of* envolver, to wrap; surround
épico, –a epic
época epoch, era; time; period
erizado, –a bristly
errante errant, roving, wandering
erudito scholar
esa that
esbozar to outline

escala ladder; **Escala Espiritual** book by Juan Clímaco, first to be published in the New World (1537)

escalar to climb

escalera ladder

escapar to escape, flee; **escaparse** to escape, run away

escasez *f.* poverty, want; lack, need

escenario stage

esclavo, –a *m. & f.* slave

escogido, –a chosen, choice, select

escolta guard

Escorial, El palace-monastery built for Phillip II in town of same name near Madrid

escribir to write

escritor *m.* writer

escritura writing

escuadrón *m.* squadron

escuchar to listen

escuela school; **escuela normal** teacher training college; **Escuela Agrícola de Chapingo** Agricultural School in the town of Chapingo, near Mexico City; **Escuela de Minería** (1792) building by Tolsá, begun 1797, finished 1813; **Escuela Nacional Preparatoria** most famous of secondary schools in Mexico City

escultor *m.* sculptor

escultura sculpture

ése that one

esfuerzo effort, strong endeavor

espaldas back; **vueltas las espaldas** with one's back turned

espantarse to be astonished; be scared

España Spain

español, –la Spanish; *m.* Spaniard; Spanish language

especialidad *f.* specialty; **con especialidad** specially

especie *f.* kind, sort; **especie de** a kind of

esperanza hope

esperar to wait for; expect; **como es de esperarse** as is to be expected

espeso, –a thick, dense

espíritu *m.* spirit; soul; courage, vigor

esposa wife

Espronceda, José de (1808–1842) Spanish romantic poet

esqueleto skeleton

esquina corner

esta this; *pl.* these; **ésta** this one, this

estabilizar to stabilize; **estabilizarse** to become stable

establecer to establish; found; **establecerse** to establish, settle one's self

establo stable

estadista *m.* statesman

estado state; government; **Estados Unidos** United States; **Estados Unidos Mexicanos** United States of Mexico

estallar to explode, burst; break out

estar to be; **estar para** to be about to

estas *pl. of* esta

estatura height, stature

este this; *pl.* **estos** these; **éste this,** this one; the latter

este *m.* east

estera mat

estilo style; **al estilo de** after the style of

estimación *f.* estimate, valuation; appraisal; esteem, regard

estimar to esteem, regard highly

esto this; **esto es** that is

estos *pl. of* este

Estrada, José María (19th cent.) painter

estrato stratum, layer

estrecho strait; **Estrecho de Behring** Bering Strait

estrella star

estrellarse to break or be broken into pieces

Estrellita song by Manuel M. Ponce

estribación *f.* spur (of a mountain or mountain range)

estudio study

etnógrafo ethnographer

evocar to evoke, call forth

Evolución política del pueblo mexicano main work of Justo Sierra

exagerar to exaggerate

exceder to exceed, surpass

excelencia excellence; **por excelencia** par excellence

excepción *f.* exception; **con excepción de** with the exception of

excitar to excite, stir

exclamar to exclaim

éxito success

expedir to issue officially

experimentar to experience, feel

explicar to explain

explotar to exploit, develop; utilize

exponer to show; expound, explain; expose

expresar to express, state, tell

expulsar to expel, eject

extender to extend; **extenderse** to extend, spread

extenso, –a extensive, vast; lengthy

extranjero, –a foreign; *m.* foreign country, abroad; foreign (person)

extraño, –a strange; odd, rare

Extremadura region in western Spain

extremo end (of rope, cable, etc.)

F

fabricar to make, manufacture

fábula fable

facilidad *f.* ease, facility

facultad *f.* faculty; power, right; permission

fachada front (of a building)

faena job; duty; work done by a matador

faja sash

falda skirt; foothill, slope

falso, –a false; untrue, unreal; counterfeit

faltar to be lacking; offend, treat disrespectfully; **le falta** he (she) lacks

falto, –a lacking; deficient, short

fama fame, reputation

fatigado, –a tired, weary

favorecer to favor, help, protect

faz *f.* face

fe *f.* faith

fecha date

feliz happy

feo, –a ugly

Fernández, Justino (*b.* 1904) art critic

Fernández de Lizardi, José Joaquín (1776–1827) novelist, author of El Periquillo Sarniento, wrote under the pseudonym of "El Pensador Mexicano"

feroz ferocious, wild; fierce

festejar to celebrate

fidelidad *f.* fidelity, faithfulness

fiebre intermitente *f.* intermittent fever

fiel faithful; true, accurate; *m. pl.* congregation, worshipers

fierro iron

Fierro, Rodolfo one of Villa's lieutenants (*d.* 1915)

fiesta celebration, festivity, entertainment

figura figure, form

figurar to figure, be a member (of a group)

fijarse (en) to take notice (of), pay attention (to)

Filadelfia Philadelphia, Pa.

Filipinas Philippine Islands

filo cutting edge

filólogo philologist

filosofía philosophy; La filosofía de la cultura y el materialismo histórico (1936) work by Antonio Caso

filósofo philosopher; Filósofos y doctrinas (1915) work by Antonio Caso

fin *m.* end, purpose; objective; **a fines de** towards the end of; **al fin de** at the end of; **para fines de** towards the end of; **poner fin a** to put an end to; **por fin** finally

finalmente finally

fino, –a fine; nice; subtle; refined

finura fineness

firmar to sign

firme firm; **de firme** permanent

físico, –a physical; *f.* physics

físico physicist

fisonomía physiognomy, features

flanco flank, side

flecha arrow

flor *f.* flower

florecer to flourish

florero flower vase

folletinesco, –a serialized (in a newspaper)

folleto pamphlet

fondo bottom; depth

fonético, –a phonetic

forastero stranger

forjar to forge; form, shape

formar to form; shape, mold; **formarse** take form; be formed

fortaleza fortress

forzar to force

fracasar to fail

fracaso failure; calamity

fraile *m.* friar, monk

francés (francesa) French; *m.* Frenchman; French language

franciscano, –a Franciscan

franco, –a frank, candid, sincere

fray (*contr. of* **fraile**) friar, as a title used before christian names

frazada blanket

frecuencia frequency; **con frecuencia** frequently
frente *f.* forehead
frente *m.* front; **frente a** in front of; **al frente de** at the head of
fresco, -a fresh, cool; *m.* fresco (*painting*)
frijol *m.* bean; kidney bean
frío, -a cold; **hacer frío** to be cold; **tener frío** to be cold
frontera frontier, border
frontón *m.* jai alai, handball court; **Frontón** court in Mexico City where this game is played
fruto fruit; result
fuego fire
fuente *f.* source; **de buena fuente** from a good source
fuera outside, out; **fuera de** outside of
fuerte strong; serious
fuerza force; **a fuerza de** by dint of; **por fuerza** by force, forcibly
fuga flight, escape
fugarse to escape, flee
fumar to smoke
función *f.* performance, play, show
fundar to found, establish
fundición *f.* foundry, smeltery; melting, casting
funesto, -a sad, unfortunate; ill-fated
furia fury, rage
furtivamente by stealth, secretly
fusilar to execute, shoot

G

gacela gazelle
Galeana, los, Hermenegildo (1782–1814) and **José,** Morelos' lieutenants
galería gallery; **galería de retratos** collection of portraits
gallego Galician, from Galicia, Spain; Spanish (used as a nickname)
gallo cock, rooster
Gamboa, Federico (1864–1939) novelist
Gamboa, José Joaquín (1878–1931) dramatist
gana desire; **de buena gana** willingly
ganado cattle; livestock
ganar to win; earn
Gante, Fr. Pedro de (1479–1572) Flemish missionary, founder of the first school in Mexico
Gaona, Rodolfo famous bullfighter

gaonera manoeuvre invented by Gaona in which the bullfighter holds the cape behind him
garantía guarantee; guaranty; security
García Icazbalceta, Joaquín (1825–1894) scholar and historian
García Torres, Vicente editor and publisher of **el Monitor Republicano**
garza heron
Generación del Centenario group of writers prominent around 1910
general general; **por lo general** generally; *m.* general; **Mi general** (1933) novel by López y Fuentes
género genre; kind, sort, class
genio genius
gente *f.* people; **gente del pueblo** common people; **gente moza** young people
gesticulador *m.* gesticulator; **El gesticulador** (1947) play by Usigli
gigantesco, -a gigantic
Gino Corsini (1877) opera by Melesio Morales
girar to revolve, rotate, whirl
giro turn of phrase
Glosario de la vida vulgar, El (1916) collection of poems by Urbina
gobernar to govern, rule
gobierno government
goce *m.* enjoyment
Golfo *or* **Golfo de México** Gulf of Mexico
golpear to pound; strike, hit
Gómez de la Cortina, José, Conde de la Cortina (1799–1860) grammarian and critic
Gómez Farías, Valentín (1781–1858) vice president and president of Mexico (1833)
Gómez Pedraza, Manuel (1789–1851) president of Mexico (1832–1833)
Góngora, Luis de (1561–1627) Spanish poet
gongorismo euphuism
González, Pablo (*b.* 1876) general under Carranza
González de Eslava, Fernán (1534 ?–1601 ?) dramatist
González Martínez, Enrique (1871–1951) poet
González Peña, Carlos (*b.* 1885) novelist and critic

Gorostiza, Manuel Eduardo (1789–1851) dramatist

gota drop

Goya, Francisco (1746–1828) Spanish painter

gozar to enjoy

gozoso, –a merry, joyful, glad

grabado engraving; woodcut, print

gracia grace; *pl.* thanks; dar las gracias to thank

gracioso, –a amusing, witty

grada step; las gradas arriba up the steps

grado degree; a tal grado to such a degree

graduarse to graduate, take a degree

gramático grammarian

gran *contr. of* grande; La Gran Tenochtitlán name of Mexico City before the conquest

Granada province and city in southern Spain

granadino, –a Granadine (style of architecture)

grande (gran) great; big, large; grandemente greatly

grandeza greatness

grano grain; en grano in the grain

grato, –a pleasing, pleasant

gratuito, –a gratis, free

grave deep, low (*in pitch*)

Grijalva, El name of river

Grijalva, Juan de (*d.* 1527) Spanish explorer of the Gulf of Mexico

gritar to shout, cry

grito shout, cry; El Grito de Dolores The Cry from Dolores, with which the Wars of Independence were begun Sept. 16, 1810

grupo group

Guadalajara cap. of Jalisco

Guadalupe Hidalgo town outside Mexico City where the treaty of peace between Mexico and the United States was signed February 2, 1848

Guajardo, Coronel José María officer under Pablo González who carried out the orders to kill Zapata

Guanajuato central state and its capital

guardar to keep; tener guardado to have put away

Guatimoc *see* Cuauhtémoc

guerra war; a la guerra to the wars; hacer la guerra to wage war

Guerra, Gabriel sculptor

guerrero, –a warlike, martial; *m.* warrior, soldier

Guerrero south-Pacific state, cap. Chilpancingo, also called Ciudad Bravos

Guerrero, Vicente (1783–1831) president of Mexico (1829–1830)

Guerrero y Torres, Francisco Antonio (18th cent.) architect

guerrillero guerrilla fighter

guiar to guide

gustar to be pleasing; le gustaba liked, used to like

Gustavo Madero new name of the Villa de Guadalupe, suburb of Mexico City, famous for its shrine

gusto taste; pleasure; a (su) gusto at (their) will

Gutiérrez, Ceferino (19th cent.) architect

Gutiérrez Nájera, Manuel (1859–1895) poet

Guzmán, Martín Luis (*b.* 1887) novelist

Guzmán, Nuño de (15th-16th cents.) Spanish conqueror, member of the First Audiencia

H

ha = hace

haber to have (*auxiliary verb*); haber de + *inf.* to be to, must; hay there is, there are; hay que + *inf.* it is necessary; había, hubo, there was, there were; habían de (entrar) they had to (enter); hubo de (fundarse) it was necessary to (found)

haberes *m. pl.* property, goods, assets

hábil skilful, capable

habilidad *f.* ability, skill

habitante *m.* inhabitant

habitar to inhabit

habla speech; language, dialect; de habla española Spanish speaking

hablar to speak

Habsburgo Hapsburg, name of royal family of German origin

hacer to do, make; carry out; cause; order; hacer llamar to have (someone) called; hacer notar to point out; hacer que to have, order; hacerse to become; hacerse daño to be harmed; hacerse de fondos

to provide oneself with funds; **hacerse pedazos** to be torn asunder
hacia towards; **hacia abajo** down, downwards
hacienda large farm; estate
hallar to find; **hallarse** to be found
hambre *f.* hunger
hasta to, up to; until, till; even; **hasta que** until
hay *see* **haber**
hazaña (glorious) deed, exploit
he: he aquí here is; here you have; **he aquí el por qué** here is why
hecho, –a *p.p.* **hacer;** *m.* fact; deed, act; **el hecho de (que)** the fact that; **hecha de firme** constructed permanently
henequén *m.* sisal hemp
heráldica heraldry
herencia heritage
herido, –a wounded
herir to wound
Herman o la vuelta del Cruzado (1842) drama by Fernando Calderón
hermano brother; **hermana** sister
hermoso, –a beautiful
hermosura beauty
Hernández de Córdoba, Francisco (15th–16th cent.) Spanish explorer of the Gulf of Mexico
héroe *m.* hero; **héroe cultural** a deity to whom primitive people attribute inventions and discoveries
herrar to brand (animals)
Herrera, Juan de (1530–1597) Spanish architect, builder of the Escorial
Herrera, Fray Miguel de (17th cent.) painter
herreriano, –a high renaissance (style in architecture named after Juan de Herrera)
Hibueras name given to Central America by the conquerors
hidalgo *Mex.* ten-peso gold piece with image of Miguel Hidalgo on one side
Hidalgo central state, cap. **Pachuca**
Hidalgo, Miguel (1753–1811) father of Mexican Independence
hierro iron
hija daughter
hijo son; *pl.* sons and daughters
hincar to drive, thrust (into); **hincar la rodilla** to kneel down
hinchado, –a swollen
Historia de un peso falso short story

by Gutiérrez Nájera; **Historia general de las cosas de Nueva España** (1569) monumental work on the ancient Aztecs by Fr. Bernardino de Sahagun; **Historia verdadera de la conquista . . .** (1568) history of the Conquest by Bernal Díaz del Castillo
hombre *m.* man; **hombre de ciencia** scientist; **hombre del pueblo** common man; **los hombres blancos y barbados** the Spaniards; **ya hombre** already a man
hombro shoulder
hondo, –a deep
honra honor; reputation
honrado, –a honest
hora hour; time; **hora por hora** every hour; **la hora de la cena** supper time
horizonte *m.* horizon; cultural period
Hospital de Santa Fe orphanage, the first in the New World, founded by Vasco de Quiroga; also name of hospital founded by Quiroga at Patzcuaro
hoy today; **hoy (en) día** nowadays; **hasta hoy en día** until today
Hrdlicka, Ales American anthropologist *b.* in Bohemia (1869)
huapango popular dance and tune
Huasteca region along the coast of the Gulf of Mexico, states of Veracruz and Tamaulipas, as well as a part of San Luis Potosí
Huejotzingo town between Mexico City and Puebla, famous for its carnival
huella trail; **seguir la huella** to trail; **Huellas** (1922) collection of poems by Alfonso Reyes
Huerta, Victoriano (1854–1916) president of Mexico (1913–1914)
huertista *adj.* pertaining to Huerta; *m.* follower of Huerta
huerto small orchard
huésped *m.* guest
Hugo, Victor (1802–1885) French poet and novelist
huída flight; escape
huipil *m. Mex.* blouse of short sleeves worn by Indian women
huir to flee; escape; avoid, shun; **huirse** to elope; run away
Huitzilopochtli Aztec war god
hule *m.* rubber; oilcloth; rubber tree

Humboldt, Friedrich Heinrich Alexander von, Barón de Humboldt (1769–1859) German scientist, visited Mexico during the early part of the XIX cent.

humear to smoke

humildad *f.* humility

humilde humble

humillar to humiliate, humble, crush

humo smoke; tener humos de to put on airs

hundirse to sink

I

Ibarra, José María (1688–1756) painter

ibero, –a Iberian; Spanish

idioma *m.* language

iglesia church; la Iglesia the Catholic Church

igual equal

igualar to match

Iguíniz, Juan B. (*b.* 1881) librarian and bibliographer

Ildegonda (1868) opera by Melesio Morales

impasible insensitive, unmoved

impedir to impede, hinder, prevent

imperar to rule

imperio empire

imponente imposing

imponer to impose

importar to matter, be important; no le importa he doesn't care

imprenta printing press; libertad de imprenta freedom of the press

impresor *m.* printer

imprimir to print

improvisar improvise

inapreciable invaluable

inaugurar to inaugurate, begin, open

incendiarse to catch fire

incendio conflagration, fire

incitación *f.* incitement

incitar to incite, spur, instigate, urge; incitar al mal instigate to do evil

inclemencia inclemency, harshness, severity

inclinar to incline; persuade; inclinarse to stoop; bow; lean, bend

incorporarse to sit up

India oriental India

Indias, Las The New World

indicar to indicate, show, point out

índice de materias table of contents

indicio indication, sign

indígena *adj.* native, indigenous, Indian (*of America*); *m.* native, Indian (*of America*)

indigenista Indianist, treating of the Indian

indio, –a Indian; *f.* Indian woman; *m.* Indian man; El indio (1935) novel by López y Fuentes

indiscutible unquestionable

individuo individual; person

Indología (1927) book by Vasconcelos

Indulgencia para todos play by Gorostiza

inepto incompetent; unsuitable

infancia childhood; infancy

infantil infantile, childlike

infatigable indefatigable, untiring, tireless

inferior lower

infinidad de a large number of

infortunio misfortune, mishap; misery; Infortunios de Alonso Ramírez (1690) biography, in the form of a novel, by Sigüenza y Góngora

infundir to inspire; instill

ingeniero engineer

ingenio genius; talent; mind

ingenioso, –a ingenious, clever

Inglaterra England

inglés (*pl.* ingleses; *f.* inglesa) English; *m.* Englishman; English language

ingresar (en) to enter; join

iniciar to initiate; iniciarse be initiated

inmenso, –a immense, vast

inolvidable unforgettable

inquebrantable irrevocable; inflexible; unshakable

inscribirse to register

insigne famous

instante *m.* instant; al instante at once

instruir to instruct, teach

insuperable insurmountable

insurgente insurgent, rebellious; *m.* insurgent, rebel

insurrección *f.* insurrection, uprising, revolt

intentar to attempt, try; intend

interior interior, inner; inside; internal

interlocutor *m.* participant in a dialogue
internarse (en) to penetrate, go into the interior
íntimo, -a intimate
intitulado, -a entitled
inútil useless
invasor *m.* invader
investigador, -ra investigating; *m.* investigator, researcher
ir to go; elapse; **ir a parar** to end up; **ir aumentando** to increase (gradually); **irse** to go, go away, depart; **vamos a (cantar)** let's (sing)
ironista *m.* person fond of using irony
irrefutable irrefutable, indisputable
irrumpir to invade, make a violent raid
Isabel la Católica name of street in Mexico City
isla island; **las Islas** the West Indies
islote *m.* islet, small island
Istmo de Tehuantepec narrowest part of Mexico between oceans
Iturbide, Agustín de (1783–1824) declares Independence of Mexico in 1821 and becomes Emperor (1822–1823)
Iturrigaray, José de viceroy of Mexico (1803–1808)
Ixcóatl Aztec king (1427–1440)
Ixtacalco suburb of Mexico City
Ixtapalapa suburb of Mexico City
Ixtlilxóchitl king of Texcoco, father of Netzahualcóyotl
izquierda left
Iztaccíhuatl volcano near Mexico City

J

jai alai ball game played with a basket attached to the hand
jalapa jalap
Jalisco central state, cap. **Guadalajara**
jamás never, ever
Janitzio island in the lake of Patzcuaro, state of Michoacán
jarabe, *m.* Mexican hat dance; song and musical accompaniment; *also* **jarabe tapatío**
jardín *m.* garden
jarro jar, jug, pitcher; pot
jarrón *m.* large vase or jar

J.C. = **Jesucristo; antes de J.C.** B.C., before Christ
jefe chief, leader, head (man); **jefe político** governor of a province
jeroglífico hieroglyph
jesuíta Jesuit
Jesús, Fray Margil de (1657–1726) Franciscan missionary, *b.* in Spain
Jiménez Rueda, Julio (1896–1960) writer and literary critic
jinete *m.* horseman, rider
jinetear to break in (*horses*); ride a bronco or a bull
joven young; *m.* young man; *f.* young lady
joya jewel; piece of jewelry; *pl.* jewels; jewelry
joyero jeweler
Juan Diego Indian to whom the Virgen de Guadalupe appeared
Juárez, Benito (1806–1872) president of Mexico (1858–1863 & 1867–1872)
Juárez, Juan (16th cent.) choirmaster
Judas Judas, disciple who betrayed Christ
juego game; **juego de pelota** ball game
jueves *m.* Thursday
jugar to play; gamble
juguete *m.* toy
juicio judgment
julio July
junio June
junta council
juntar to assemble, collect; **juntarse** to assemble, gather, get together
junto, -a joined; united; *pl.* together; **junto a** next to; **junto con** together with
jurar to swear
jurisconsulto jurist, expert in law; lawyer
justicia justice
justiciero, -a just, fair
justo, -a just; *m.* just man
juventud *f.* youth
juzgar to judge; **a juzgar por** judging by

K

kilómetro kilometer (about 0.62 mile)
Kukulcán Maya name of Quetzalcóatl

L

la the; *pron.* it; her; la de that of; la que the one that

laberinto labyrinth; El laberinto de la soledad book by Octavio Paz

labor *f.* labor, work, task; labor campestre farm work, work in the fields

laborioso, –a industrious

labrar to work (metals, stones, etc.); build (a monument)

labriego peasant

laca lacquer

lado side; por lado on each side; por un lado on one side

lago lake

Lagos town in the state of Jalisco, birthplace of Azuela

lágrima tear; saltársele a uno las lágrimas de los ojos to burst into tears

laico, –a lay

Lanchitas name of short story by Roa Bárcena

lanza lance

lanzar to throw, fling, hurl; lanzarse to launch forth

largo, –a long; a lo largo de along

Larroyo, Francisco (*b.* 1908) professor, philosopher, writer

las the; them

lástima pity

latín *m.* Latin language

Laudesio, Eugenio Italian painter who lived in Mexico from 1855 to 1877

lavar to wash

lazar to rope, lasso

le it; him; to her; to him

leal loyal

lección *f.* lesson

lector *m.* reader

lectura reading

lecho bed

leer to read

legar to will, bequeath

legítimo, –a real, genuine

leguleyo shyster; carpetbagger

lejano, –a distant; el lejano oriente the Far East

lejos far, far away; un poco lejos a short distance away

lengua tongue; language; lengua de tierra strip of land running out into the sea

lenguaje language (manner of expression)

lentamente slowly

León city in the state of Guanajuato

Lerdo de Tejada, Sebastián (1827–1889) president of Mexico (1872–1877)

Lerma river *also called* Santiago

les them, to them; you, to you

letra handwriting; words of a song; *pl.* letters, learning; Letras de la Nueva España (1948) book on colonial literature by Reyes

letrado learned person

Letrán *see* San Juan de Letrán

leva draft (army)

levantamiento uprising, revolt, insurrection

levantar to raise, erect; levantar los manteles to clear the table; levantarse to stand up, rise; levantarse en armas to rise up in arms

léxico vocabulary; glossary

ley *f.* law; rule; *pl.* jurisprudence, law; Leyes de Reforma Laws of Reform issued by Juárez

leyenda legend; Leyendas mexicanas (1862) collection of poems by Roa Bárcena

libertad *f.* liberty; freedom; improper act

libertarse to get free; escape

libre free

libro book; libro de texto textbook

licenciado licenciate; *Mex.* lawyer

lid *f.* fight, contest; lid de gallos cockfight

lidiar to run or fight (bulls)

lienzo linen cloth; canvas; painting; Lienzo de Tlaxcala codex done by the Indians, relative to the conquest of Mexico

limitar to bound

lindo, –a pretty

línea line

lira stanza of five verses of seven syllables (first, third and fourth) and eleven syllables (second and fifth), the first riming with the third and the second with the fourth and fifth

lírico, –a lyric, lyrical

liso, –a smooth, even

literariamente hablando speaking in reference to literature

literato literary man, writer

Lizardi *see* **Fernández de Lizardi**
lo it; him; **lo mexicano** what is Mexican; **lo mucho** the great deal; **lo que** which; that; what
loa short dramatic panegyric
loco, –a enormous, excessive, abundant
locura madness
lógico, –a logical
lograr to gain, obtain, accomplish; **lograr + *inf.*** to succeed in; manage to
López, Rafael (*b.* 1873, Guanajuato, died 1943) poet
López de Santa Anna, Antonio (1797–1876) president of Mexico several times, between 1833 and 1855
López Velarde, Ramón (1888–1921) poet
López y Fuentes, Gregorio (1897–1966) novelist
Lorenzo, Antonio character in the popular fiesta of Huejotzingo
loro parrot
los (*pl. of* **el**) the; *pron.* them; **los que** those who, the ones that
Loyola *see* **San Ignacio de Loyola**
loza earthenware; crockery
luchar to fight
luego then; soon, presently; **luego que** as soon as
lugar *m.* place; site; room, space; **en (su) lugar** in (their) stead; **tener lugar** to take place
lúgubre mournful, gloomy
lujo luxury
lumbre *f.* fire; light
luna moon; **Pirámide de la Luna** Pyramid of the Moon (at Teotihuacán)
lunes *m.* Monday
Lupe *dim. of* **Guadalupe**
lustre *m.* glory
luto mourning; **El luto humano** (1943) novel by Revueltas
luz *f.* light

Ll

llaga sore
llama flame
llamado call
llamar to call; recall; name; **llamarse** be called, named
llano, –a plain, even, smooth

llanura plain, prairie
llegar to arrive; reach; **llegar a** to succeed in; **llegar a poseer** to become the possessor of; **llegar a ser** to become, get to be, come to be; **llegar a alcanzar** to fully reach
llenar to fill
lleno, –a full; **lleno de** full of
llevar to carry, take; wear; bear; **llevar contado** to have counted
llorar to cry, weep
llover to rain; **llover a torrentes** to rain in torrents
lluvia rain

M

Macías, Demetrio main character in Azuela's novel **Los de abajo**
madera wood
Madero, Francisco Indalecio (1873–1913) revolutionary leader and president of Mexico (1911–1913)
Madero, Raúl brother of Francisco
madre *f.* mother
Madrid capital of Spain
madrugada dawn; early morning
maestría great skill
maestro teacher, master; **maestro de capilla** choirmaster
Magdalena, Fr. Juan de la (16th cent.) translator of Juan Climaco's **Escala Espiritual**
Magdalena Contreras, La suburb of Mexico City
Magdaleno, Mauricio (*b.* 1906) novelist
Magiscatzin Tlaxcallan senator, subject of a painting by Rodrigo de Cifuentes
magistral masterful; authoritative
magnífico, –a splendid
maguey *m.* maguey, century plant
maíz *m.* corn
majestuoso, –a majestic
mal *m.* evil; *adv.* badly, poorly; wrongly
maldición *f.* curse
Malinche, La Doña Marina, Cortés' interpreter; by association, Cortés himself
malo, –a (**mal**) *adj.* bad
malogrado, –a said of person who dies prematurely
Mancera, Marqués de (**Antonio**

Sebastián de Toledo Molina y Salazar) viceroy of Mexico (1664–1673)

mancha stain, blemish; spot

mandar to send; order, command

mando command

manera manner, way, mode; a manera de like

manifestar to manifest, show; manifestarse to be manifest; be revealed

mano *f.* hand; a mano by hand; de manos de from the hands of; en manos de in the hands of

mansedumbre *f.* meekness; gentleness

manta cape

mantener to maintain; keep on; sustain; defend

manto large veil

mañana morning; *adv.* tomorrow; de la mañana A.M.; muy de mañana very early in the morning; por la mañana in the morning; Las Mañanitas popular song sung early in the morning; religious song sung by pilgrims at shrines

Maples Arce, Manuel (*b.* 1898) poet

máquina machine

mar *m.* sea

maravilla wonder, marvel

maravilloso, –a marvellous, wonderful

marchar to go

marchito, –a withered; Marchita el alma popular song

María Mary

mariachis *m.* popular string orchestra

marido husband

marihuana marijuana, hashish, a narcotic drug

Marina Spanish name given to Malinche, Cortés' interpreter

marinero sailor, seaman

mariposa butterfly; Mariposas poem by Gutiérrez Nájera

Mariscal, Federico (*b.* 1881) architect

Marqués de Guadalupe *see* Rincón Gallardo

Martínez, Enrico (*d.* 1620) engineer; statue by Noreña

Martínez del Río, Pablo (*b.* 1892) anthropologist, historian, educator

marzo March

mas but

más more; most; plus; más bien

rather; más de more than, over; no ... más que only

máscara mask

mástil *m.* trunk of a tree; post; pole

matador *m.* bullfighter who kills the bull

Matamoros, Mariano (*d.* 1814) one of Morelos' lieutenants

matar to kill; matarse commit suicide

materia matter; material; subject; materias primas raw materials

material material; subject matter

matrícula registration

Max *contr. of* Maximiliano

Maximiliano de Habsburgo, Archiduque Fernando José (1832–1867) Emperor of Mexico

maya Maya; *m.* Maya language

Mayapán ancient Maya city

mayo May; 5 de mayo second most important Mexican holiday, celebrating the defeat of the French near Puebla in 1862

mayor greater, greatest,; main; la mayor parte de most of

mayoría majority

mazo sledge, hammer

me myself; me, to me, for me

media stocking

mediados: a mediados de about the middle of; hasta mediados de up to the middle of

mediante by means of, through, with the help of

médico doctor, physician

medida: a medida que as, in proportion as

Medina del Campo Castilian town, home of Bernal Díaz del Castillo

medio, –a half; average, mean, middle; *m.* means, way; el medio ambiente environment; medios de vida standard of living; en medio de in the midst of; por medio de by means of

mediodía *m.* noon; a mediodía at noon

Mediz Bolio, Antonio (*b.* 1884) writer and diplomat

Mejía, Tomás (1815–1867) general executed with Maximilian

mejor better; el (la) mejor the best

mejoramiento improvement

mejorar to improve

memoria memorandum; **de memoria**
by heart; **Memorias de mis tiem-**
pos autobiography by Prieto; **Me-**
morias de Pancho Villa biography
of Villa by Guzmán

memorial *m.* memorandum book

mencionar to mention

Méndez, Leopoldo (*b.* 1903) painter,
famous for his engravings

Mendieta, Fr. Jerónimo de (1525–
1604) missionary and author

Mendoza, don Antonio de first viceroy of Mexico (1535–1550)

Mendoza, Vicente T. (*b.* 1894) musician and folklorist

Menéndez y Pelayo, Marcelino
(1856–1912) Spanish literary critic
and scholar

menor less, lesser

menos less; least; **a lo menos** at least

menosprecio scorn, contempt

mensajero messenger

mentir to lie, prevaricate

mentira falsehood

menudo: a menudo frequently,
often

mercado market

mercancía merchandise; goods

merecer to deserve

mes *m.* month

mesa table

meseta plateau

Mesías Messiah

Mesilla, La territory in the southern
part of Arizona and New Mexico
bought from Mexico by James
Gadsden in 1854

mestizo, –a mestizo, half-breed

metálico, –a metallic, metal

meter to put (in); **meterse** meddle;
plunge (into); **meterse en política**
go into politics

metido, –a *p.p. of* **meter; metido**
hasta las orejas down to the ears
(hat)

metro meter

mexicanidad *f.* that which is typically
Mexican

México name of country, state and
capital of country or Mexico City;
México y la Cultura (1946) book on
several aspects of Mexican culture by
outstanding writers in their own field

mezcla mixture; mortar

mezclarse to mingle; mix

mi my; **mí** me, myself

Micrós pseudonym of Ángel de Campo

Michoacán central state, cap. **More-**
lia

miedo fear; **tener miedo** to be afraid

miel honey; syrup; **miel de abejas**
bee's honey

mientras while; **mientras tanto**
meanwhile, in the meantime

Mier, Fray Servando Teresa de
(1773–1827) writer and patriot

miércoles *m.* Wednesday; **Miércoles**
de Ceniza Ash Wednesday

Miguel Ángel (1475–1564) Michel-
angelo, Italian painter, sculptor and
architect; **Miguel Ángel de México**
name given to Tresguerras

mil (a) thousand

milagro miracle

milagroso, –a miraculous

militar *m.* soldier, military man

Milpa Alta suburb of Mexico City

Milton, John (1608–1674) English
poet

Mill, John Stuart (1806–1873) English philosopher and economist

milla mile; **milla cuadrada** square
mile

mina mine

Mina, Francisco Xavier (1789–1817)
Spanish leader of an expedition into
Mexico to help the country obtain
its independence

minero, –a mining; *m.* miner

mío my, of mine

mirada glance, gaze, look

Miramar, Castillo de Maximilian
and Carlota's castle in the province
of Lombardy-Venetia, Italy, of which
he was governor before coming to
Mexico

Miramón, Miguel (1832–1867) general executed with Maximilian

mirar to look; *m.* glance, look, gaze

misa mass

mismo, –a same; self, very; **a sí**
mismos themselves; **al mismo**
tiempo at the same time; **allí**
mismo right there; **el mismo** the
same (one); **el mismo rey** the king
himself; **él mismo** he himself; **(la**
pirámide) misma (the pyramid)
itself; **lo mismo** the same (thing);
lo mismo que as well as

mitad *f.* half

mítico, –a mythical

mixteca Mixteca; *m.* Mixteca language

Moctezuma I king of the Aztecs (1440–1469); Moctezuma II king of the Aztecs (1502–1519)

moda fashion, mode, style; pasar de moda to be out of style, go out of style

modernismo modernism, literary school of the late 19th cent.

modo way, manner, mode

molestar to bother, annoy

Molina, Tirso de pseudonym of Gabriel Téllez (1584–1648) Spanish dramatist

moneda coin

Monitor Republicano newspaper published in Mexico city from 1844 to 1896

monja nun

montado, –a mounted

montaña mountain

montañoso, –a mountainous

montar to mount

monte *m.* mountain

Monte Albán ancient Zapotec city in the state of Oaxaca

Monte de Piedad building in Mexico City, residence of the viceroys during the colonial period, now housing the government pawn shop

Montenegro, Roberto (*b.* `1884) painter

Monterde, Francisco (*b.* 1894) writer, dramatist

Monterrey capital of Nuevo León

montón *m.* pile, heap; mass, great number

morador *m.* inhabitant, dweller, resident

Morales, Melesio (1838–1909) musician and composer

More, Thomas, Sir (1478–1535) English author and statesman, author of *Utopia*

Morelia capital of Michoacán

Morelos south central state, cap. Cuernavaca

Morelos, José María (1780–1815) patriot, declared Mexico's independence in 1813

moreno, –a dark, brunette

Moreno Villa, José (*b.* 1887) Spanish writer, resident of Mexico

morir to die; ¡ muera ! down with !

moro Moor

mostrar to show, display

Motolinía pseudonym of Fr. Toribio de Benavente

moverse to move, stir

movimiento movement

Moya de Contreras, Pedro (16th cent.) founder of the Inquisition in Mexico; also viceroy (1584–1585)

mozo, –a young

muchacha girl

muchacho boy, lad

muchedumbre *f.* crowd

mucho, –a much, a lot of; *pl.* many; lo mucho the great deal

muebles *m. pl.* furniture, household goods

¡ muera ! down with !

muerte *f.* death

muerto, –a *p.p. of* morir; *m.* dead person

muestra sample; dar muestras de to show

mujer *f.* woman; wife; mujer del pueblo woman belonging to the common people

mula mule

mundial of all the world

mundo world

municipio municipality

Muñoz, Alonso de (16th cent.) Spanish inspector general

Muñoz, visitador de México (1838) drama by Rodríguez Galván

Muñoz, Rafael F. (*b.* 1899) newspaperman, novelist

Murillo, Bartolomé Esteban (1617–1682) Spanish painter

Murillo, Gerardo (Dr. Atl, 1875–1964) painter and writer

muro wall

Musa callejera (1883) collection of popular poems by Guillermo Prieto

músico musician

muy very

N

nacer to be born; spring, originate

nacido, –a *p.p. of* nacer

naciente growing

Naciones Unidas, Las United Nations

nada nothing; anything; not at all; nada menos que con with no less

than; **sin decir nada** without saying anything
nadie no one, nobody, not . . . any one
nahoa *m. pl.* group of Aztec speaking tribes
náhuatl *m.* Aztec language
nahuatlaca Náhuatl speaking; belonging to the nahoa tribes
Napoleón I (1769–1821) Emperor of France; **Napoleón III** (1808–1873) Emperor of France
nariz *f.* nose
natal native
Natividad, La Christmas, Yuletide
natural native
naturaleza nature
naturalidad *f.* naturalness
nave *f.* boat, ship
Navidad Christmas; **La Navidad en las montañas** (1870) Christmas story by Altamirano
Nayarit Pacific state, cap. **Tepic**
necesidad *f.* need
necesitar to need
necio, –a foolish; stupid
negar to deny; refuse
negocio business
negro, –a black
neotolteca pertaining to a culture centered around the towns of Tula and Cholula (VIII to XII cents. A.D.)
Neptuno name of fountain by Tresguerras
Nervo, Amado (1870–1919) poet
netamente distinctly
Netzahualcóyotl (1403–1470) king-poet of Texcoco
Netzahualpilli (XV–XVI cents.) king of Texcoco, son of Netzahualcóyotl
Nevado de Toluca volcano near the city of Toluca
ni nor; not even; **ni . . . ni** neither . . . nor
nieto grandson
nieve *f.* snow
Nigromante, El pseudonym of Ignacio Ramírez
ninguno, –a (ningún) none, not . . . any; **A ninguna de las tres** play by Fernando Calderón
niña girl; baby girl
niño child; boy; **niño Dios** the Christ Child

nivel *m.* level; **el nivel del mar** sea level
no no, not
noble noble; *m.* nobleman
Nocturno a Rosario poem by Manuel Acuña
noche *f.* night; **la Noche Triste** the Sad Night (June 30, 1520); **todas las noches** every night
nómada nomad, wandering
nombrado, –a called, named
nombrar to name; appoint
nombre *m.* name; **poner nombre to name**, give a name to
nopal *m.* prickly pear tree
Noreña, Miguel architect
noroeste *m.* northwest
norte *m.* north; **El Norte** northern Mexico
norteamericano, –a North American, American (from the United States)
nos us, to us, for us
nosotros, –as we; us
nota note; fame; **de nota** famous
notable noteworthy; distinguished
notar to notice
noticias news; **Noticias históricas de la Nueva España** (1589) book by Suárez de Peralta
novecientos nine hundred
novedad *f.* latest news; **que no tengan novedad** hoping you have no (bad) news
novela novel; **novela corta** short novel; **Novelas** (1872) novels by Roa Bárcena
novelado, –a in the form of a novel
noveno, –a ninth
Novo, Salvador (*b.* 1904) poet
novohispanismo attachment to New Spain (Mexico)
novohispano, –a of New Spain
nublado, –a cloudy; *m.* storm cloud
nuca back of neck
Nuestra Señora del Carmen church in Celaya, by Tresguerras; **Nuestra Señora de Loreto** church by Tolsá
nuestro, –a our; ours, of ours
Nueva España New Spain, Mexico (before the Independence)
Nueva Orleans New Orleans
Nueva York New York
nuevamente anew
nueve nine
nuevo, –a new; **de nuevo again**

Nuevo León northern state, cap. Monterrey
Nuevo México New Mexico
Nuevo Mundo, El The New World, The American Continent
nuez *f.* (*pl.* nueces) nut
número number
numeroso, –a numerous
nunca never
nutrirse to be nourished, be fed

O

o or
Oaxaca southern state and its capital
obedecer to obey
obispo bishop
obligado, –a compelled, obliged
obligar to compel, put under obligation
obra work; act; obra maestra masterpiece
obrar to act
Obregón, Álvaro (1880–1928) president of Mexico (1920–1924)
Obregón Santacilia, Carlos (*b.* 1896) architect, writer
obstante: no obstante nevertheless, notwithstanding
obstar to hinder, impede, obstruct
obtener to obtain
ocasión *f.* cause; occasion
occidental western
Océano Pacífico Pacific Ocean
ocio leisure, idleness; pastime; Ocios y apuntes (1890) collection of short stories by Ángel de Campo
octavo, –a eighth
octosílabo verse of eight syllables
ocular: testigo ocular eye witness
ocupar to occupy
ocurrir to happen
ocho eight
Ochoterena, Isaac (1885–1950) biologist, professor
oda ode
odiado, –a hated; hateful
odisea odyssey
O'Donojú, Juan (*d.* 1821) last Spanish ruler in Mexico (1821)
oeste *m.* west
ofender to offend; displease
oficial *m.* officer
oficina office; bureau
oficio trade; position, occupation
ofrecer to offer

oído ear; hearing
oidor *m.* judge; member of an Audiencia
oír to hear
ojo eye
ola wave
óleo oil (painting)
Olinalá city in the state of Guerrero, famous for its lacquers
olmecas *m. pl.* name of one of earliest tribes to inhabit Mexico
Olmos, Fr. Andrés de (16th cent.) Franciscan monk, linguist and historian
olvidar to forget
olvido forgetfulness; oblivion
olla pot, kettle; olla de barro earthenware
once eleven
opinar to express an opinion; judge; think
oposición *f.* competition for a position
opuesto, –a opposite; contrary
opulento, –a wealthy
opúsculo booklet, tract
oración *f.* prayer; Oración del huerto painting by Echave el Viejo
orar to pray
orden order; órdenes sagradas sacrament of ordination; Orden de Guadalupe order created by Iturbide in 1822
ordenanza ordinance, decree, law
ordenar to order
orfebre *m.* goldsmith
orgullo pride; haughtiness, arrogance
orientarse to orient oneself, find one's bearings; be oriented
originario, –a native
orilla shore, bank
oriundo, –a native; oriundo de (Castilla) from (Castile)
Orizaba city in the state of Veracruz
oro gold
Orozco, José Clemente (1883–1949) painter
Ortiz de Domínguez, Doña Josefa (*d.* 1829) wife of Querétaro's Corregidor Domínguez
Ortiz Rubio, Pascual president of Mexico (1930–1932)
os you, to you, yourselves
osar to dare
oscurecer to darken
oscuridad *f.* darkness

oscuro, –a dark
oso bear
Osuna Spanish town in the province of Seville
otomí Otomi; *m.* Otomi language
otorgar to confer upon, bestow upon
otro, –a another; **otro más** another one, one more
ovación *f.* ovation, enthusiastic applause
oveja sheep

P

P. *abbrev. of* **Padre**
pa = **para**
pabellón *m.* flag, banner
Pablos, Juan (16th cent.) printer
Pacífico Pacific (Ocean)
padre *m.* father; priest
pagar to pay
página page
país *m.* country
paisaje landscape; **Paisajes y leyendas, tradiciones y costumbres de México** (1884) book by Altamirano
paisajista *m.* landscape painter
pájaro bird
palabra word; term; **con su palabra** with his words; **libertad de palabra** freedom of speech; **tomar la palabra** to have the floor
Palacio de Bellas Artes Palace of Fine Arts, theatre in Mexico City; **Palacio de Cortés** 16th cent. home of Cortés in Cuernavaca, decorated by Diego Rivera; **Palacio de Iturbide** building in Mexico City; **Palacio Nacional** National Palace in Mexico City, where the president of the republic has his offices
Palacios, Enrique Juan (*b.* 1881) archeologist, professor
paladín *m.* champion, defender
palenque *m.* pit (for cockfighting)
palestriniana style in music originated by the Italian composer Palestrina (*d.* 1594)
pálido, –a pale
palma: llevarse la palma to triumph, carry off the honors; be the best
palo stick; pole
palpitar to throb, beat
pan *m.* bread; **en pan** made into bread
Pani, Mario (*b.* 1911) architect

pantalón *m.* pants; trousers
Pánuco river flowing into the Gulf of Mexico at Tampico
Papaloapan river
Papantzin Aztec princess: **La Princesa Papantzin** poem by Roa Bárcena
papel paper; role; **papel de china** tissue paper
para for; to; towards; in order to; **para que** so that, in order that; **¿para qué?** why?
parar to stop; end up; **parar de contar** to stop counting
parecer to seem; look like; appear; **¿Qué le parece a usted?** What do you think?; **según parece** as it seems, according to appearances
parecido, –a similar, alike
pared *f.* wall; **Las paredes oyen** play by Ruiz de Alarcón
pareja partner; couple
Paricutín *m.* new volcano
pariente *m.* relative; **Los parientes ricos** (1903) novel by Delgado
parroquia parish church
parte part; place; **en todas partes** everywhere
Parténope (1711) first Mexican opera, by Zumaya
partido party, faction
partir to depart, leave; start
pasar to pass; go to; go in; come in; **pasar a la historia** to become history
pasear to walk, take a walk; ride; **pasearse** to take a walk
paseo promenade; **Paseo de Bucareli** avenue in Mexico City; **Paseo de la Reforma** avenue in Mexico City; **Paseo Nuevo** name of 19th cent. bull ring in Mexico City
pastel *m.* pie; **pastel de aves** chicken pie
pastor *m.* shepherd; pastor
patria native country
patrón *m.* (*f.* **patrona**) patron saint; proprietor, landlord
Pátzcuaro town and lake in the state of Michoacán
pausado, –a slow
Payo Obispo (*also called* **Ciudad Chetumel**) capital of the territory of Quintana Roo
paz *f.* peace; **paz octaviana** long

period of peace; **La Paz** capital of Baja California, Distrito Sur (territory)

Paz, Octavio (*b.* 1914) essayist, poet

pecho chest; breast

pedazo piece, portion, bit

pedir to ask, ask for; petition; request

pedrada blow with a stone

pegarse to stick, adhere

pelea fight; **pelea de gallos** cockfight

pelear to fight

peligro danger; **correr peligro** to be in danger

peligroso, –a dangerous; hazardous

pelo hair

pena penalty; grief, worry; woe; **pena de muerte** death penalty

penacho crest, tuft; plume

peninsular peninsular, of the Spanish peninsula

penitencia penance

Pénjamo village in the state of Guanajuato, birthplace of Hidalgo

pensador *m.* thinker; **El Pensador Mexicano** pseudonym of Fernández de Lizardi

pensamiento thought

pensar to think

peón peon, common laborer, farm hand

pequeño, –a small

Peralta, Ángela (1845–1883) singer

percibir to perceive

perder to lose; **perderse** to get lost; be lost; disappear

pérdida loss

perdido, –a lost

perdonar to pardon; excuse; forgive

perdurar to last, endure

peregrinación *f.* pilgrimage; long journey

peregrinar to travel, roam

peregrino pilgrim

Pereyns, Simón (16th cent.) painter

Pérez de Castañeda, Alonso (16th cent.) architect, began the building of Mexico City's Cathedral

Pérez Verdía, Luis contemporary historian

perfil *m.* profile; outline

perico parrot

periódico newspaper

periodismo journalism

periodista *m.* newspaper editor or publisher; journalist

periodístico, –a journalistic

Periquillo Sarniento, El (1816) novel by Fernández de Lizardi

permanecer to remain, stay

permitir to permit, let

pero but

perpetrar to perpetrate, commit

perro dog; **perro de presa** bulldog

perseguidor *m.* pursuer

perseguir to pursue; persecute

Pershing, General John J. (1860–1948) entered Mexico in pursuit of Villa (1916)

personaje *m.* character (in a play, novel, etc.); important person

perspicacia penetration; keen insight

pertenecer to belong

Pesado, José Joaquín (1801–1860) poet

pesar: a pesar de in spite of

pescado fish

pescador *m.* fisherman

peso weight; importance; monetary unit

pesquisa investigation; *pl.* research

petaca tobacco pouch; cigar case; *Mex.* trunk, chest

petate *m. Mex.* mat (of straw)

Petrarca Petrarch, Francesco (1304–1374) Italian poet

petróleo (mineral) oil

Peza, Juan de Dios (1852–1910) poet

piadoso, –a pious

picaresco, –a picaresque; **estilo picaresco** in the style of the picaresque novel

Picasso, Pablo (*b.* 1881) Spanish cubist painter

pico peak; beak, bill; **Pico de Orizaba** volcano near Orizaba

pie *m.* foot; **de pie** standing

piedad *f.* pity; piety; mercy

piedra stone

pieza room; **pieza baja** room on the main floor; **pieza teatral** play

pincel *m.* artist's brush

pincelada stroke of the brush

Pino Suárez, José María (*d.* 1913) Vice-President under Madero

pintar to paint

pintor *m.* painter

pintoresco, –a picturesque

pintura painting; picture; description

piña pineapple

piñata decorated pot filled with fruits, candy, etc., used during Christmas

pirata *m.* pirate
piso floor; story
placer *m.* pleasure
plaga plague
Plan de Ayutla (1854) a proclamation issued in the town of Ayutla, the purpose of which was to get rid of Santa Anna
Plan de Iguala (1821) a proclamation issued by Iturbide in the town of Iguala, declaring the Independence of Mexico
Plan de San Luis (1910) a proclamation issued by Madero against Díaz
plano, -a plane; *m.* plan; map; blueprint; **de plano** openly; **en segundo plano** in a subordinate position; **El plano oblicuo** (1920) book by Alfonso Reyes
plata silver
plátano banana
plateresco, -a plateresque (style in architecture)
platero silversmith; jeweler; **Calle de Plateros** old name of Avenida Madero in Mexico City
platicar to converse, talk, chat
playa beach, shore
plaza public square; bull ring; **plaza de toros** bull ring; **Plaza México** newest bull ring in Mexico City
plegar to fold; **plegar las cejas** to frown
plegaria prayer, supplication
pleito dispute; strife; quarrel
pleno, -a complete, full
plomo lead (metal)
pluma feather; plume; pen
plumero plumage, aigrette
población *f.* population; town
pobre poor; *m.* poor man
pobreza poverty
pocito *dim. of* pozo
poco, -a little; short; few; **a poca distancia** at a short distance; **poco a poco** little by little; **poco más o menos** more or less; **por poco** almost
poco *adv.* little
poder to be able, can; **poder más** to have more power; **no poder tanto** not to be able to endure so much; *m.* authority, power; **subir al poder** to assume authority; be elected to a public office

poderoso, -a powerful
poesía poetry; poem
poeta *m.* poet
política politics
polvo dust
Ponce, Manuel M. (1886–1948) musician, composer, pianist, author of **Estrellita**
poncho poncho, blanket with a slit in the middle for the head
poner to place, put; **poner en libertad** to set free; **poner fin** to put an end (to); **poner los ojos en tierra** to look down; **poner nombre** to name, give a name to; **poner preso** to imprison; **ponerse** to put on (a garment); **ponerse a** to begin to; **ponerse en marcha** to get under way, march on; **ponerse en pie** to stand; **ponerse (furioso)** to become (furious)
poniente *m.* west
Popo *contr. of* **Popocatépetl**
Popocatépetl *m.* volcano near Mexico City
Popol Vuh ancient book of the Mayas
Popotla neighborhood of Mexico City
por by; for; on account of, in behalf of; through; per; about, around; during; **¿ por qué ?** why ?
por ciento percent
Porfirio, Don *see* **Díaz, Porfirio**
porfirismo anything associated with the Porfirio Díaz regime
porque because
portal *m.* porch, entrance; portico; gate
Portes Gil, Emilio (*b.* 1891) president of Mexico (1928–1930)
portorriqueño, -a Porto-Rican
porvenir *m.* future
posada lodging; **Las Posadas** Christmas festivities lasting nine days
Posada, José Guadalupe (1852–1913) popular artist
posarse to perch (*said of birds*)
poseer to possess, own
positivismo positivism, a philosophical system originated by Auguste Comte, which deals only with positive facts
positivista positivist, materialistic
postrero, -a (postrer) last
póstumo posthumous, after one's death

potrillo colt
pozo well; pozo de petróleo oil well
preciarse de to be proud of, boast of
precio price; por precio for a price
preciso, –a precise, exact; es preciso it is necessary
precoz precocious
predecir to predict, prophesy, foretell
predicar to preach
pregunta question; hacer preguntas to ask questions
preguntar to ask (a question)
premio prize
prenda article of clothing
prender to arrest, imprison; to light (lamps, candles, etc.); prender fuego to set on fire
prendido, –a p.p. prender; adj. lit; on fire
preocupar to preoccupy; worry
presbítero priest
Prescott, William H. (1796–1859) American historian
presenciar to witness
presentarse to appear, present oneself
presente present; tener presente to bear in mind
preso, –a imprisoned; p.p. of prender
prestar to lend
presumir de (poeta) to boast of being (a poet)
presura haste; con presura hastily, quickly
pretender to seek; court; be the suitor for (a woman's hand)
pretexto pretext, pretense, excuse
prevalecer to prevail
Prieto, Guillermo (1816–1897) poet, diplomat
prima female cousin
primavera spring; Primavera Indiana (1668) poem by Sigüenza y Góngora
primero, –a (primer) first; primero que before; Primer sueño title of book by Sor Juana Inés de la Cruz
primo male cousin
principal main
príncipe m. prince
principio principle; beginning; a principios de towards the beginning of; al principio at first; dar principio to begin; hasta principios de until the beginning of

prisión f. imprisonment; prison
prisionero prisoner
pro: en pro de in behalf of
probar to prove; try
problema m. problem; Problemas filosóficos (1915) book by Antonio Caso
procedencia origin
proceder to originate
procedimiento procedure; method, process
proclamarse to proclaim oneself
profecía prophecy; prediction; Profecía de Guatimoc romantic poem by Rodríguez Galván
Profesa, La baroque building in Mexico City
profesión f. profession; de profesión professional
profesorado faculty; body of teachers
profundo, –a intense; profound; deep
prohombre m. great man
prometer to promise
promulgar to promulgate, proclaim, announce publicly
pronto soon; de pronto suddenly
pronunciamiento uprising, insurrection
propagar to spread
propicio, –a propitious, favorable
propiedad f. property; quality, attribute
propio, –a own
proponerse to plan, intend, mean
proporcionar to furnish, supply; give
prosista m. prose writer
protagonista m. protagonist, main character or actor
proteger to protect
provisto, –a provided, supplied
provocar to provoke; rouse; stimulate
proyecto project, plan
prueba test; proof; poner a prueba to try, put to the test
publicar to publish
Puebla central state and its capital
pueblo town; village; people; del pueblo of the common people
puente m. bridge
puerta door
puerto port
pues for; since; then; well; pues bien now then, well
puesto, –a p.p. of poner; m. place; position; vendor's booth or stand

pulido, -a refined
punta point, tip; end
punto point; dot; period; **punto final** full stop; **al punto que** at the point when; **poner punto final** to end
puñado handful
pupila pupil (*of the eye*)
pureza purity; chastity
purga laxative

Q

que that; which; who, whom; when; for; than; **el (la) que** who; the one who; which; the one which; the fact that; **lo que** what; **que (fumar)** to (smoke); **a que** = **para que; mayor número . . . que** greater number . . . than
¡ **qué** ! what a ! how ! ¡ **qué (bellos)** ! how (beautiful) ! ¿ **qué ?** what ? **qué es de** what happened to; ¿ **para qué ?** what for ?
quebrado, -a broken
quebrantar to break; break open; crush
quebrar to break
quedar to stay; remain; be left; be left over; **que nos han quedado** which we have left; **quedar concluída** to be finished; **quedarse** to stay; remain
quemar to burn; **quemarse** be burned, burn
querer to wish, want; love; ¿ **qué quiere decir ?** what is the meaning of ?
Querétaro state and its capital
querido, -a beloved, dear
Quetzalcóatl Toltec god
quien (quienes) who; he who; anyone who; whom; ¿ **quién ?** who ? whom ?
quieto, -a quiet, still; calm
Quijotita y su Prima, La (1818) novel by Fernández de Lizardi
química chemistry
químico chemist
quince fifteen
Quintana Roo, Territorio de southern territory, capital **Ciudad Chetumel** or **Payo Obispo**
quinto, -a fifth; *m.* fifth
Quiroga, Vasco de (*ca.* 1470–1565) Bishop of Michoacán and protector of the Indians

quitar to remove; take away from; **quitarse** to take off (clothing); move away, withdraw, remove oneself; **quitársele a uno la idea** to give up an idea; **quitarse la vida** to take one's life, commit suicide
quizá perhaps

R

radicarse to settle
raíz *f.* root; **a raíz de** close to, right after
rajar to split; crack; cleave
Ramírez, Ignacio (1818–1879) poet, statesman, educator
Ramírez de Fuenleal, Sebastián (16th cent.) president of the 2d Audiencia and later Bishop of Santo Domingo
Ramos, Antonio (16th cent.) first organist to arrive in Mexico
Ramos, Samuel (1897–1959) professor, philosopher
Rangel, Nicolás (*d.* 1935) teacher, scholar
raro, -a rare; odd
rasgo trait
raso *see* **soldado**
rato while
rayo ray, beam
raza race; **de pura raza** full-blooded; **La Raza cósmica** (1925) book by Vasconcelos
razón *f.* reason; account, information, word, message; **con razón** in (all) reason
real royal
realidad *f.* reality
realizar to realize, fulfill, make real
realmente really
reaparecer to reappear
rebozo shawl; **rebozo de bolita** shawl having small knots on its fringe
recibir to receive
Recinos, Adrián contemporary investigator, editor of the *Popol Vuh*
recio, -a strong, robust; hard
reclamar to claim, demand
reclutar to recruit, enlist
recobrar to recover, regain
recoger to shelter; take in; gather; collect; **recogerse** to seclude oneself; withdraw
reconciliar to reconcile
reconocer to recognize; acknowledge

reconocido, –a recognized, noted, well-known

reconocimiento scouting, exploring

recopilación *f*. compilation

recordar to remember, remind; recall

recorrer to travel over

recostado, –a reclining

recto, –a straight

rector *m*. college or university president

recuerdo remembrance; recollection

recuperar to recuperate, recover; regain

recurrir to resort to; have recourse to

recursos resources

red *f*. net; network

redactar to compose; edit

rededor: en rededor around

redención *f*. redemption

redondilla eight-syllable quatrain riming *a b b a*

reducido, –a reduced; small

reducirse a to boil down to

referir to tell, narrate

Reforma *see* Leyes de Reforma

refrán *m*. popular proverb or saying

refresco refreshment; cold beverage

regalar to present a gift, give

regalo gift; pleasure, delight

regar to sprinkle

regio, –a royal

regir to rule

registrar to register, record

regla rule; precept, principle

regocijo joy; rejoicing

regresar to return

regreso return

rehusar to refuse

reina queen

reinado kingdom; reign

reinante reigning, ruling

reino kingdom

reír to laugh

relación *f*. relation; account

relacionado, –a related, connected

relacionar to relate, connect

relámpago lightning

relatar to relate, narrate

relativo, –a relative; relativo a relating to, regarding

relato narration; account, story

relieve *m*. relief, embossment, raised work

remunerado, –a with pay

Renacimiento Renaissance; El Re-

nacimiento periodical edited by Altamirano

rendido, –a subdued, surrendered

rendir to render; rendir culto to pay homage, worship

renglón *m*. line (written or printed)

renombrado, –a renowned, famous

renombre *m*. renown, fame; de renombre famous

renovar to renovate; renew; replace; renovarse be renewed

reparar to make amends for; remedy

repartir to distribute; allot

repente: de repente all of a sudden

reportazgo periodístico newspaper article reporting an interview

res *f*. head of cattle; any large animal

rescatar to barter; exchange, trade

rescate *m*. ransom

resentido, –a resentful; offended

reseña account; brief description; sketch

residente residing

resolver to resolve; solve (a problem)

resonancia resonance; attention

resonante resounding

respetuoso, –a respectful

resplandeciente resplendent, shining

resplandor *m*. sun's glare; El resplandor (1937) novel by Magdaleno

responder to answer

respuesta answer, reply; Respuesta a Sor Filotea de la Cruz letter by Sor Juana Inés de la Cruz

restante remaining

resto rest, remainder; *pl*. remains

resucitar to come to life; revive

resultado result

retablo religious picture hung as a votive offering

retaguardia rear; a retaguardia to the rear

retirado, –a retired

retirarse to retire, withdraw; retreat; move or go back

retórica rhetoric

retórico, –a rhetorical

retratar to photograph; retratarse to sit for a photograph

retrato portrait; copy, imitation, photograph; reflection

retroceder to fall back, draw back

reunir to gather; assemble; collect; reunirse to meet, assemble

revelar to reveal
reverencia reverence, bow
reverso reverse; back side
revista magazine, journal, periodical
revoltoso, -a turbulent
Revolución, La Madero's Revolution (1910); Revolución de la Nueva España history of Mexico's Independence by Mier
Revueltas, José (*b.* 1914) novelist
revuelto, -a confused; mixed up
rey *m.* king
Reyes, Alfonso (1889–1959) humanist, critic, poet
rezar to pray
rico, -a rich; fine
rifa raffle; rifa de compadres choosing of partners by lot
rima rhyme; *pl.* poems; Rimas (1880) collection of poems by Altamirano
rincón *m.* corner; nook
Rincón Gallardo, Carlos, Marqués de Guadalupe (*b.* 1874) professional charro, writer
río river; Río Bravo del Norte river dividing Mexico from the United States; Río Frío town between Mexico City and Puebla
Rip Rip short story by Gutiérrez Nájera
riqueza riches, wealth; richness, excellence
riquísimo, -a very rich
risa laugh, laughter; me da risa makes me laugh
risueño, -a pleasing, agreeable
Riva Palacio, Vicente (1832–1896) novelist, diplomat, general
rivalizar to rival, vie, compete
Rivera, Diego (*b.* 1886) mural painter
Roa Bárcena, José María (1827–1908) poet, short story writer
robador *m.* robber
rodear to surround, encircle
rodilla knee
Rodríguez, Abelardo (*b.* 1889) president of Mexico (1832–1834)
Rodríguez, Lorenzo (18th cent.) architect; built the Sagrario Metropolitano (1749–1769)
Rodríguez Galván, Ignacio (1816–1842) poet
rogar to pray, beg; request
rojo, -a red
Roma Rome

romance *m.* ballad; eight-syllable meter with even verses rhyming in assonance
romancero collection of ballads; Romancero Nacional (1885) ballads about the Wars of Independence by Guillermo Prieto
romántico, -a romantic; *m.* romanticist
Romeo y Julieta (1863) opera by Melesio Morales
Romero, José Rubén (1890–1952) novelist
Romero de Terreros, Manuel (*b.* 1880) art critic, professor
romper to break; shatter; romperse to break, be broken
rosa rose
Rosas, Juventino (1868–1894) musician and composer
rostro face
rubio, -a blond
rudo, -a rude; coarse
ruedo arena, bull ring
ruinas ruins
ruiseñor *m.* nightingale; El Ruiseñor Mexicano stage name of the singer Ángela Peralta
Ruiz Cortines, Adolfo (*b.* 1890) president of Mexico (1952–)
Ruiz de Ahumada, Pedro (16th cent.) sculptor
Ruiz de Alarcón, Juan (*ca.* 1580–1639) dramatist
Rul *see* Conde del Rul
rumbo direction, course; (con) rumbo a *or* hacia in the direction of
rumor rumor; report; rumble
ruta way, course, route

S

s.a. = sin año no date of publication
sábado Saturday; Sábado de Gloria the Saturday before Easter
saber to know, find out; *m.* knowledge, learning
sabedor de knowing about; aware of, informed of
sabiduría wisdom; knowledge
sabio, -a wise; judicious; *m.* wise man; scholar, savant
sabor *m.* taste, flavor
sabroso, -a delightful
sacar to take out
sacerdote *m.* priest

sacudir to shake, shake off
sagazmente sagaciously, shrewdly
sagrado, –a sacred
sagrario sacrarium, sanctuary; shrine; **El Sagrario Metropolitano** shrine adjacent to the cathedral in Mexico City
Sahagún, Fr. Bernardino de (*ca.* 1500–1590) missionary, scholar
Salamanca Spanish town famous for its University
Salazar, Antonio de choirmaster in Mexico City's cathedral from 1685 to 1715
Saldívar, Gabriel (*b.* 1909) music critic and historian
salida departure
saliente *m.* projection
salir to leave, depart; come out; come (from); **salirse** to get out
saltar to jump; leap
Saltillo capital of Coahuila
salto jump
salud *f.* health
saludar to greet
salutación *f.* salutation, greeting
salvar to save; **salvarse** be saved
san (*contr. of* **santo**) saint; **San Agustín de Acolman** church and convent near Mexico City; **San Agustín de Epazoyucan** church in the state of Hidalgo; **San Cayetano** church in Guanajuato; **San Fernando** church in Mexico City; **San Francisco** church in Cholula; church in Tlaxcala; church and college in Mexico City; **San Hipólito** *see* Cortés; **San Ignacio de Loyola** painting by Cabrera; **San Ildefonso** famous college in Mexico City; today **Escuela Nacional Preparatoria**; **San José** St. Joseph; **San Juán** *see* **día**; **San Juan de Dios** church in Mexico City; **San Juan de Letrán** school for mestizos founded by Zumárraga in 1547; **San Juan de Ulúa** small island and fortress in front of the port of Veracruz; **San Luis Potosí** state and its capital; **San Miguel de Allende** town in the state of Guanajuato; **San Nicolás** school founded by Vasco de Quiroga; **San Nicolás Obispo** school founded by Vasco de Quiroga, in the city of Pátzcuaro; **San Pablo**

name of old bull ring in Mexico City; **San Pablo Guelatao** town in the state of Oaxaca, birthplace of Benito Juárez; **San Pedro** river in Central Mexico; **San Pedro de las Colonias** town in the state of Coahuila; **San Remo** Italian town; **San Sebastián** y **Santa Prisca** church in Taxco
Sanborn's restaurant in Mexico City
Sánchez Mejía, Ignacio (*d.* 1934) Spanish bullfigher
Sandoval Vallarta, Manuel (*b.* 1899) physicist, professor
sangre *f.* blood
sangriento, –a bloody; cruel
Sanlúcar Spanish town in the province of Cádiz
sano, –a healthy, sound; sane, sensible, wholesome
Santa (1903) novel by Gamboa
Santa Anna *see* **López de Santa Anna**
Santa Clara church in Querétaro; **Santa Mónica** church in Guadalajara; **Santa Rosa de Viterbo** church and convent in Querétaro; **Santa Teresa** church in Mexico City
Santiago, El river, also called **Lerma**
santo, –a *adj.* saintly, holy; *m. & f.* saint
Santo Domingo Caribbean Island; church in Mexico City
santuario sanctuary
sapientísimo, –a very learned
sarape *m.* serape, blanket
sastrería tailor's trade
satisfacer to satisfy
sazón: en aquella sazón at that time
Schmidt, Geo. A. German writer
Scott, Winfield (1786–1866) American general who took Mexico City in 1847
se to him, to her, to you, to them; himself, to himself, herself, yourself, themselves; each other, to each other, one another
secesión *f.* secession
seco, –a dry
secularizarse to become secularized, or be set free from monastic vows or rules
secundar to second, favor, back up
secundario, –a secondary
seda silk

sede *f.* seat, see
sedente sitting
segador *m.* reaper, harvester
seguida: en seguida immediately, at once
seguir to follow; go on, keep on; **seguir (siendo)** to keep on (being)
según according to; as
segundo, –a second
seguro, –a sure, certain; **es seguro** it is certain; *m.* insurance; **seguro social** social security
seis six
seleccionar to select, choose
sello seal; stamp, character
semejante similar, like
semejanza resemblance, similarity
sencillez *f.* simplicity
sencillo, –a simple; easy; plain; unadorned; unaffected
sensibilidad *f.* sensibility; sensitiveness
sentarse to sit down
sentenciar to sentence, pass judgment on
sentido sense
sentimiento sentiment, feeling
sentir to feel
seña mark; *pl.* distinguishing personal marks
señal *f.* signal; sign; token, indication
señalar to point out, indicate
señor sir; lord; Mr.; gentleman; **el Señor** the Lord
señora lady
señorial manorial
septentrional northern
séptimo, –a seventh
sepulcro sepulcher, tomb, grave
sepultar to bury
sequía drought
ser to be; being; **o sea(n)** that is to say; **ser de** to become of
serenata serenade; **La serenata de Shubert** poem by Gutiérrez Nájera
serpiente *f.* serpent, snake
servicio service
servidor *m.* servant
servilmente slavishly
servir to serve; **servir de** to serve as, act as
sesenta sixty
seseo the pronunciation of *z*, and *c* before *i* and *e*, as *s*

seudo pseudo, false
seudónimo pseudonym, pen name
Sevilla city in southern Spain
sevillano, –a Sevillan
sexto, –a sixth
Shakespeare, William (1564–1616) English poet and dramatist
si if
sí yes; **sí (hay que creerle)** we do (have to believe him)
siempre always; **para siempre** forever
sierra mountain range; **Sierra Madre Occidental** range of mountains crossing Mexico along the Pacific Ocean; **Sierra Madre Oriental** range of mountains crossing Mexico along the Gulf
Sierra, Justo (1848–1912) writer, educator, statesman
siesta afternoon nap
siete seven
siglo century
significado meaning
significar to mean; **¿qué significa?** what is the meaning of?
signo sign; mark; symbol
Sigüenza y Góngora, Carlos de (1645–1700) scientist, poet, professor
siguiente following; **al año siguiente** the following year; **otro día siguiente** the following day
silencio silence; **en silencio** silently
silva a free composition without rimed order, generally consisting of verses of eleven syllables intermingling with those of seven, with some of the verses often left unrimed
silvestre wild, uncultivated
Silveti, Juan bullfighter
silla chair
similitud similarity
sin without; **sin que** without
Sinaloa northwestern state, cap. **Culiacán**
sincero, –a sincere
Sinfonía india (1938) symphony by Carlos Chávez
sino but; except; only; **sino hasta** until; **sino que** but; only that
Siqueiros, David Alfaro (*b.* 1898) painter
sistema *m.* system
sitio place, spot

situado, –a situated; placed
soberanía sovereignty
soberano sovereign
sobrar to be left over, remain
sobre on, upon; over; above; about; sobre todo above all, specially; Sobre las olas waltz by Juventino Rosas
sobrerrealismo surrealism
sobresalir to stand out; excel
sobrino nephew
sobrio, –a temperate, frugal
sociedad society; association; Sociedad de Geografía y Estadística scientific society 'ounded in 1833
socio member (of an association)
sol *m.* sun; Pirámide del Sol Pyramid of the Sun at Teotihuacán, near Mexico City; Pirámide de la Luna Pyramid of the Moon at Teotihuacán
solamente only
soldado soldier; soldado raso private; El soldado de la libertad poem by Calderón
soledad *f.* loneliness; homesickness
solemnizar to celebrate with pomp
soler to have the custom of, be in the habit of
solo, –a alone; sole, only; single; a solas alone
sólo only
soltero, –a single, unmarried; *m.* bachelor, unmarried man
sombra shade; shadow; La sombra del caudillo (1929) novel by Guzmán
sombrero hat
son *m.* popular dance and tune; tune; al son de to the tune of
sonar to ring; sound
sonata sonata; La sonata mágica (1933) collection of stories and essays by Vasconcelos
soneto sonnet
sonido sound
Sonora northwestern state, cap. Hermosillo
sonoro, –a sonorous
sonriente smiling, beaming
soñar to dream
sor sister (*title*); Sor Filotea pseudonym of Manuel Fernández de Santa Cruz, Bishop of Puebla; Sor Juana *see* Cruz, Sor Juana Inés de la
sorprendente surprising

sospechar to suspect
sospechoso, –a suspicious; suspecting
sostener to support; defend, uphold; sustain; hold
sostenido, –a sustained; supported
Soto la Marina port on the Gulf of Mexico
Spencer, Herbert (1820–1903) English philosopher
Stokowski, Leopold American orchestra conductor
su, sus his, her, its, your, their
Suárez de Peralta, Juan (1535– ?) chronicler
suave soft; gentle; mild; La suave patria (1921) poem by López Velarde
suavizar to soften, smoothe
súbdito subject
subir to go up; climb
subscrito, –a signed
subsistir to subsist; exist; last
substancioso, –a juicy
suceder to happen
sucesión *f.* succession; La sucesión presidencial en 1910 title of book by Madero
sudar to sweat, perspire; toil; hacer sudar las prensas to publish profusely
sueldo salary
suelo soil, ground; floor
sueño sleep; dream
suerte *f.* lot, luck; tocar en suerte to happen (by chance); tocar (a uno) en suerte to fall to one's lot; be lucky
sufrir to suffer; undergo
sujeto fellow, individual
suma sum; en suma in short; *adj.* extreme; great
sumamente highly, exceedingly
sumergirse to sink
sumo, –a high, great
suntuoso, –a sumptuous, magnificent
supeditarse to be subordinated to
superar to surpass, exceed
superficie *f.* area; surface
superior higher; upper
suplantar to replace; take the place of; supplant
suplicar to beg, entreat; pray humbly; petition
suponer to suppose; assume
suprimir to suppress; abolish

supuesto: por supuesto of course
sur *m.* south; **el Sur** southern Mexico
surgir to surge, rise; appear
suscitarse to rise, start, originate
suspiro sigh
sustituir to substitute; replace
sutil subtle; keen; clever
suyo, –a his, of his, her, of hers, its, your, of yours, their, of theirs; **el suyo, la suya** his, hers, yours, theirs

T

tabaco tobacco
Tabasco southern state, cap. Villahermosa
Tablada, José Juan (1871–1945) poet, critic
Tacuba town near Mexico City
tal (*pl.* **tales**) such, such a; **tal vez** perhaps; **qué tales** what sort of; **tales como** such as
taladrar to bore, drill
talavera pottery made in Puebla imitating that of Talavera, Spain
talaveresco, –a style in architecture, original of Talavera, Spain, and characterized by the profuse use that is made of tile
talega money bag, sack
talla stature; carving; cutting (wood, stone, etc.)
tallar to carve; cut (stone, wood, etc.)
talle *m.* waist
taller *m.* workshop; studio; **Taller** literary review (1941)
Tamaulipas eastern state, cap. Ciudad Victoria
Tamayo, Rufino (*b.* 1900) painter
también also
Tampico Gulf port
tampoco neither, not either
tan so, as; such a; **tan . . . como** as . . . as
tanto, –a so much; *pl.* so many; **por lo tanto** therefore; **tanto . . . como** both . . . and
tarasco, –a Tarascan; *m.* Tarascan language
tardar to take long (in); **tardar (ocho días)** to take (a week)
tarde late; **más tarde** later
tardío, –a late
tarea task, job
Tasso, Torcuato (1544–1595) Italian poet

Taxco city in the state of Guerrero
te you, to you
teatro theatre; **Teatro Alarcón** theatre in the city of San Luis Potosí, built by Tresguerras
técnico, –a technical
tedéum *m.* Te Deum
tejedor *m.* weaver
tejer to weave
tejido textile, fabric; weaving
tema *m.* theme; subject
temascal *m.* *Azt.* steam bath
temer to fear
temido, –a feared
tempestuoso, –a stormy
templado, –a temperate, moderate
templo temple
temprano, –a early; premature; *adv.* early
Tenancingo town in the state of Mexico
tenaz tenacious
tender to tend, have a tendency, move (towards)
tener to have; **tener lugar** to take place; **tener por bien** to approve; **tener que** + *inf.* to have to
Tenochtitlán *or* **la Gran Tenochtitlán** name of Mexico City before the conquest
teocalli (*pron.* **teocali**) *m.* *Azt.* temple
teoría theory
Teotihuacán cultural center of the ancient Toltecs; site of the pyramids
teotihuacano, –a of or belonging to Teotihuacán
tepanecas one of the seven Aztec-speaking tribes that settled in the Valley of Mexico
Tepeaca city in the state of Puebla
Tepeyac name of hill where the Virgen of Guadalupe appeared to Juan Diego
Tepic city, capital of Nayarit
Tepotzotlán town in the state of Mexico where the Jesuits founded a College
Tepoztlán city, state of Morelos
tercero, –a third
terminar to end, finish, complete
término term; word, phrase
ternura tenderness
Terrazas, Luis land baron from Chihuahua

terreno land; ground
terso, -a polished, smooth
tesoro treasure
testigo witness; testigo ocular eye witness
Tetzcatlipoca Toltec and Aztec god
texcocano, -a of or pertaining to the city of Texcoco
Texcoco city near Mexico, site of the ancient alcolhuas; Lago de Texcoco Lake Texcoco
Textos y pretextos (1940) book by Villaurrutia
Teziutlán town, state of Puebla
Tezozómoc king of the Tepanecs
tiempo time; weather; con el tiempo in due time, in its proper time; ¿ cuánto tiempo ? how long ? los tiempos venideros the future; Tiempo magazine edited by Guzmán
tierno, -a sensitive; tender, affectionate
tierra earth; land; ground; soil; native land; Tierra Firme mainland; Tierra Caliente tropical lands; Tierra (1932) novel by López y Fuentes; Tierra y Libertad Land and Liberty, Zapata's war cry
tinieblas darkness
tipo type
tirar to cast
tiro shot; mine shaft
títere m. puppet; pl. puppet show
titularse to receive a title
título title; degree, diploma
Tixtla town, state of Guerrero
Tizoc Aztec king (1482–1486)
Tlacopan town near Mexico City
Tláhuac suburb of Mexico City
Tlaloc Aztec god of agriculture
Tlalpan suburb of Mexico City
Tlateloíco city and ancient kingdom incorporated into the Aztec empire by Axayácatl
Tlaxcala central state and its capital
tlaxcalteca of or pertaining to Tlaxcala; m. native of Tlaxcala
tocante a concerning, with regard to
tocar to touch; toll, ring; play (an instrument); tocarle (a uno) en honor to have the honor of; tocarle (a uno) en suerte to fall (to one's) lot
todavía yet
todo, -a all; m. all, everything; toda

(la noche) all (night) long; todas (las noches) every (night); todos ellos all of them; del todo wholly, entirely; toda clase de all kinds of
Tolsá, Manuel (1757–1816) architect and sculptor
tolteca Toltec
Toluca city, capital of the state of Mexico
tomar to take; drink; tomar la palabra to have the floor
tonada tune
Tonalá town in the state of Jalisco, near Guadalajara
tonalámatl m. religious calendar of the Toltecs
tonto, -a foolish; stupid
torcer to twist, wring
torear to perform in a bullfight
Toreo, El name of old bullring in Mexico City
torero bullfighter
torito dim. of toro
tormentoso, -a stormy, turbulent
tornar to return; tornar a + inf. to do (something) again; tornarse to become
torneo tournament; contest; El torneo (1839) drama by Fernando Calderón
torno: en torno (a) around
toro bull; pl. bullfighting
torpe slow; clumsy
torre f. tower
Torreón city, state of Coahuila
Torres Bodet, Jaime (b. 1902) poet, diplomat
Torri, Julio (1889–1970) writer, professor
tosco, -a coarse, harsh, rough; untotonaca of or pertaining to the Indian tribe of Veracruz; m. the language of this tribe
trabajador, -ra laboring, working; m. worker
trabajar to work
trabajo work
trabar amistad con to become friends with
traducción f. translation
traducir to translate
traer to bring
traición f. treason
traje m. suit; dress; gown
tramar to plot; scheme

tramo stretch, lap, span
tranquilamente peacefully, tranquilly
tranquilidad *f.* tranquillity, peacefulness
tras after
trasplante *m.* transplantation
tratado treatise; treaty
tratamiento treatment
tratar to treat; **tratar de** to try to; treat of
trato deal, pact; trade
través: a través de through; across; throughout
trece thirteen
treinta thirty
tren *m.* train
tres three
Tresguerras, Francisco Eduardo (1745–1833) architect, sculptor, painter, writer
tribu *f.* tribe
triste sad
tristeza sadness; sorrow
trono throne
tropa troop
trunco, –a truncated; unfinished
tú you
Tuércele el cuello al cisne (1915) sonnet by González Martínez
Tula city, state of Hidalgo, cultural center of ancient Toltecs
tule *m. Mex.* a kind of reed
tumba tomb; grave
tunal *m.* opuntia, cactus plant which yields prickly pear
túnica tunic; robe, gown
turístico, –a pertaining to the tourist

U

Ulises periodical published in Mexico City between 1927 and 1928
Ulises Criollo (1935) autobiography by Vasconcelos
últimamente lately
último, –a last; **este último** this last one; **por último** finally
ultrabarroco Ultra-Baroque, style in architecture
ultramar: de ultramar overseas, from across the sea
un, una a
undécimo, –a eleventh
único, –a sole, only, one and only; **lo único** the only (thing)

unido, –a united
unidad *f.* unity
unir to join; unite; **unirse** to join; be united; join together; get together; adhere
uno, –a a, one; **unos, –as** about; some; **el uno al otro** each other
uña claw
Urbina, Luis G. (1868–1934) poet, critic
Uruapan town, state of Michoacán
usar to use
Usigli, Rodolfo (*b.* 1905) dramatist
uso use
usted you
Usumacinta *m.* river in southern Mexico
útil useful
Uxmal ancient Maya city

V

vaciar to empty
vacilar to hesitate
vajilla set of dishes; tableware
Valencia, Fr. Martín de (15th–16th cent.) Franciscan missionary
Valentina, La popular Revolutionary song
valer to be worth; **valerse de** to avail oneself of, make use of
valeroso, –a valiant, brave
valía value
valiente valiant, brave; *m.* brave man
valioso, –a valuable
valor *m.* valor, courage; value
vals waltz; **Vals poético** waltz by Felipe Villanueva
Valladolid old name of the town of Morelia, Michoacán
Valle-Arizpe, Artemio de (1888–1961) writer, critic
valle *m.* valley; **Valle de Anáhuac** Valley of Mexico
¡ Vámonos con Pancho Villa ! (1931) novel by Muñoz
vamos *see* ir
Vanegas Arroyo, Antonio (19th cent.–20th cent.) editor of popular literature
vano, –a vain
vara rod; spear
variadísimo, –a extremely varied
variedad *f.* variety
varios, –as several

varón *m.* man
Vasconcelos, José (1882–1959) writer
vaso drinking glass
vate *m.* bard, poet
Vázquez Santana, Higinio (*b.* 1889) writer, critic
Vega, Lope de (1562–1635) Spanish poet and dramatist
veinte twenty
veintena score, twenty
veinticuatro twenty-four
veintinueve twenty-nine
veintiuno twenty-one
vela vigil, watch; candle; en vela on watch
velar to watch, be vigilant, watch over
Velasco, José María (1840–1912) painter
Velasco, Luis de (*d.* 1564) 2d Viceroy of Mexico (1550–1564); Luis de Velasco, el segundo (*d.* 1616) 8th Viceroy of Mexico (1590–1595), son of the 2d Viceroy
Velázquez, Diego (15th–16th cent.) Governor of Cuba
Velázquez Chávez, Agustín contemporary art critic
velorio wake (*vigil over a body*)
vena vein
vencer to conquer, vanquish
vencido, –a subdued, defeated
vender to sell
venerar to venerate, revere; worship
venidero, –a future, coming; los tiempos venideros the future
venir to come
venta sale; La Venta site of archeological discoveries, state of Veracruz
ventaja advantage
ventana window
ver to see; verse to see oneself
Veracruz state and port on the Gulf of Mexico
Veracruz, Fr. Alonso de la (1504–1584) professor of philosophy
verdad *f.* truth; ¿ verdad ? isn't that so ?, isn't he ? isn't it ? etc. es verdad it is true; La verdad sospechosa (*ca.* 1619) play by Ruiz de Alarcón
verdadero, –a real; true
verde green
versado, –a skilled, expert
versar to deal (with), treat (of)
verso verse; meter; escribir, hacer

or componer versos to write poetry; *pl.* poem, poems
vertiente *f.* watershed; slope
vestido, –a dressed; vestido de obrero dressed as a worker; *m.* dress; vestido charro charro suit
vez (*pl.* veces) time, occasion; a la vez at the same time; at one and the same time; algunas veces sometimes; a su vez in his turn, in one's turn; a veces sometimes; cada vez más more and more; de una vez at once; en vez de instead of; muchas veces often; otra vez again; tal vez perhaps; una vez once; una vez al año once a year; una vez más once more; una vez que after
Via Crucis (1925) play by José Joaquín Gamboa
vía férrea railroad line
viajar to travel
viaje *m.* trip
viajero traveler
vicio vice; bad habit; fault
Victoria, Guadalupe assumed name of Manuel Félix Fernández (1786–1843), first president of Mexico (1825–1829)
vida life; La vida inútil de Pito Pérez (1938) novel by Romero
vidrio glass
viejo, –a old; Una vieja poem by Prieto
viento wind
Villa, Francisco (1880–1923) revolutionary leader
Villa Ayala town, state of Morelos
Villa de Guadalupe suburb of Mexico City, today called Villa Gustavo Madero
Villa Gustavo Madero suburb of Mexico City, formerly Villa de Guadalupe
Villa Obregón suburb of Mexico City
Villalpando, Cristóbal de (1649–1714) painter
villancico carol; Christmas carol
Villanueva, Felipe (1863–1893) musician and composer
Villaurrutia, Xavier (1903–1950) poet, essayist
Villegas Cora, José Antonio (1713–1785) sculptor
villista *m.* follower of Villa

Virgen de Guadalupe patron saint of Mexico; **Virgen de la Merced** painting by Cabrera; **Virgen del Apocalipsis** (1760) painting by Cabrera; **Virgen del Tepeyac** another name given to the **Virgen de Guadalupe**

Virgilio Virgil (70–19 B.C.) Roman poet

virreina viceroy's wife

virreinal viceregal

virreinato viceroyship

virrey *m.* viceroy

Visión de Anáhuac (1917) book by Alfonso Reyes

visitador *m.* inspector

vista sight; view

visto, –a *p.p. of* **ver**

vistoso, –a showy; colorful

viva *m.* acclamation, cheer, shout; ¡ **Viva** ! Long live ! Hurrah !

Vives, Luis (1492–1540) Spanish humanist

vivir to live

vivo, –a vivid; bright; lively

Vizcaínas, Las building in Mexico City

vocablo word, term

volador: danza del volador dance of the flying men

volar to fly

Volcán de Colima volcano in the state of Colima

voluntad *f.* will; **de buena voluntad** willingly, with pleasure

volver to return, come back; go back; **volver a** + *inf.* to do (something) again; **volverse** go back; turn, turn over

vosotros you

votar to vote

voto vote; **voto femenino** woman suffrage

voz (*pl.* **voces**) voice; word; **dar la voz de alarma** to sound the alarm

vuelta turn; **dar una vuelta al mundo** to go around the world; **dar vueltas** to turn; **de vuelta** on returning

vuelto, –a *p.p. of* **volver** and **volverse**; **vuelta cóndor** turned into a condor

vuestro, –a your, of yours

vulgar common, ordinary

vulgo populace, common people

W

Wilson, Woodrow (1856–1924) President of the United States (1913–1921)

X

Xochimilco (*pron.* Sochimilco) suburb of Mexico City, famous for its canals with its floating gardens and its canoes

Xochipilli-Macuilxochitl symphonic poem for Indian instruments, by Chávez

Xóchitl Indian princess; also name of poem by Roa Bárcena

Y

y and

ya already; **ya ... ya** now ... now; sometimes ... sometimes; **ya sea ... o** be it ... or; **ya fueran** whether they were; **ya no** no longer; not any more

yacer to lie (in the grave)

yacimiento de petróleo oil field

Yaqui, El river in northern Mexico

Yauhuitlán town, state of Oaxaca

yeísmo the pronunciation of ll as y

yo I

Yucatán state on peninsula of same name, cap. **Mérida**

Z

Zacatecas central state and its capital

Zamora Spanish town; town in the state of Michoacán

zandunga popular dance and tune

zanja ditch

Zapata, Emiliano (1877–1919) revolutionary leader

zapatería shoemaking (as a trade)

zapato shoe

zapoteca Zapotec; *m.* Zapotec language

Zapotlán town, state of Jalisco

Zaragoza Spanish town

Zaragoza, Ignacio (1829–1862) general, defeated the French at Puebla in 1862

Zárate, Eduardo E. (19th cent.) writer

zarco *adj. Mex.* blue (*said of eyes*); *m.* man with blue eyes; **El Zarco** (1888) novel by Altamirano

Zea, Leopoldo (*b.* 1912) writer

Zócalo, El main public square of Mexico City

Zorrilla, José (1817–1893) Spanish poet and dramatist

Zumárraga, Fr. Juan de (*ca.* 1468–1548) first bishop of Mexico

Zumaya, Manuel (17th–18th cent.) musician and opera composer

ÍNDICE DE ILUSTRACIONES

⊂⊧

ÍNDICE

(Véase el Suplemento, p. 224)

Índice

223

ÍNDICE: SUPLEMENTO